Em busca de Harmonia

Ally Brooke

Em busca de Harmonia

Tradução
Pedro Darcy

Rio de Janeiro, 2021

Copyright © 2020 by Rising Sun Productions, LLC.
All rights reserved.
Título original: *Finding Your Harmony*
Copyright de tradução © 2021 por HarperCollins *Brasil*

Todos os direitos desta publicação são reservados à Casa dos Livros Editora LTDA.

Nenhuma parte desta obra pode ser apropriada e estocada em sistema de banco de dados ou processo similar, em qualquer forma ou meio, seja eletrônico, de fotocópia, gravação etc., sem a permissão do detentor do copyright.

Diretora editorial: *Raquel Cozer*

Gerente editorial: *Alice Mello*

Editor: *Ulisses Teixeira*

Copidesque: *Anna Beatriz Seilhe*

Preparação de original: *Thaís Carvas*

Revisão: *Rayssa Galvão*

Capa: *Mumtaz Mustafa*

Imagem de capa: © *Monique Chavez*

Adaptação de capa: *Guilherme Peres*

Diagramação: *Abreu's System*

CIP-Brasil. Catalogação na Publicação
Sindicato Nacional dos Editores de Livros, RJ

Brooke, Ally
    Em busca de harmonia: sonhe alto, tenha fé e conquiste mais do que pode imaginar / Ally Brooke; tradução Pedro Darcy. – Duque de Caxias, RJ: HarperCollins Brasil, 2021.

    Título original: Finding your harmony
    ISBN 978-65-5511-111-8

    1. Fifth Harmony (Grupo musical) – Estados Unidos 2. Músicos de pop – Biografia I. Título.

21-57734   CDD: 782.66092

Cibele Maria Dias - Bibliotecária - CRB-8/9427

Os pontos de vista desta obra são de responsabilidade de seu autor, não refletindo necessariamente a posição da HarperCollins Brasil, da HarperCollins Publishers ou de sua equipe editorial.

HarperCollins Brasil é uma marca licenciada à Casa dos Livros Editora LTDA.
Todos os direitos reservados à Casa dos Livros Editora LTDA.
Rua da Quitanda, 86, sala 218 — Centro
Rio de Janeiro, RJ — CEP 20091-005
Tel.: (21) 3175-1030
www.harpercollins.com.br

Mamãe e papai,

Mãe, você é a luz da minha vida. Minha heroína. Minha bússola. Meu guia. Minha rainha. Meu tudo. Você me ensinou o verdadeiro significado de amor e fé. Sempre priorizou a família, e a sua força e bravura foram fontes de inspiração para mim. Eu não estaria aqui se não fosse por você e agradeço a Deus todos os dias pelo seu coração bondoso. Serei sempre o seu "passarinho dourado". Do fundo do coração, obrigada por tudo o que fez por mim a vida inteira. Você me ajudou a abrir as asas e voar. Amo você com todo o meu coração.

Pai, você é o sol da nossa família. Sou muito grata por ser sua filha. Obrigada por sempre ser presente para a mamãe, Brandon e eu. Por sempre ser o primeiro a oferecer ajuda, por nos fazer gargalhar até a barriga doer e por nos encher de esperança e alegria. Obrigada por apresentar o amor de Deus a todas as pessoas que encontra, a cada minuto, a cada dia. Obrigada por todos os sacrifícios que fez para tornar meus sonhos reais e por sempre acreditar em mim. Amo você mais do que consigo expressar em palavras e serei eternamente orgulhosa por chamá-lo de pai.

Introdução

Muito obrigada por escolher ler meu livro. Ele representa o auge de um processo que está em curso (às vezes, um curso doloroso) há quase uma década. E estou finalmente me encontrando, como artista e mulher, e me vejo em um ponto de crescimento no qual posso aceitar quem sou.

É uma honra e um privilégio compartilhar minha história com você. Lembro-me de estar sempre sonhando quando olhava para o céu pela janela do meu quarto ou do carro dos meus pais.

Sempre fui sonhadora. Sempre fui uma pessoa de fé.

Eu e meu irmão fomos criados sob os preceitos da fé em Jesus. Cresci indo à igreja, e minhas crenças me acompanham até hoje. Como você vai descobrir, Deus esteve comigo por toda a minha vida. Ele se manifestou de maneiras inspiradoras e absolutamente transformadoras, de maneiras que nunca pensei que fossem possíveis. E compartilhar tudo isso com você é o que mais me anima. Espero que esta história possa inspirar sua fé. É hora de deixar minha verdadeira voz e meu coração brilharem e é isso que vou fazer todos os dias da minha vida e em cada página deste livro. Dedico esta obra a todas as meninas (e meninos) que olham para o céu à noite, esperando uma estrela aparecer, ousando ter esperança de que seu desejo se torne realidade.

Tudo que sempre quis, desde que era uma garotinha, foi ser luz. Uma luz neste mundo triste e nesta indústria obscura. Um dos meus versículos favoritos de todos os tempos é Mateus 5:16, que diz: "Assim resplandeça a vossa luz diante dos homens, para que vejam as vossas boas obras e glorifiquem a vosso Pai, que está nos céus." Espero que este livro seja uma luz para você. E espero que ele a transforme da mesma forma que minha própria história me transformou.

UM

O pior melhor dia da minha vida

— Parece que veio todo mundo! — gritei.

Eu estava no meu lugar cativo no banco de trás do carro dos meus pais, apreciando o que via do outro lado da janela, pensando e sonhando acordada, como sempre. Quando estacionamos, dei uma olhada e reconheci os carros de todos os membros da minha família parados em frente à casa da minha tia, em uma rua cheia de carvalhos e casas de apenas um andar no lado sul de San Antonio, no Texas. Eu não conseguia ficar parada de tanto nervosismo. Sentia como se estivesse flutuando de tanta empolgação; como se pudesse voar para bem longe.

Sempre fui muito sensível. Quando estou feliz, eu explodo. Quando estou triste, meu coração dói tanto que parece que a dor é na alma. Quando presencio uma injustiça, não me seguro. E, quando estou ansiosa, a ansiedade me consome. Aquela noite de setembro de 2012 foi uma mistura de todos os altos e baixos que poderiam existir, tudo ao mesmo tempo. Sim, naquela noite, minha empolgação e minhas emoções estavam a mil.

Tirando o fato de ser a maior noite da minha vida, estava tudo normal. Era outono, mas, quando saí do carro, senti um vento quente e úmido. As estações têm um tempo próprio para mudar. Em minha amada cidade natal, San Antonio, temos apenas duas estações: muito quente ou um quentinho quase frio no inverno, se tivermos sorte. A reunião familiar seria na casa da minha tia, que tinha aquela aura divertida de "todo mundo é bem-vindo". Sempre foi assim, nos incontáveis feriados, festas de aniversário, churrascos de fim de semana ou em qualquer outra desculpa para reunir todo mundo. A casa dela era aconchegante, o lugar perfeito. Acho que tem muito a ver com a nossa cultura mexicana. Aprendi que tudo que uma pessoa precisa é de família, comida, amor e fé. Com esses quatro elementos em nossas vidas, não precisamos de mais nada.

Mas o que tornava a noite especial era que, depois de dez anos com meus pais e eu focando nos meus sonhos de ser cantora, além de alguns sacrifícios que fizemos, eu veria a minha audição no *reality show* musical *The X Factor*. Eu, minha família e os mais de oito milhões de americanos que assistiriam o programa. Sem pressão, certo? Eu tinha passado o dia todo só pensando nisso e, quando estava quase na hora, praticamente pulei para fora do carro. Minha família e eu sabíamos o resultado da audição, feita em Austin no final de maio, mas tínhamos jurado manter o sigilo até que o resultado fosse ao ar, em setembro. Então, podemos dizer que estávamos esperando por este momento havia quatro meses. Uma década, na verdade, se contarmos todos os anos desde que comecei a correr atrás do meu sonho de cantar, com apenas 9 anos.

De pé na calçada, pude ver o brilho das televisões ligadas nas casas de alguns vizinhos. Quão louco e incrível pensar que, dali a alguns minutos, meu rosto estaria em algumas daquelas telas enquanto eu cantava do fundo do meu coração. Então imaginei como eu ficaria e soaria na frente das câmeras. Será que as pessoas gostariam de mim? Tudo que sempre quis era me conectar com o público por meio da música, e aquela era a minha chance. Mas as pessoas iriam querer se conectar comigo? Eu mal podia esperar para descobrir!

Por mais ansiosa que eu estivesse, esperei minha mãe sair do carro. Sempre fomos cuidadosos quanto à sua grave escoliose e às limitações por causa da dor crônica nas costas. Ela precisou de um tempo para deslizar sob o cinto de segurança e se desdobrou para ficar perto da porta aberta. Sem minha mãe, nada disso teria acontecido. Foi ela quem me encorajou a fazer um teste para o *The X Factor*. E, nos anos anteriores, ela e meu pai dedicaram muito tempo, dinheiro e esforço (até venderam a propriedade onde planejavam construir a casa dos sonhos e moraram por um tempo em Los Angeles) para me apoiar. Peguei o bolo especial que ela tinha feito para aquela noite, e atravessamos a rua. Tocamos a campainha e trocamos sorrisos entusiasmados. Havia chegado a hora. Assim que a porta se abriu, uma ovação explodiu na sala, a alegria chegando até nós, ainda do lado de fora.

— Aí está ela! — gritou alguém.

Eu também gritei, tonta com toda a ansiedade dentro de mim. Havia o delicioso e familiar cheiro de feijão frito, arroz caseiro, tacos de carne e chalupas, tudo em uma mesa comprida, além de garrafas gigantes de refrigerante — especialmente Big Red, porque somos do Texas e amamos essa bebida. Sorrindo de orelha a orelha, fui até os braços acolhedores da minha família. Minha avó, minha tia Rose e minhas outras tias e tios, meu primo BJ e mais de dez primos, meu irmão e a namorada, que hoje é esposa. Somos muito próximos. Sempre celebramos nossas vitórias como uma unidade e nos consolamos em tempos difíceis. Eles são a minha casa, então não havia nenhum outro lugar em que eu gostaria de estar na maior noite da minha vida, até então.

— Oi, *Mama*! — gritou uma das minhas tias.

(Minha mãe, minhas tias e até meu pai me chamam de *Mama*, um termo carinhoso em nossa cultura mexicana.)

Com os olhos arregalados de empolgação, minha tia me sufocou no maior abraço do mundo. Minhas tias são sempre divertidas e cheias de emoção e não hesitaram em expressar o quanto estavam felizes por mim.

— Oh, meu Deus, *mija*, estamos tão animados por você!

— Arrasa, Ally!

Um coro de vozes me trouxe de volta à realidade, me envolvendo como um abraço no calor de seu amor e entusiasmo. Sempre barulhenta, minha família estava especialmente exuberante naquela noite. Olhei para os belos rostos de meus entes queridos. Todos já tinham comparecido em muitas das minhas apresentações, desde que eu me entendo por gente. E estavam ali comigo na minha estreia em um programa de TV exibido para todo o país, no que parecia o auge de todas as minhas apresentações. Ou que poderia ser o verdadeiro começo da minha carreira. Talvez o primeiro de muitos passos rumo a palcos maiores em todo o mundo.

Meu irmão, Brandon, cutucou meu braço para chamar minha atenção.

— Tem certeza de que vão exibir esta noite? — perguntou, sorrindo.

Mostrei meu celular.

— Um dos produtores me mandou uma mensagem dizendo que deveríamos assistir hoje — respondi.

Na esperança de ver minha audição, assistíamos a cada episódio, já que a segunda temporada tinha começado a ir ao ar duas vezes por semana em meados de setembro. E o momento finalmente havia chegado. Eu me arrepiei só de pensar em como foi estar na frente dos jurados daquela temporada. Simplesmente alguns dos maiores nomes da música: Simon Cowell, Britney Spears, Demi Lovato e L.A. Reid.

— Vai começar! — gritou BJ, e nos reunimos ao redor da TV, nos esforçando para ter um vislumbre da minha cidade natal e de qualquer um de nossos rostos.

É que todos que estavam ali amontoados na casa da minha tia já sabiam o resultado da audição e os momentos incríveis que vivenciei naquele palco em Austin, mas estávamos ansiosos para ver como tudo seria mostrado no programa.

Desde que fiz o teste, quatro meses antes, minha imaginação correu solta, me perguntando o que de fato iria ao ar. Quando a gravação começou, eu me atrevi a compartilhar muito de mim mesma.

Falei mais do que sobre meu sonho de cantar, falei de todos os outros sonhos que me permitiriam ajudar quem precisa e sobre as dificuldades reais que minha família superava desde seus primeiros dias nesse mundo.

Enquanto a famosa vinheta explodia na sala de estar, silenciando todos ao meu redor, eu me perguntei mais uma vez que partes da minha história seriam transmitidas. Tinha certeza de que falariam sobre os muitos sacrifícios que meus pais e irmão fizeram para me apoiar, como minha mãe viajou comigo por tantos anos, apesar da dor constante e horrível nas costas. Eu mal podia esperar para que ela fosse reconhecida por isso, para que o mundo inteiro descobrisse quão notável e inspiradora ela era. E tinham que mostrar meu amor por minha linda cidade natal — sabia que isso alegraria os meus conterrâneos, incluindo meus antigos professores, pastores, professores de canto, parentes e todos da comunidade que acreditaram em mim e me encorajaram desde que comecei a cantar pela cidade quando ainda era criança.

Também contei a história do meu nascimento prematuro, de como milagrosamente desafiei as probabilidades e sobrevivi sem grandes complicações de saúde. Lembro de ter dito um "oi" para todos os que também nasceram prematuros. Talvez me ver no programa os encorajasse a correr atrás dos seus sonhos. Imaginei outras crianças prematuras assistindo ao programa e começando a acreditar que seus sonhos também poderiam se tornar realidade. A ideia de inspirar outras pessoas enchia meus olhos de lágrimas.

— Ah, olhe, aí estamos nós! — disse alguém.

Enfim, depois de tantas semanas de espera, o momento chegou. Reconhecemos as camisetas vermelhas com "Shining Star Ally Brooke" estampado que minha família havia usado naquele dia. Foi a coisa mais fofa do mundo. Meu pai pediu a uma senhora em San Antonio que as fizesse para nós. Para você ver o quanto meus pais me apoiam. Eles sempre fizeram tudo por mim e estavam quase tão animados quanto eu. Minha mãe, que muitas vezes me ajudou a me vestir, tinha escolhido minha roupa para a audição.

Quando nos vimos na tela, todos na sala começaram a gritar, animados. E, logo depois todos, se calaram para ouvir. Cobri minha boca, chocada. O momento que eu estava esperando finalmente havia chegado.

Então, comecei a me apresentar.

— Olá, sou Ally Brooke, de San Antonio, Texas. Saber que L.A. Reid e Simon Cowell vão me dar feedback é... [Solto um grito] É incrível! Quero fazer tudo. Quero fazer cinema e atuar. Você sabe, ter minha própria linha de perfumes, minha própria linha de roupas, cantar. Quero fazer coisas que ninguém viu antes.

Foi assim que comecei? Fiquei preocupada. Não foi o melhor começo, mas talvez eu esteja sendo muito crítica comigo mesma... Todos continuaram sorrindo e olhando para a grande televisão da minha tia, e depois para o meu rosto e de volta para a imagem. Lá estava eu de novo, preenchendo a tela.

— Meu maior sonho é ser tão grande quanto a Beyoncé.

Meu coração congelou no peito.

— Eu não disse assim — murmurei.

Mal sabia eu quanto sofreria por isso, especialmente a fala sobre a Beyoncé. Lembrei dos produtores me fazendo perguntas como "Você quer ter sua própria linha de roupas e perfumes?". Respondi que sim. Mas foram eles que me fizeram dizer isso. Meu foco era expressar sonhos e objetivos mais profundos e pessoais. Onde estavam as coisas importantes que compartilhei com o entrevistador? Onde estavam os tópicos como a força da minha mãe? Ter nascido prematura? O amor da minha família e tudo o que eu disse sobre o Texas? Engoli em seco, esperando que exibissem as partes boas. Mas não havia nada. Eles não mostraram nada.

— Eles não me fizeram soar muito bem — comentei.

Minha família se juntou ao meu redor, tentando me tranquilizar. Meu coração estava disparado enquanto eu tentava superar minha profunda decepção e a sensação subjacente de que o programa estava tentando me fazer de boba. A edição me fez soar superficial e estúpida.

Aquela não era eu. Mas pelo menos eu sabia do poder da minha audição. Tinha fé que isso me salvaria.

Então chegou o momento. Eu me vi na TV, subindo no palco. Senti meu coração batendo como quando parei na frente daqueles quatro jurados, todos gigantes da indústria musical e que representavam algumas das minhas maiores inspirações. Foi um pouco encorajador que, pelo menos pela TV, eu não parecesse tão nervosa — vestida de maneira fofa, com meu short preto de cintura alta, blusa cortada rosa, chapéu preto e sandália de salto aberta com meias neon — quanto estava no dia da audição. Enquanto eu assistia, meu coração batia forte. Já sabia o resultado e tudo o que veio depois da audição, que eu ainda não podia compartilhar com ninguém, mas o pensamento de que milhões de pessoas estavam assistindo minha performance naquele exato momento era como uma onda gigantesca passando por mim.

Eu me vi respondendo às perguntas dos jurados e depois começando a cantar. *Agora vai*. Quando a câmera mudou para minha mãe chorando enquanto eu cantava, lágrimas vieram aos meus olhos. Mas então algo aconteceu. Na versão para a TV, enquanto eu cantava, depois que a música parou, a câmera cortou para os jurados e Simon parecia irritado. Outros juízes fizeram caretas para mim. Os produtores cortaram para as pessoas na plateia rindo. A câmera voltou para mim enquanto eu cantava, mas a magia tinha sido quebrada. Simon parecia ainda mais irritado. Esta versão dos eventos não era nada, absolutamente nada parecida com o que vivenciei na realidade. Não parecia poderoso que eu continuasse cantando. Parecia quase arrogante. Mas não foi assim que aconteceu. Em vez de ser lindo, como o momento tinha sido, era constrangedor.

— Não, ele não fez isso... Não foi assim que aconteceu — disse minha mãe, referindo-se à reação de Simon (ou pelo menos a que foi exibida na TV).

Minha família esteve lá e sabia a verdade. Agora todos estavam cochichando ao meu redor, embora alguns se calassem e se inclinassem para ouvir os juízes responderem quando terminei de cantar. Meu primo estava insistindo que Simon não revirou os olhos como o programa fez parecer. Eu podia ouvir os comentários frustrados da minha família, mas tudo parecia bem distante. Só o que eu sentia era frio.

Parecia que eu assistia a tudo de muito longe. Minha empolgação se foi. Minha visão ficou turva. Rostos se viraram em minha direção, depois de volta para a tela, enquanto os jurados davam grandes elogios e votavam "sim". Mas eu mal conseguia ouvir o que diziam. Comecei a ficar enjoada. Aquelas palavras não me alcançavam.

— Isso não foi bom — disse minha mãe, com decepção na voz.

Aquilo me deu vontade de chorar.

Ela abrira mão de tanta coisa. O programa não tinha mostrado nada sobre como meus pais foram incríveis enquanto tentavam realizar meus sonhos. Bem diante dos meus olhos, pegaram um dos dias mais poderosos da minha vida e o transformaram em outra coisa. Algo que não era glorioso, não era triunfante, mas, em vez disso, parecia vazio e fútil.

Papai e algumas outras pessoas tentaram me animar e me abraçaram.

— Não foi tão ruim. Todos os juízes disseram coisas ótimas. Simon disse que estava olhando para uma futura superstar.

Alguém apareceu para me encorajar, dizendo que esses programas sempre faziam coisas assim para criar algum drama, e que não importava mais, porque eu tinha sido aprovada.

— Mas aquela não sou eu — comentei, baixinho.

Eu sabia que todos estavam olhando para mim. A decepção me invadiu. Eu me sentia vazia.

— Uma futura superstar — repetiu meu pai.

— Pois é — respondi, tentando conter as lágrimas.

Talvez eu tenha criado muita expectativa nos últimos meses. Todos no programa foram maravilhosos comigo, então por que fizeram aquilo? A edição daquela noite, que foi ao ar para milhões de pessoas em todo o país e ao redor do mundo, me fez parecer uma piada.

Deus, por que isso está acontecendo?, perguntei, silenciosamente. É uma pergunta que a maioria de nós faz, muitas vezes em momentos em que nossos pensamentos estão barulhentos demais para que possamos ouvir a resposta. Eu devia estar muito chateada para ouvir ou encontrar consolo naquele momento. E, infelizmente, tudo estava prestes a piorar.

Consegui me segurar até que fôssemos para o carro. Eu estava perdendo o controle e caí no choro. Minha mãe começou a chorar também. Meu pai fez o possível para nos confortar enquanto nos levava para casa.

Quando chegamos, peguei meu computador e fui assistir minha audição no YouTube, esperando que estivéssemos errados em esperar uma forte reação negativa. Talvez eu descobrisse que vi tudo errado e encontraria algum conforto com as reações na internet. Mas essa decisão provou ser a pior possível. Comecei a ler e parecia que alguém tinha agarrado meu coração e o despedaçado. Os comentários cruéis foram devastadores. Fui chamada de chata, arrogante, irritante, terrível, estúpida, uma v*dia, feia, desesperada por fama. Tudo era horrível.

Vi alguns comentários bons, mas a maioria era negativa. E eu não conseguia parar de ler, lágrima após lágrima. Queria dizer a cada uma daquelas pessoas que elas não tinham me visto de verdade. O que assistiram não me representava. Com alguma edição criativa, o programa transformou o melhor dia da minha vida em um pesadelo. E, ao longo de todo o resto do programa, aquela pessoa seria quem todos pensariam que eu era. Tinha sido minha única chance de causar uma primeira impressão, e tudo foi manipulado para me pintar daquela forma. Minha fé foi seriamente testada. Quando orei, à noite, tive muitas perguntas e dúvidas em minha mente. *Por que, Deus? Temos sido pacientes por tanto tempo. Nós o seguimos por muito tempo, seguimos seu plano e seu caminho. Esperamos por esse momento durante toda a minha vida. Por que isso teve que acontecer?*

Você já experimentou algo assim? Um momento que o faz sentir como se estivesse sob os holofotes da vergonha e da humilhação? É um dos piores sentimentos do mundo, ainda mais quando você não fez nada para causar isso.

No fundo, tentei me lembrar da verdade de quem eu era. Eu tinha recebido esses quatro "sim" dos jurados, e ainda havia muito chão pela frente. Mas, naquela noite, eu estava machucada demais para sentir gratidão.

Parei de ser aquela pessoa cheia de alegria e comecei a ter vontade de chorar e me esconder. Talvez o episódio não tivesse sido tão ruim quanto parecia, mas continuei repassando a cena na minha cabeça, tornando-a cada vez pior. A expressão irritada no rosto de Simon, os olhares estranhos, a personalidade superficial que me fizeram parecer ter e as reações cruéis e indiferentes da internet. Doeu tanto que eu queria desistir e me afastar de tudo.

Mas eu sabia que o resto do show não tinha ido ao ar ainda. Havia muito mais por vir, e logo chegaria a hora de eu competir nas etapas dos shows ao vivo. No entanto, como eu conseguiria chegar nessa fase quando parecia que o mundo me via como uma menina irritantemente egocêntrica e boba? Aquele não era o início de carreira dos meus sonhos, pelo qual eu havia trabalhando tão duro. Naquele momento, eu não estava animada com o que aconteceu, mesmo que o programa estivesse prestes a mudar a minha vida.

Tudo o que senti foi humilhação e dor no coração. Fui arrastada para a cama e, quando minha fiel gata Bobbi apareceu e subiu para ficar comigo, eu a envolvi nos meus braços e chorei até dormir. Bobbi entrou na minha vida quando eu tinha catorze anos. Era uma gatinha da raça manês que apareceu perdida em nosso bairro. Na primeira vez que a vi, ela se aproximou e se enrolou em mim, e eu soube imediatamente que era meu bebê. Nenhum outro animal jamais interagiu comigo com tamanho carinho e amor, que ela tanto me daria nos anos que viriam. Bobbi sempre sabia quando eu estava triste e dormia comigo, ao meu lado. Eu não frequentei a escola. Por sempre correr atrás do meu sonho, recebi minha educação em casa. Por isso não tinha um melhor amigo daqueles que a gente vê o tempo todo, além dos meus pais. Então, Bobbi se tornou isso em minha vida. Ela sempre esteve lá para mim. Nunca partiu meu coração, nem me usou, nem me machucou. Ela nunca me julgou ou me envergonhou, e naquele momento de humilhação pública, seu amor incondicional foi mais valioso do que nunca.

Mesmo que parecesse o fim do mundo, não era, é claro. Às vezes, o primeiro passo para sobreviver a uma experiência horrível é encontrar uma maneira de se levantar depois de uma grande queda. O que eu não sabia na época era que haveria muito mais ocasiões para me derrubar, assim como houve durante a minha infância. Então, eu me ergui. E sei que vou me erguer outras vezes na vida. E estou aqui para dizer que você também pode fazer isso. Não importa de onde começou ou onde está agora, você pode se reerguer. Você pode alcançar seus sonhos. Pode enfrentar dificuldades e, com a força que encontra dentro de si, pode chegar ao topo.

Então, como eu superei aquela noite horrível? Vou contar essa história e muitas outras. Mas primeiro me deixe contar como minha vida começou. Ou melhor, como ela quase nem começou.

DOIS

Cantando desde o início

—**E**la já veio ao mundo cantando.
Isso é o que meus pais gostam de dizer.

Deus tem me mostrado milagres ao longo de toda a minha vida. Literalmente desde o nascimento. Minha entrada neste mundo foi cheia de milagres. Mas, por mais que o meu nascimento tenha sido assustador para os meus pais, eles sempre se concentraram nas maravilhas de ter um bebê, o que diz tudo sobre o otimismo e a fé com que fui criada.

Era o início de julho de 1993 e minha mãe, Pat, com 28 anos na época, ainda estava a três meses do dia previsto para o parto, que seria em meados de outubro. Como já tinha dado à luz meu irmão, Brandon, quatro anos antes, estava familiarizada com os estágios da gravidez, mas percebeu que algo estava diferente quando começou a passar mal e a sentir cólicas. Ela ligou para o médico, que lhe disse para esperar em casa, monitorando a situação.

Na manhã seguinte, quando ela não melhorou, meus pais ligaram mais uma vez para o médico, que mandou que fossem direto para o hospital. Era cedo demais para o bebê nascer, então meus pais ficaram preocupados e queriam ouvir que tudo ficaria bem. Mas, em vez de tranquilizá-los, após avaliar a condição da minha mãe, o médico ficou mais sério. Ela perdera líquido amniótico, o que estava longe de ser ideal para o bebê.

— Vamos solicitar sua internação para que possamos observar você e o bebê e ver se o líquido amniótico se restabelece — disse o médico. — Acho que vai dar tudo certo, mas você precisa ficar em repouso por um tempo.

Minha mãe sentiu que algo estava errado, mas presumiu que não fosse tão grave e achou que, depois da consulta, voltaria à vida normal. A decisão do médico de mantê-la no hospital surpreendeu e preocupou ainda mais meus pais.

Enquanto meu pai, Jerry, na época com 30 anos, empurrava suavemente a cadeira de rodas com minha mãe para dentro do elevador do hospital, um enfermeiro entrou com eles. De repente, o enfermeiro parou e olhou da minha mãe para o meu pai.

— Sabe, estou me sentindo inspirado a fazer uma oração com vocês — disse o homem. — Posso?

— Claro! Muito obrigado! — responderam meus pais.

O que o enfermeiro não sabia é que meus pais já estavam orando por um segundo bebê saudável havia anos. Eles ficaram tão felizes quando minha mãe descobriu que estava grávida, e tudo tinha corrido bem até o momento. Mas foi difícil não se preocupar ao longo do caminho, e, com a internação, era hora de redobrar as orações.

Quando o enfermeiro curvou a cabeça e começou a orar, minha mãe sentiu uma paz indescritível descer sobre ela. Depois da oração, meus pais não estavam mais assustados. Tinham a fé plena de que o pequenino bebê no ventre da minha mãe estava nas mãos de Deus e que ia ficar bem.

Meus pais precisariam dessa garantia porque, depois de um dia no hospital, o prognóstico rapidamente se tornou muito mais preocupante.

— O líquido amniótico não está sendo restabelecido — avisou o médico. — Precisamos levar você e sua filhinha para a sala de cirurgia. Vamos ter que realizar o parto o mais rápido possível.

— Filhinha!

Aquela foi a primeira vez que disseram aos meus pais que eu era uma menina. Eles ficaram muito felizes com a notícia, principalmente porque já tinham um filho em casa.

— Eu tenho um menino e uma menina! — exclamou minha mãe.

Mas eu estava apenas com 26 semanas, e infelizmente a chance de sobrevivência de um bebê nascido tão cedo era muito baixa. Meus pais estavam com medo de me perderem antes mesmo de eu chegar.

O médico deu notícias ainda mais difíceis. Disse que, se eu sobrevivesse, talvez tivesse dificuldades de aprendizagem, problemas de desenvolvimento, possíveis problemas de visão e audição e outros desafios. A lista de tudo o que poderia dar errado comigo era longa e assustadora, mas a fé dos meus pais era e é incrivelmente forte. Além das próprias orações e as de nossos familiares próximos, eles pediram orações aos membros da igreja que frequentavam, e o pedido se espalhou tanto que pessoas de todo o mundo estavam orando pela nossa família.

Minha mãe me disse muitas vezes que, mesmo enquanto ouvia a terrível lista dos problemas que eu poderia ter, ela se mantinha calma. Era inexplicável, uma paz que só pode vir de Deus e que é descrita em Filipenses 4:7 como aquela "que excede todo o entendimento". No coração e na alma, minha mãe de alguma forma sabia que eu ficaria bem.

Ela foi levada às pressas para a cirurgia, e, graças a uma cesariana de emergência, eu nasci em 7 de julho de 1993. Sete sempre foi meu número favorito. Quando fiquei um pouco mais velha, percebi que meu aniversário era na verdade em 07/07, o que parecia um dia muito especial para mim. Além disso, sete é considerado por muitos um número abençoado, e Deus levou sete dias para criar a Terra. Eu pesava menos de um quilo. Era tão pequena que cabia na palma da mão do meu pai. E fui a primeira coisa em que minha mãe pensou, assim que acordou da cirurgia.

— Ela está bem? — perguntou.

Um dos maiores perigos para os bebês prematuros é que seus pulmões ainda não estão desenvolvidos. Os pulmões estão entre os últimos órgãos a se formar no útero, uma vez que não são necessários até o nascimento. Por causa disso, muitos bebês prematuros não sobrevivem. Mas, assim que respirei fundo, milagrosamente comecei a gritar — ou cantar, como meus pais dizem — forte o suficiente para que minha mãe pudesse ouvir através da porta da sala de cirurgia. Ela começou a chorar, tão aliviada e feliz por eu estar viva e lutando. Meus pais até hoje ficam maravilhados com essa história e adoram contar como eu sempre fui abençoada por vencer as adversidades.

Uma das histórias favoritas do meu pai é sobre o médico saindo da cirurgia e dando atualizações sobre o meu estado.

— Bem, ela pesa pouco mais de 800 gramas — disse ele. — Para ser honesto, estamos impressionados por ela ter saído gritando do jeito que saiu, porque os pulmões não deveriam estar tão desenvolvidos.

Meu pai ficou sem palavras. Ele também caiu no choro, mas de tanta felicidade.

— No momento, ela está respirando sozinha, mas não tenha medo quando a vir — disse o médico. — Vamos entubá-la, estamos nos preparando para isso porque os pulmões dela se cansarão em breve. Ela vai precisar de respiração artificial.

Mais tarde, o médico voltou da UTI neonatal com outra atualização.

— Tenho novidades. Sua filha tem duas coisas a favor dela. Primeiro que é uma menina. Por alguma razão, as meninas têm uma taxa de sobrevivência maior do que os meninos. E a segunda é que ela já nasceu gritando e ainda por cima respirando sozinha.

O médico alertou novamente meus pais que meus pulmões acabariam ficando cansados e eu precisaria estar entubada para ajudar na respiração. Mas então outro dia se passou, e o milagre continuou.

— Não conseguimos acreditar — dizia a equipe do hospital. — Todos os bebês que nascem pequenos desse jeito precisam ser entubados. Provavelmente até amanhã de manhã ela ficará cansada e precisará de ajuda para respirar.

Dia após dia acontecia a mesma coisa, até que meus pais receberam uma boa notícia.

— Parece que os pulmões são fortes o suficiente e ela não precisará ser entubada.

Ao longo das semanas e meses que se seguiram, meus pais e outros familiares foram ao hospital todos os dias. Quem também visitava diariamente a UTI neonatal era meu irmão maravilhoso, Brandon. Ele tinha quatro anos na época, e meus pais o levantavam e apontavam para mim, ainda na incubadora.

— Aquela é sua irmãzinha. Bem ali. Você tem que ajudar a cuidar dela. Você deve amá-la e protegê-la sempre. Nunca se esqueça disso, *mijo*.

Brandon levaria essas palavras a sério. Desde aquela primeira visão que teve da irmãzinha até hoje, somos muito próximos e temos um vínculo especial. Ao longo da nossa infância, nossos pais nos ensinaram a amar e a cuidar um do outro, e meu irmão mais velho é uma das pessoas de quem sou mais próxima.

Na época em que nasci, o filme favorito de Brandon era *Karatê Kid*, com o ator Ralph Macchio. Brandon gostava da mocinha chamada Ali. Então, embora não tivesse idade suficiente para frequentar o jardim de infância, meu irmão foi quem escolheu meu nome. Meus pais ficaram muito tocados com isso. E lá estava eu, Ally, ou Allyson Brooke Hernandez, meu nome completo. Acabei dando um nome ao meu irmão também, porque não conseguia dizer Brandon direito. Desde que me lembro, eu o chamo de *Bobô*.

O amor sempre esteve à frente e no centro de nossa família. Meus pais cresceram em grandes lares mexicano-americanos. Mesmo que não tenham se conhecido até serem jovens adultos, quando se encontraram, rapidamente perceberam que tinham muito em comum. Ambos eram católicos, criados em San Antonio, e ambos com oito irmãos, após terem perdido um irmão. Quão louco é isso? Também tiveram uma infância muito pobre. Minha mãe dormia em uma cama com quatro irmãs. Minha avó paterna era mãe solo, e a família sobrevivia com ajuda do governo. Enquanto crescia, ele dormia no chão ou no sofá e não teve a própria cama até se casar. Meu pai conta histórias de como, ao chegar da escola, ele se perguntava que serviço básico seria cortado naquele dia, porque não tinham conseguido pagar as contas.

Meus pais foram criados com regras rígidas e ensinados a respeitar os mais velhos e a si próprios. Minha avó dizia ao meu pai: "Não temos muito, mas sempre nos amaremos, e família é tudo de que você precisa." Minha avó materna costumava dizer, a minha mãe e seus irmãos: "Sempre trabalhe duro, seja bom para as pessoas e ame com todas as suas forças." Mesmo não morando em casa, o pai do meu pai ensinou muito a ele sobre a vida, também enfatizando a importância de trabalhar duro, ter um coração bom e agir de forma digna.

Adoro ouvir como meus pais se conheceram, especialmente porque cada um tem uma versão diferente da história. Meu pai diz: "Se você quiser saber a história real, me escute." Então conta como minha mãe e a irmã dela foram comprar sapatos na loja onde ele trabalhava, Bakers Shoes, no McCreless Mall, no lado sudeste de San Antonio. Foi bem na hora de fechar, em uma noite em que ele por acaso tinha um encontro com outra garota. Minha mãe e minha tia estavam vendo todos os modelos de sapatos, sem perceber que a loja já havia fechado. Meu pai notou como minha mãe era bonita, mas estava ansioso por estar atrasado para o encontro. Então, disse:

— Eu sinto muito mesmo, mas estamos fechando e tenho um encontro hoje à noite. Que tal voltar na quarta-feira, e eu compro esses sapatos para você?

Sim, meu pai tinha lábia. Bom trabalho!

Parecia um bom negócio, então elas concordaram e foram embora. As duas voltaram na quarta-feira, e, quando meu pai as viu, percebeu que precisava comprar os sapatos! Ele notou mais uma vez a beleza da minha mãe, mas ela quase não falava, em comparação com minha tia. Depois que meu pai cumpriu a palavra e comprou os sapatos, elas agradeceram e foram embora. Isso poderia ter sido o fim da história. Mas meu pai notou um estojo de maquiagem no banco onde elas se sentaram, então saiu correndo pela porta da frente, para encontrá-las. Quando não as viu, por pressentimento, saiu pelos fundos e lá estavam as duas, indo para o estacionamento.

Ele correu até elas, as chamou e devolveu o estojo. Minha tia bancou a casamenteira, dando o número de telefone da minha mãe ao meu pai. Ele provoca minha mãe até hoje, dizendo que ela deixou a maquiagem lá de propósito. Minha mãe insiste que nem estava interessada no meu pai, tanto que demorou a aceitar seu convite para sair. Mas, seja qual for a versão verdadeira da história, os dois têm sido felizes juntos desde então.

Durante os dias e semanas difíceis depois que nasci, fiquei mais forte, ajudada pela forte conexão entre meus pais, bem como pela força da minha família, sua fé em Deus, suas orações e minha própria resiliência. Não foi fácil. Tive que fazer uma cirurgia para consertar duas hérnias. Na verdade, eu precisava do reparo de três hérnias, mas os médicos temiam que ficar sob anestesia por muito tempo seria muito perigoso, já que, com seis semanas, eu ainda pesava menos de um quilo e meio.

Meu pai às vezes brinca que sou o bebê de um milhão de dólares, porque permaneci na UTI neonatal por um total de dois meses e meio, e as contas do hospital eram impressionantes. Felizmente, eles tinham um bom seguro de saúde que cobria parte dos custos, e o hospital foi gentil o suficiente para recomendar programas que poderiam ajudá-los com a dívida médica restante. Mesmo assim, levaram anos para quitar todas as contas. Isso foi um desafio para os dois, mas, por sorte, eles tiveram o apoio da nossa enorme família, dos amigos e da comunidade da igreja. E também receberam assistência da organização March of Dimes.

Dois meses e meio podem parecer muito tempo, mas foi realmente um pequeno milagre. A maioria dos bebês prematuros nascidos tão jovens quanto eu tem de ficar no hospital por muito mais tempo. Os médicos continuaram impressionados pelo meu espírito de luta.

Quando finalmente fiquei forte o suficiente para ir para casa, meus pais ficaram exultantes. Mas eu ainda não estava fora de perigo. Tive de ir para casa com um monitor cardíaco, porque estava com apneia do sono. A máquina soaria um alarme se eu parasse de respirar, notificando meus pais para tocarem em mim para que eu inspirasse. Claro, isso era aterrorizante, e eles não dormiram direito por um longo tempo. Estavam com muito medo de que, se estivessem dormindo e minha respiração parasse, o monitor não apitasse e eu morresse. Às vezes, eles me moviam bem de leve, apenas para se certificar de que eu estava bem.

Com o passar dos meses, não houve dúvidas de que, pela graça de Deus, eu não tinha nenhuma deficiência ou sequelas. O médico avisou aos meus pais que eu poderia ter perda auditiva ou audição aguda, mas só saberíamos se isso aconteceria quando eu ficasse mais velha. Acontece que eu tenho uma audição aguda, o que significa que ela é sensível. Vou falar sobre tudo isso com mais detalhes em outro capítulo. É principalmente uma bênção, mas nem sempre foi assim.

Todos temos nossos desafios. Não temos controle sobre a família em que nascemos, nossos dons e talentos iniciais ou as circunstâncias de nossa infância. Para algumas pessoas, sem dúvida, é mais fácil, enquanto outras vêm a este mundo por meio de situações difíceis. Mas, independentemente de como sua vida começou, se as cartas estavam a seu favor ou se o baralho estava contra você, saber que você é capaz de alcançar tantas conquistas é incrível.

Às vezes, aquilo que você vê como fraqueza ou desafio é justamente o que pode fazer com que você se destaque. O primeiro passo é acreditar que, não importa quais obstáculos existam, você pode fazer o seu melhor e ter sucesso. Na verdade, suas primeiras lutas podem fornecer ferramentas e forças especiais que lhe capacitarão para alcançar seus objetivos. Grande parte do seu futuro gira em torno da mentalidade certa e de encontrar coragem para ter fé em si mesmo, ainda que você não tenha a sorte de contar com uma rede de apoio tão maravilhosa desde o nascimento. Posso dizer, de todo o coração, que você tem valor e beleza. Deus criou você de propósito e com amor. Como diz o Salmo 139:14: "Eu te louvo porque me fizeste de modo especial e admirável. Tuas obras são maravilhosas! Digo isso com convicção."

Estou muito grata pelas bênçãos na minha vida. Dou crédito a Deus e à minha família por me fazerem chegar onde estou agora. Essa é uma grande parte da razão pela qual escolhi um caminho em que posso estar presente para o máximo de pessoas. Com minha música, é claro, mas também com minha história, assim como com a vida on-line e as interações pessoais, que significam muito para mim. É difícil sobreviver quando você se sente sozinho. Eu já senti isso, como você vai descobrir. Todos precisamos uns dos outros. Não podemos fazer essa caminhada pela vida sozinhos. Eu precisei de muito apoio para enfrentar tudo o que estava por vir. Mas, primeiro, eu precisava descobrir minha verdadeira paixão.

TRÊS

O nosso lugar

O lugar onde cresci é a base de quem sou hoje. Sempre que alguém me pergunta de onde eu sou, respondo, orgulhosa: "Eu sou de San Antonio, Texas!" Não é apenas um lugar. San Antonio sempre será uma grande parte da minha alma, junto com minha família, minha fé e o poder da música. Para que você me entenda bem, preciso falar mais sobre as forças que moldaram a mulher que sou hoje.

Muitos já ouviram falar do Álamo e da famosa batalha que ocorreu lá em 1836, um evento crucial na Revolução do Texas. É definitivamente um marco local importante, que visitei com a escola quando era pequena. Também temos uma profunda admiração pelos heróis do basquete da nossa cidade natal, o San Antonio Spurs. A cidade se une para apoiar nossas lendas. Algumas das minhas memórias mais felizes de infância são de ir aos jogos com minha família — usando a camiseta do Spurs e com nachos na mão, é claro. E ainda vou sempre que posso.

Junto com o resto do centro da cidade, um dos meus lugares favoritos é o River Walk, ou Paseo del Rio, uma passarela ao longo do rio San Antonio. O River Walk está repleto de lojas, restaurantes, missões históricas, exposições de arte, galerias, bares, pontes e todos os tipos de cultura.

A melhor época para visitar a cidade é a primavera, quando celebramos nossa história e herança com um enorme evento de dez dias chamado Fiesta San Antonio. Sei que tudo começou na década de 1880 e que três milhões de pessoas participam de mais de cem eventos em toda a cidade a cada ano. O que posso dizer por experiência própria é que é uma celebração alegre para a qual todos os moradores se reúnem e da qual é muito divertido fazer parte. Há desfiles diurnos e noturnos nas ruas do Centro, desfiles fluviais, música ao vivo, *food trucks*, feiras, carnavais, fantasias e enfeites cheios de cores. Quem mora em San Antonio tem que ir.

Cresci assistindo ao Fiesta com a família inteira. Esperamos por isso o ano todo. Nada se compara a esse evento. É uma celebração grande e muito emocionante. Sempre havia muitos eventos divertidos, e adorávamos ir até a praça do mercado para uma das partes mais importantes de todas: a comida, é claro! Sob um arco-íris de barracas, serviam todos os mais deliciosos pratos mexicanos e Tex-Mex, de elote (milho mexicano) e tamales até nachos e, meu favorito, gorditas — tacos fofinhos recheados com feijão frito e queijo ou carne e queijo, além de alface e tomate. Quase posso sentir o gosto!

A atração mais famosa e mais antiga do Fiesta é o Desfile da Batalha das Flores, que celebra nossa diversidade e homenageia o espírito heroico da cidade. Há também o Fiesta Flambeau Parade, que começa ao pôr do sol e tem carros alegóricos, bandas, cavalos, mulheres usando lindos vestidos de princesa e dançarinos iluminados por luzes coloridas. Minha família sempre estava pronta com bastante antecedência para esses dois desfiles. Colocávamos vinte ou trinta cadeiras de jardim ao longo do percurso, e todos se aglomeravam. Minha avó, minhas tias, meus tios, meus pais, meu irmão e todos os meus primos pequenos — tudo isso, é claro, acompanhado de muita comida. Minhas tias faziam tacos, e nós os devorávamos junto com qualquer comida que comprássemos no desfile.

Durante todo o Fiesta, também há uma mistura de rock ao vivo e música Tejano para que as pessoas possam dançar juntas. E há shows de flamenco ao vivo e outros eventos divertidos ao longo do River Walk para aproveitar. Nada se compara ao Fiesta, é incrível. Eu sempre sentia uma emoção quando olhava para os heróis locais lindamente vestidos que passavam nos carros alegóricos do desfile, acenando e pedindo que torcêssemos por eles. Sonhava que um dia estaria lá. Foi a honra de uma vida quando fui convidada para ser a grande marechal honorária do desfile do Fiesta Flambeau. Agora era eu quem acenava para a multidão, todas as menininhas de olhos arregalados e meninos com grandes sonhos, exatamente como eu costumava ser.

Na verdade, se há uma coisa que pode superar o Fiesta, pelo menos para mim, são as festas de fim de ano. Não é apenas o fato de que o Natal é minha época favorita do ano, é que também é o momento mais mágico para o River Walk, quando tudo está iluminado com luzes piscantes até onde a vista alcança. Não importa a estação, há muito o que fazer. O que mais amo em San Antonio é que a cidade é muito rica em cultura e que sempre nos unimos em torno de nosso orgulho local.

Você não pode ir a San Antonio ou a qualquer reunião que minha família organize sem vontade de comer. A comida com a qual fui criada faz parte do meu DNA. Tex-Mex é uma fusão da culinária americana e mexicana, conhecida pelas tortilhas de farinha artesanais, temperos, um molho picante que chamamos de *chilé*, arroz, feijão, os melhores tacos de todos os tempos, chouriço, enchiladas, tamales e muito mais. Na minha família, sempre nos reuníamos nos feriados, mas a qualquer momento a gente inventava uma desculpa, como uma festa de aniversário ou um jogo de futebol. Minhas tias faziam chalupas, feijão, arroz, tacos de carne e *fideo*, que é espaguete mexicano. A comida é maravilhosa e, mesmo com todos comendo bem, sempre sobra para mais tarde.

Meu pai também é um excelente cozinheiro. Ele faz tortilhas de farinha caseiras que são as melhores do planeta. E também faz tortas incríveis. Nenhuma celebração familiar durante as férias estaria completa sem elas. E, enquanto eu crescia, quase todo fim de semana ele fazia deliciosos tacos de café da manhã (de chouriço e ovo, batata e ovo, ou salsicha e ovo). Eles sempre foram um sucesso entre meus amigos e qualquer pessoa que viesse às nossas festas. Às vezes, eu ajudava meu pai pegando o queijo ou quebrando os ovos. Hoje sei fazer tortilhas caseiras. Sou muito orgulhosa de ter aprendido, mas ainda não consigo imitar a magia do meu pai. Um dia ainda vou aprender a cozinhar tão bem quanto ele.

No dia de Natal, tamales são uma tradição não apenas em nossa casa, mas para muitas famílias mexicanas. Às vezes, minha família faz tudo em casa. Meus pais também encontraram a mais doce senhora mexicana que vende tamales para a vizinhança, e os dela são os melhores do mundo. E meu pai faz *chilé* com *queso* de dar água na boca, que é um molho Tex-Mex servido com tortilha chips. No café da manhã, minha mãe faz quiche, às vezes com torradas ou biscoitos como acompanhamento, mas sempre deliciosa. Sou responsável por fazer chocolate quente para mim e para o meu irmão. Fazemos biscoitos *polvorón* e biscoitinhos amanteigados com cobertura doce, que são algumas das minhas sobremesas favoritas.

Meus pais sempre se empenhavam com a decoração natalina — o que não é uma surpresa, já que eles amam essa época do ano. Na verdade, meu pai ganhou o apelido de Clark Griswold, o personagem que Chevy Chase interpretou no filme *Férias frustradas,* porque, na época do Natal, agia igualzinho, cobrindo nossa casa com tantas luzes e decorações que as pessoas vinham de todos os lugares para ver as exibições anuais. Do lado de dentro, a árvore de Natal era o foco principal, e, a cada ano, minha mãe escolhia um tema diferente. Podia ser bonecos de neve, elfos, anjos ou uma cor específica. E claro que sempre fazíamos nosso presépio. Toda a casa se tornava um país das maravilhas.

Na manhã de Natal, ficávamos de pijama, revezando entre abrir presentes e assistir aos nossos filmes natalinos favoritos. Em seguida, encontrávamos toda a família: vovó e vovô Paul, tias, tios, todos os primos... e nos divertíamos muito. Essas qualidades da nossa família — comida, amor, família e fé — são importantes durante as comemorações do fim de ano. Essa é minha época favorita. Amo a lembrança do nascimento de Jesus, a maravilha infantil sentida por pessoas de todas as idades, o amor no meu coração, a nostalgia, a música e as tradições. Eu gostaria que todo dia fosse como o Natal.

Quando minha família se reúne, o que acontece quase todo fim de semana, é sempre bom. Cresci com dezenas de tias, tios e primos, e nossos encontros são cheios de riso e de histórias. Ah, e de música incrível — geralmente as antigas, ou espanhol e tejano, que é uma mistura de vários tipos de música, incluindo mexicana, country, polca, valsa, pop, blues, mariachi e cumbia, que se originou entre as cidades mexicanas-americanas do centro e do sul do Texas.

Minha avó é o coração da nossa família, e também tínhamos muito amor pelo meu avô Paul, que era seu segundo marido. Eu adorava ir para a casa deles quando criança e assistir novelas. Ela fazia feijão, costeleta de porco, tortilhas, *huevos* e o melhor *chilé*. Se eu tivesse que escolher minha última refeição, seriam as tortilhas e a comida da minha avó. Ela se sentava comigo e conversava em espanglês, e eu tentava entender o que ela dizia. Conversávamos sobre muitas coisas — da família e da escola, sobre meninos, meus amigos e música. Ainda hoje, sempre que visito minha casa e a vejo, fazemos exatamente a mesma coisa. Sempre aprecio o tempo que passo com ela.

Meu avô Paul era um homem especial. Estava sempre do lado de fora da casa, trabalhando no quintal, usando um chapéu e botas de caubói, jeans Wrangler e um grande sorriso. Era gentil com todos e dava muitas risadas. Às vezes, eu o ajudava com trabalhos domésticos ou limpava a pequena garagem dele, e ficávamos ouvindo música latina ou country. Ele amava George Strait. Também amava Selena tanto quanto eu e mantinha um pequeno pôster dela em sua garagem — que está lá até hoje.

Às vezes, meus avós e eu saíamos para comer em um restaurante mexicano perto da casa deles ou íamos juntos ao supermercado. O supermercado local é chamado H-E-B (Here Everything's Better, que significa "Aqui tudo é o melhor" — o slogan da loja, que tem mesmo tudo do bom e do melhor). Nossa família inteira fazia compras lá. Acho que meus pais vão lá praticamente todos os dias. E, quando estou em casa, mesmo quando não precisamos de nada, sempre pergunto se podemos ir ao H-E-B.

Eu também passava um tempo com a vovó e o vovô Paul durante as reuniões familiares, mas minhas principais lembranças dos dois são de quando eu ia para a casa deles, com comida preparada com amor e muito riso. A casinha da vovó era como minha segunda casa, e ela ainda mora lá. Meu avô está no céu, mas sempre o tenho no coração, junto com todas as memórias. Sinto sua falta todos os dias, ele era um anjo nessa terra. Era um dos homens mais maravilhosos do mundo.

Desde a infância, tive a sorte de receber o apoio incondicional da minha família, que seria minha sustentação durante os muitos altos e baixos que viriam. Um forte vínculo familiar, minha fé em Deus e nossa cultura latino-americana se tornaram a base para tudo o mais.

Também tive ótimos mentores espirituais ao longo dos anos. Penso especialmente nas pessoas da Igreja Oak Hills, minha igreja local em San Antonio. Meus pais foram atraídos para esta congregação porque Max Lucado era o pastor, e eles tinham ouvido coisas maravilhosas sobre a igreja. Sem mencionar que o pastor Lucado é um homem apaixonado e articulado, com um grande coração e que escreveu muitos livros *best-sellers* sobre a fé. Lembro-me de ter lido seus livros na escola primária, especialmente *Você é especial*. Para mim, ele irradia o coração e o espírito de Jesus. Assim que nos congregamos à igreja, nos sentimos em casa. E ficava no nosso bairro, olha que sorte!

Aos domingos, ia com meus pais e meu irmão ao culto. Quando estava no colégio, comecei a frequentar os cultos do ministério da juventude, que é supervisionado pelo ministro da juventude, Brett Bishop. Meus líderes da juventude se tornaram uma grande parte da minha vida: Chris Butler; Deneen Goeke; o marido de Deneen, Tim; Brett Bishop e sua esposa, Jenna Lucado, que era filha do pastor Lucado. Ela era alguém que eu admirava e em que me inspirava e me influenciou muito. Na verdade, ainda sou muito próxima de todos.

Embora eu fosse uma adolescente muito tímida, comecei a sair da minha concha naqueles anos. Eu me sentia em casa na igreja. Eles foram bem acolhedores e me mostraram o amor de Deus. E se tornaram uma grande parte da minha vida. Até tive a honra de cantar no culto para jovens e, finalmente, na igreja, ao longo dos anos. Quando estou em casa, sempre vou ao culto de domingo em Oak Hills com meus pais.

O amor pela música está no cerne da minha família. Desde que me lembro, meus pais trouxeram para casa uma variedade de sons que influenciaram minha paixão pela música. Cresci com muitos dos grandes nomes, incluindo talentos variados como Dolly Parton, Gloria Estefan, The Carpenters, Frank Sinatra, Barbra Streisand, Elvis Presley, Aretha Franklin, Chicago, Sade, Céline Dion, Santana, Amy Grant, Elton John, George Michael, Taylor Dayne, Rosemary Clooney, Whitney Houston, Judy Garland, Diana Ross, Cher, Stevie Wonder, Crystal Lewis e Louis Armstrong. Estes são apenas alguns dos magníficos artistas que gostávamos de ouvir. Nossa casa sempre foi uma mistura de música inestimável, eclética e atemporal. Eles me educaram em tudo, desde Motown até música dos anos 1970, 1980 e 1990. Esse foi um dos maiores presentes que meus pais poderiam me dar: o dom da música. Música de verdade. Os clássicos. Não posso enfatizar quão importante essa base musical se provou para mim. Sou profundamente grata por eles terem me apresentado esses grandes artistas.

Uma das músicas favoritas de todos os tempos da minha mãe é "What a Wonderful World", de Louis Armstrong. Ouvir aqueles acordes do início sempre me deixa arrepiada. Hoje em dia, também é uma das minhas favoritas. Dá para ouvir o sorriso na voz de Louis e sentir a magia dos instrumentos se encaixando perfeitamente, elevando você. É isso que adoro na música. Aquece a alma e envolve o ouvinte em seu belo espírito, criando uma conexão profunda em um nível comovente. Também adoro a magia de "Somewhere Over the Rainbow" e "Moon River". Essas serão para sempre minhas músicas favoritas.

Enquanto eu crescia em San Antonio, sempre havia bandas mariachi e música espanhola tocando em eventos e restaurantes. Essa é a música que faz parte da nossa cidade e da nossa cultura. É quem nós somos. Isso me influenciou de maneiras tão vastas que as descubro até hoje. A música latina/espanhola existe desde sempre, mas só recentemente ganhou popularidade no mundo. As letras lindas e emotivas, os ritmos contagiantes e as melodias intrincadas agora são ouvidas no mundo todo. O estilo está sendo apreciado mais do que nunca e, finalmente, recebendo o destaque que merece. Isso por causa de artistas inovadores como Selena, Gloria Estefan, Jennifer Lopez, Shakira, Enrique Iglesias, Ricky Martin, Marc Anthony e tantos outros.

Eles abriram o caminho para artistas como eu. Amo a música deles, que me inspira todos os dias. Sei cantar em espanhol e as influências latinas se refletem em algumas de minhas músicas, por causa dos artistas pioneiros que tornaram isso possível. Hoje, espero expandir ainda mais essas possibilidades, encontrando novas maneiras de homenagear e aproveitar minha herança musical. Minha família não poderia estar mais orgulhosa.

De todos os talentosos artistas latinos do cenário musical, uma estrela sempre brilhou mais para mim. Desde a minha infância, minha cantora favorita e maior inspiração de todos os tempos tem sido Selena Quintanilla. Ela era uma cantora mexicana-americana de Lake Jackson, Texas, não muito longe da minha cidade natal, e tinha a voz mais majestosa do mundo. Tudo o que ela cantava vinha do fundo do coração. Como artista, iluminou o palco como nenhuma outra, agraciando-o com carisma e presença. E, como pessoa, tinha um espírito extraordinário. Era muito bonita, mas o que a tornava ainda mais fascinante era sua alma iluminada e única. Ela era simples e divertida, tinha uma risada e um sorriso vibrante característicos. E amava sua família e seus fãs. Ela era tão especial, foi uma tragédia para milhões de pessoas em todo o mundo quando sua vida foi interrompida aos 23 anos. Seu grandioso espírito brilha até hoje, duas décadas depois de ter sido tragicamente tirada de nós. Se alguém fez o mundo ver como a música pode tocar as pessoas com paixão e coração genuínos, foi ela.

Nossa família tocava as músicas de Selena o tempo todo — em churrascos, em casa, no carro. Eu dançava e cantava por horas, até que às vezes adormecia no meio de uma música, exausta. Desde muito jovem, eu a amei com todo o meu coração. Ela era tudo para mim. E me lembro que ela faleceu quando eu tinha dois anos.

Algumas das minhas primeiras memórias, de quando eu tinha quatro ou cinco anos, são de assistir ao filme biográfico sobre a vida dela, *Selena*, estrelado por Jennifer Lopez. Vi esse filme inúmeras vezes, mais do que já assisti a qualquer outro filme na vida. Minha mãe e meu pai tiveram que comprar três cópias diferentes do DVD do filme, porque eu estragava os discos de tanto assistir. Não importa quantas vezes tivesse visto, sempre que chegava à aterradora cena de sua morte, eu soluçava sem parar. Todas as vezes, eu sentia a mesma tristeza profunda e o mesmo vazio por ela ter partido. Ia até a cozinha onde minha mãe preparava o jantar, me enrolava em suas pernas e pressionava meu rosto manchado de lágrimas contra o tecido de sua calça.

— Mãe, Selena morreu.

— Oh, *Mama*, sinto muito que esteja triste — dizia ela, embora tivéssemos passado por aquilo na noite anterior.

Eu gostava que minha mãe me levantasse e me confortasse, o que ela sempre fazia.

Sempre me fez sentir mais perto de Selena saber que algumas de suas performances mais famosas e de seus grandes momentos de carreira ocorreram bem na minha cidade natal, e ainda me enche de orgulho pensar nisso. Nossa cidade se sente honrada por tê-la recebido tantas vezes. Seu videoclipe de "No Me Queda Más" foi filmado no River Walk e na Sunset Station. Ela abriu uma de suas butiques, Selena Etc., em San Antonio e realizou um desfiles de moda de sua linha de roupas aqui. Ao longo dos anos, ela também realizou vários shows e entrevistas em San Antonio. Além disso, seu filme biográfico foi filmado em vários locais diferentes da cidade, incluindo o Alamodome, estádio onde Selena se apresentou na vida real.

Quer saber de uma coisa ainda mais incrível? Tem um vídeo famoso por aí da Selena segurando uma menina, e essa menina é minha prima, Destiny! Meus tios seguiam Selena pelo Texas e assistiam o máximo de shows que podiam, porque também eram grandes fãs. Eles têm uma enorme foto emoldurada desse momento especial. Desde que eu era pequena, muitas vezes pedia a eles que me contassem suas histórias de quando a conheceram pessoalmente. Como família, cidade e cultura, temos Selena para sempre em nossos corações. E não existem palavras suficientes para expressar o impacto que tudo isso teve sobre mim: ter testemunhado uma mulher mexicana-americana como eu alcançar seus sonhos tão nova me ajudou a acreditar que isso um dia também poderia acontecer comigo. Sempre foi tão poderoso ter uma heroína mais velha latina e que se parecia comigo e com minha família.

É incrível que alguém que você nunca conheceu possa ter uma importância tão grande na sua vida. Selena desempenhou esse papel para mim. Eu a admirava muito — não apenas pela voz deslumbrante, mas também pela maneira como ela se conectava com milhões de pessoas em todo o mundo. E por seu lindo sorriso e risada, por como ela parecia irradiar pura luz e bondade o tempo todo. Além disso, ela me ajudou com meu primeiro obstáculo: minha timidez. Como eu assistia ao filme e às entrevistas sem parar, aprendi, por seu exemplo, a ser mais extrovertida. Eu não teria a personalidade que tenho hoje sem sua influência positiva. Eu queria ser como ela — tocar as pessoas e mudar suas vidas — e modelei meus sonhos assim. Não faz muito tempo, meus pais encontraram um vídeo antigo meu em frente à nossa árvore de Natal, quando eu tinha uns quatro ou cinco anos, falando para a câmera sobre meus sonhos. "Esta sou eu, Ally, e adoro cantar. E eu adoro cantar! E quero fazer um show, e quero cantar na frente de muitas pessoas, muitas e muitas pessoas, uma música bonita."

Essa visão do meu futuro veio de Selena, e ela tem sido a força motriz que me trouxe até aqui. Sempre que ouço sua música, ainda sinto uma alegria indescritível. Até hoje, assisto aos vídeos e ouço as músicas quase todos os dias. Nunca haverá outra como ela. Seu legado me dá coragem para abrir minhas próprias asas e voar.

QUATRO

Em busca do que você ama

Não foi só nascer cantando. Eu nunca parava de cantar.
    Meus pais contam histórias de como eu, com apenas dois anos, cantava as músicas do rádio no banco de trás do nosso carro. Eles gravavam vídeos de mim cantando pela casa. Eu adorava usar os saltos da minha mãe, dançar de fralda ou até mesmo cantarolar com a música que meus pais estivessem ouvindo. Amigos e familiares começaram a elogiar a minha voz, ainda mais por eu ser tão pequena. Meus pais ficavam lisonjeados e, sendo pais, me achavam ótima em quase tudo, mas não perceberam que eu pudesse ter um dom para a música — pelo menos não de imediato.
    Então, quando eu tinha uns três anos, meu superpoder secreto começou a se revelar. Nós nos reunimos ao redor de um bolo para o aniversário de um parente, e havia aquela expectativa no ar, pouco antes de as pessoas começarem a cantar. As velas estavam todas acesas e tremeluzindo, e então todos começaram o "Parabéns pra você", sorrindo uns para os outros. Todos, menos eu. Assim que a cantoria começou, cobri minhas orelhinhas como se estivesse sentindo dor e comecei a sacudir a cabeça.

— Não, pare, pare! — gritei.

Na primeira vez que isso aconteceu, todos acharam fofo e riram enquanto me diziam para não ficar chateada. Estávamos todos nos divertindo, e a cantoria terminaria em alguns minutos. Só que a mesma situação se repetiu em várias outras festas de aniversário em família. Então meus pais perceberam: *ela não gosta do som!*

Não foi só isso. O canto não era apenas muito alto. Eu ficava chateada porque as pessoas estavam fora do tom. Sabe como é: um grupo cantando "Parabéns pra você" raramente soa perfeito — sempre tem algumas notas desafinadas das pessoas que não alcançam o tom. Eles começaram a perceber que, embora eu fosse nova, minhas habilidades musicais já estavam começando a se desenvolver.

Meus pais também se lembraram das advertências do médico quando eu era um bebê prematuro, de que poderia ter dificuldades de audição ou audição aguda por ter nascido muito cedo. E é exatamente isso. Meus ouvidos são muito sensíveis. Sons altos ou batidas repentinas sempre foram extremamente dolorosos para mim. Fogos de artifício, tempestades e até balões estourando fazem meus ouvidos doerem. Durante a infância, toda comemoração do Dia da Independência, no dia 4 de julho, eu ficava dentro de casa, tentando proteger os ouvidos dos fogos de artifício explodindo — eu chorava de dor —, em vez de assistir com todas as outras crianças e suas famílias.

Essa sensibilidade ao som pode ser irritante, mas, vendo por outros ângulos, se tornou um dom, permitindo-me ouvir notas e inflexões com muita clareza e identificar certos sons com precisão. Não sei dizer quantas vezes percebi quando alguém desafinava um pouco, quando um instrumento não estava afinado ou algo não estava certo na mixagem, em sessões de gravação. Quando eu era mais jovem, as pessoas duvidavam de mim, erguendo a sobrancelha quando eu apontava o problema que estava ouvindo. Mas, depois de um tempo, todos ouvíamos juntos, com muita atenção, e descobrimos que sim, o que eu disse que ouvi era preciso. Inúmeras vezes, produtores, engenheiros e outros músicos me perguntaram: "Como você ouviu isso?" (E também é útil quando meu telefone toca em outro cômodo, mesmo que esteja no modo vibrar, pois eu sempre atendo. Eu ouço muito bem.)

Minha audição é um ótimo exemplo de como Deus pode pegar nossos maiores desafios e limitações e transformá-los em algo positivo. Ao longo dos anos, vi tantos casos de como uma fraqueza pode se tornar uma força. Quando me deparo com dúvidas sobre minhas habilidades ou uma situação que parece intransponível, tento me lembrar de ter fé e crer que pode muito bem haver um dom ali, mesmo que ainda não seja visível.

Eu estava sempre cantando e fazendo pequenos shows pela casa. Então, com uns seis anos, cantei na igreja pela primeira vez. Antes de a minha família frequentar a Oak Hills, íamos a uma adorável igrejinha que realizava cultos em um cinema local. Meus pais eram bons amigos do pastor, e ele disse que eu poderia cantar durante o culto de domingo, se quisesse. Eles me perguntaram o que eu achava.

— Sim, vou cantar! Vou sim!

Escolhemos "This Little Light of Mine", que pratiquei em casa. No domingo de manhã, minha mãe me vestiu com um lindo vestido de verão e colocou laços no meu cabelo. Eu estava preparada. Até que chegamos à igreja. Eu era muito tímida e tive medo do palco.

— Não quero mais cantar, mãe — sussurrei.

— Você vai ficar bem, *Mama*, não se preocupe — disse minha mãe, mantendo a voz baixa.

— Você vai se sair bem — garantiu meu pai.

Quando o pastor viu que eu estava nervosa, sorriu e estendeu a mão para mim.

— Vamos, Ally, vou ajudar você.

— Não, não quero — respondi, balançando a cabeça com mais vigor.

Claro que eles acharam adorável. Mas eu estava com medo. A ideia de ter todos os olhares para mim era demais, mesmo que fossem amigos dos meus pais, todos amorosos e apoiadores. Foi muito assustador. Mas eu *adorava* cantar.

Finalmente, fui para a frente. Dei aos meus pais um olhar que dizia: *Socorro. Não quero fazer isso.*

O pastor, vendo meu nervosismo, teve uma ideia.

— Que tal se você se virar, olhar para o fundo da sala e cantar no microfone? — perguntou.

A esposa do pastor também se aproximou, e os dois me abraçaram, me incentivando com sua presença e apoio.

— Não se preocupe, você está cantando sobre Jesus — disse ele. — Vai ficar tudo bem.

A esposa do pastor me deu um abraço apertado e um beijo na bochecha, e os dois se sentaram, me deixando sozinha lá em cima.

Olhei para minha mãe mais uma vez. Ela me lançou um olhar que dizia: *Você consegue, Ally!*

A música começou. Agarrei o microfone e virei as costas para o público, olhando para a tela branca onde os filmes eram projetados. Comecei a cantar. Eu estava tão nervosa que chorei, e minhas mãos tremiam ao segurar o microfone. Mas, quando terminei, todos bateram palmas, e isso deixou meu coraçãozinho muito feliz. Eu me sentia incrivelmente feliz quando corri de volta para sentar entre meus pais, que estavam radiantes.

— Eles gostaram de mim!

— É claro que eles gostaram de você, *Mama* — disse minha mãe. — Você cantou muito bem.

Eu me senti triunfante depois da estreia não oficial em nossa igreja. Mas meus nervos estavam de um jeito que passei a só cantar em casa. E meus pais faziam comentários casuais. Ainda assim, qualquer pessoa que me ouvisse cantar dizia para minha mãe: "Pat, Ally canta bem!"

Então, minha mãe tentou de novo e me colocou em um recital de música quando eu era um pouco mais velha. Dessa vez, eu também estava nervosa, mas de alguma forma fui capaz de cantar — e minha voz saiu mais forte.

Alguém perto de mim disse algo que mudaria minha vida — não que algum de nós tenha percebido na época. Era 2003, eu tinha nove anos e estava cursando a terceira série de uma escola particular em San Antonio. Minhas notas eram ótimas, e eu tinha um grupo maravilhoso e próximo de amigos, incluindo Kayla, Aaron e Kristen, que são meus amigos até hoje. No geral, eu me divertia muito na escola. Minhas aulas favoritas eram de música e de inglês, além do recreio, do almoço (claro!) e da educação física. Foram bons os velhos tempos de criança, quando a vida era simples. Eu odiava a ideia de me meter em encrenca, então sempre fui muito obediente. Na maioria das vezes, o professor não precisava pedir duas vezes que eu fizesse algo. Chegava cedo para tudo (meus pais criaram meu irmão e eu para sermos assim). Eu estava sempre preparada para a aula do dia e tentava ser o mais útil possível em sala.

Tive uma professora maravilhosa chamada sra. Merrill, e mal sabia eu como ela se tornaria importante para minha jornada de vida e carreira. Ela não só era muito talentosa para liderar a classe, mas também se importava o suficiente para ir além do básico do trabalho, falando quando via algo especial em alguém. Sempre serei grata a ela por isso. Um dia, a sra. Merrill me mandou para casa com uma carta solicitando uma reunião com os responsáveis. Minha mãe costumava ser voluntária na minha sala de aula, então conhecia a escola e já tinha um vínculo estreito com os professores, mas isso foi inesperado. Elas se encontraram depois da aula, no dia seguinte.

A sra. Merrill estava animada quando se sentou com minha mãe e se preparou para contar o motivo da tal carta.

— Eu queria conversar porque Ally foi convidada pelo professor de música para cantar na capela. Queríamos saber se tudo bem por você.

Minha mãe ficou muito surpresa. Por mais que ela soubesse que eu adorava cantar e que eu recebia muitos elogios pela minha voz, nunca pensou em meu canto sendo mais do que algo que ela e meu pai gostavam de gravar para vídeos caseiros de família. Mas ficou muito lisonjeada com o pedido da professora. Claro que ela disse sim e expressou seu entusiasmo sobre esta oportunidade para eu brilhar.

— Ally tem um dom — comentou a sra. Merrill. — Tem uma voz linda.

— Ouvimos muito isso — respondeu minha mãe. — Vai ser ótimo para ela.

Algumas semanas depois, chegou o dia em que eu cantaria na capela. Perto da minha família e de amigos íntimos, eu era extrovertida e gostava de me divertir, mas, com estranhos ou em multidões, continuava tímida. Meus pais e eu não esquecemos o meu medo do palco e de como foi a minha experiência cantando na igreja, e acho que eles estavam preocupados com meu nervosismo.

Quando chegou a hora, caminhei até a frente da capela e cantei, orgulhosa. Olhando para meus colegas de classe, a sra. Merrill e meus pais na plateia, deixei minha voz voar para o céu. Quando terminei, foi incrível vê-los aplaudindo sem parar.

Meus pais ficaram maravilhados. Pela primeira vez, pensaram: *Oh, meu Deus, ela tem uma voz linda*. Foi nesse exato momento que perceberam que meu caminho não seria o mesmo da maioria das crianças da minha idade. A sra. Merrill ajudou meus pais a enxergarem que eu tinha um dom para a música. Graças às palavras inspiradoras dela e ao que meus pais testemunharam em primeira mão durante aquela apresentação na capela, minha vida mudou para sempre.

Meus pais sentiram que tinham que tomar uma atitude. Tinham que nutrir o meu talento. Começaram a pesquisar sobre educação musical em San Antonio e encontraram uma organização local sem fins lucrativos chamada Network for Young Artists. A NYA dava a jovens cantores e músicos a chance de se apresentarem em eventos locais pela cidade, às vezes até mais longe. Eles tinham um pequeno estúdio no centro, onde as crianças podiam entrar, escolher e ensaiar canções, ter aulas de canto, praticar dança ou algum instrumento. Era um porto seguro para jovens como eu, que tinham uma vocação musical e queriam se apresentar. Parecia perfeito.

Em pouco tempo, meus pais me levaram ao estúdio da NYA e conheceram o fundador da organização, um homem chamado Terry Lowry, a quem todos chamavam de Treinador — porque ele tinha sido treinador em uma escola de baixa renda em San Antonio durante anos. Era um homem gentil, com cabelos grisalhos e olhos azuis cintilantes por trás dos óculos, e falava espanhol fluente. Meus pais gostaram dele imediatamente. Fizeram perguntas sobre como o programa da NYA funcionava e se seria uma boa opção para mim. O Treinador era muito caloroso e tinha um espírito bondoso, quase como o Papai Noel. Explicou o objetivo da organização, que era ajudar as crianças a ganharem confiança por meio da música. Sabendo como eu era tímida, meus pais pensaram que parecia ser exatamente o que eu precisava. Ficar longe de problemas e ir bem na escola também era um requisito para estar na NYA e, embora eu não tivesse nenhum problema nessas áreas, meus pais perceberam que não faria mal estar em um ambiente no qual essas características positivas fossem incentivadas. Eles se sentiram bem confortáveis com o Treinador e perguntaram o que precisariam fazer para que eu entrasse no programa. Ele disse que, para começar, adoraria me ouvir cantar.

Passei alguns dias preparando uma música, então meus pais me levaram para conhecer o Treinador e cantar para ele. Eu me sentia muito tímida e nervosa, mas fiz o melhor que pude. O Treinador ficou feliz com o que ouviu. Ele me recebeu em seu programa de braços abertos. Disse aos meus pais que eu teria que trabalhar a timidez, mas que via algo em mim. Bem ali, ele me deu o presente final: uma chance.

Meus pais me inscreveram, e me tornei oficialmente aluna. Conheci a equipe e alguns colegas. Ainda estava bastante acuada no início, mas a NYA logo se tornaria minha segunda casa. Comecei a praticar no estúdio para me preparar para minha primeira apresentação pública. O Treinador reforçou que eu era uma ótima cantora, mas que teria que trabalhar a timidez, porque não poderia me apresentar daquele jeito. Eu amava muito a NYA e queria ser uma das crianças que se apresentava, então dei tudo de mim nos ensaios. Acho que estar perto desse novo grupo de pessoas que me apoiavam e eram tão apaixonadas por música quanto eu me ajudou a me sentir mais confortável comigo mesma. Junto com a sra. Merrill, o Treinador foi importante na minha jornada até aqui. Eles me ajudaram a ser confiante, me fizeram sentir como se eu pudesse brilhar desde sempre e me deram a força para começar a me apresentar em público.

No fim de semana da minha primeira apresentação na NYA, minha mãe me ajudou com a roupa, o cabelo e a maquiagem. Usei uma camisa Tommy Hilfiger vermelha, calças brancas brilhantes e tênis, e prendi o cabelo em um rabo de cavalo. Encontramos o Treinador e o resto do grupo da NYA na Market Square, no centro da cidade, onde ficam os restaurantes mexicanos mais conhecidos da cidade, Mi Tierra e La Margarita. O pátio seria nosso palco.

Meus tios, primos, avós, todos estavam lá. Eles não sabiam o que esperar e, embora tivessem visto algumas das minhas miniapresentações ao longo dos anos, não sabiam que eu poderia cantar daquela maneira. Meus pais e meu irmão também estavam presentes. Eu vinha praticando "What Dreams Are Made Of", uma música do filme *Lizzie McGuire*. Eu era obcecada com o programa de TV da Lizzie McGuire e assisti ao filme várias vezes. Junto com a música, também fui influenciada por muitos filmes. Acho que poderia dizer que fui atraída pela grandeza do entretenimento. Isso me preenchia como nada mais.

Como de costume, o calor de San Antonio estava denso de tanta umidade. Esperei com minha família enquanto as outras crianças da NYA se apresentavam. Meu estômago revirava a ponto de doer. Meus pais me incentivaram e tentaram me acalmar, mas meus nervos estavam saindo de controle. Fiquei olhando para a multidão. Havia cinquenta pessoas andando pela praça, além do público que se reuniu, incluindo minha família e as famílias das outras crianças. Já era um monte de gente. O que achariam de mim? Será que gostariam?

Finalmente, chegou a minha vez. O Treinador pegou o microfone e me apresentou. Ouvi sua voz em minha cabeça: se eu quisesse me apresentar, teria que superar o medo. O Treinador acreditava em mim e estava ali comigo. Meus pais acreditavam em mim e também estavam lá. Sentindo todo o amor e apoio deles me envolvendo e protegendo, respirei fundo. *Aqui vou eu*, pensei.

Fui até o Treinador. Ele me entregou o microfone com um sorriso. Parecia grande e pesado na minha mão, que já estava um pouco suada. Um ventilador de chão zumbia atrás de mim, circulando o ar quente.

Segurei o microfone com força. Fiz uma introdução rápida, algo parecido com "Oi, sou Ally. Tenho nove anos e vou cantar 'What Dreams Are Made Of', de Hilary Duff". Falei rápido, com a voz trêmula. Balancei o corpo de um lado para o outro, nervosa. Então a música começou.

Segurando o microfone com a mão direita, respirei fundo e comecei a cantar e me mover com a música. Uma amiga da minha mãe tinha me ajudado a criar uma coreografia, e fiz o melhor que pude, embora o resultado tenha sido muito engraçado. Enquanto cantava, uma sensação indescritível tomou conta de mim. Eu ainda estava nervosa, mas era como se tivesse ganhado superpoderes e fosse capaz de deixar isso para lá e cantar.

Para minha surpresa, o público e minha família enlouqueceram. Eles me adoraram! Minha família me sufocou em abraços e com tantos elogios que me senti como a própria Lizzie McGuire no final do filme, quando ela conquista o palco e vai se descobrindo ao longo da apresentação. Pessoas na plateia que eu nem conhecia vieram até mim, dizendo como eu era ótima e talentosa. Foi surreal. Depois de quase ter deixado todo o nervosismo controlar a mente, descobri que não tinha nada com que me preocupar. As pessoas gostavam de mim. E eu havia criado essa conexão com minha voz. Eu me apaixonei por me apresentar bem naquele momento.

Mesmo com o sucesso daquela primeira apresentação na NYA, logo no início, como artista, eu ainda lutava contra a timidez. Às vezes, ela levava a melhor no palco. Em minha segunda ou terceira apresentação, eu estava em um dos palcos da Market Square, onde as crianças da NYA se apresentavam. A sra. Merrill foi me ver. Ela nunca tinha me visto cantar fora da escola, sozinha, então eu queria caprichar. Eu podia sentir ela e meus pais me observando enquanto subia no palco. Como em minhas apresentações anteriores, pratiquei muito sob a orientação do Treinador e em casa, com a ajuda do meu pai. Mas ainda estava muito nervosa. Então, enquanto eu cantava "Dreaming of You" da minha cantora favorita, Selena, minha voz falhou no meio da música. Fiquei sem chão. Continuei cantando, mas queria afundar no palco e desaparecer.

Presa sob todos aqueles olhares, me senti muito constrangida. Não consegui evitar as lágrimas que surgiram em meus olhos. Quando terminei o verso final e saí do palco, estava chorando. Eu me senti tão pequena e envergonhada.

A sra. Merrill foi até mim, pronta para secar minhas lágrimas.

— Ally, você foi incrível!

E, de alguma forma, ela me fez sentir que tinha ido bem, embora eu tivesse cometido aquele pequeno erro. Ela tinha o dom de encher as pessoas de bons sentimentos sobre si mesmas, não importava se fosse um dia ruim. Fui abençoada por tê-la como minha professora. Ela era um anjo.

Apesar da apresentação instável daquele dia, eu não queria parar. Amava cantar por causa da sensação linda e indescritível que sentia. Era mágico. Daquele dia em diante, comecei a cantar em qualquer lugar que me quisesse. É claro que ainda me apresentava na escola, nos eventos esportivos do meu irmão e em reuniões familiares. Pelos anos seguintes, chovesse ou fizesse sol, durante todo o ano, também cantei em eventos de caridade, shows de talentos, restaurantes, festivais, eventos Fiesta, no River Walk, carnavais, salões de banquetes, jogos de beisebol e futebol, shoppings, parques temáticos, eventos de gala, churrascos, festas de aniversário e até no Walmart. Além disso, muitas das minhas apresentações foram na Market Square.

Relembrando tudo isso, percebo que a melhor coisa de me apresentar com tanta frequência e para um público local tão favorável foi a oportunidade segura de melhorar e aprender a lidar com todas as incertezas que vêm com a apresentação de um show ao vivo. Eu estava me tornando uma profissional antes mesmo de entender o que isso significava. Como eu estava descobrindo naqueles primeiros dias, ao subir no palco, você tem que estar pronta para tudo. Nem sempre as coisas dão certo, como acontece nos treinos. Às vezes, existem dificuldades técnicas. Claro, eu tinha dias difíceis. Houve apresentações em que esqueci a letra da música. Houve apresentações em que fiquei tão constrangida que comecei a chorar quando deixei o palco. Esses contratempos eram sempre desanimadores. Mas meus pais continuaram trabalhando comigo, me dando conselhos e me incentivando a melhorar. E eu tinha que continuar tentando, nos dias bons e nos ruins.

Uma das escolhas mais importantes que uma artista pode fazer é a música que vai cantar, e meus pais estavam sempre discutindo comigo sobre novas músicas para aprender e adicionar ao repertório. O Treinador tinha um catálogo de CDs de karaokê com centenas de músicas. Então, quando decidíamos por uma nova música, perguntávamos se ele tinha a base. Se não tivesse, meu pai me levava ao Walmart ou à Target para procurar nossos próprios CDs de karaokê, que eram ótimos para fornecer música de fundo e letras. Enquanto eu aprendia uma música, meus pais me ajudavam e davam conselhos. Toda essa prática também me ajudou a superar a timidez e começar a me tornar quem sou hoje, como *performer* e artista.

Naqueles primeiros anos, as canções variavam em estilos e gêneros. Claro, eu sempre queria uma da Selena, como "No Me Queda Más" e "Como la Flor". Uma de minhas músicas preferidas se tornou "I Will Survive", gravada pela primeira vez por Gloria Gaynor. Dei à minha interpretação muita alma e atitude, e isso sempre fazia a multidão enlouquecer e me apoiar. Nesse ponto, comecei a descobrir minha confiança e a *persona* que adotaria no palco. Como já mencionei, meus pais me criaram ouvindo os clássicos, então eu tinha muito apreço pelos grandes sucessos. Cantei "At Last", cuja gravação mais famosa foi feita por Etta James, inúmeras vezes. Meus pais também me apresentaram à música popular dos anos 1970 e 1980, e outra das minhas primeiras canções favoritas foi "Last Dance", de Donna Summer. Eu sempre as cantava. Também adorava as músicas que eram sucesso na época — uma das minhas músicas favoritas era "Sk8er Boi" de Avril Lavigne. O álbum *Let Go* foi um dos primeiros que comprei na vida.

Às vezes, as apresentações pareciam naturais, e eu me sentia confortável no palco. A multidão enlouquecia. Mas também houve momentos em que cometi erros. Eu era muito jovem e sempre queria dar o meu melhor.

Em um dia quente de primavera, quando eu tinha uns dez anos, cantei, em um festival chamado Oyster Bake, a música "If I Can't Have You", de Yvonne Elliman. Então, do nada, esqueci o segundo verso. Eu já estava mais experiente, senão teria me debulhado em lágrimas. Naquele momento, eu já estava mais à vontade, mesmo com muitos olhos observando cada movimento meu. Usei tudo que aprendi, entrando em modo de emergência. Agi como se o microfone tivesse parado de funcionar, durante o verso que havia esquecido. Murmurei as "palavras" e dei batidinhas no microfone como se ele não estivesse funcionando. Então, assim que chegou a hora do refrão após o segundo verso, que eu já lembrava, voltei a cantar, como se o microfone tivesse voltado.

O cara do áudio estava pirando, incapaz de descobrir o que tinha dado errado (porque nada deu), e me senti muito mal por ele. Mas fiquei grata pelo teatrinho ter funcionado, e o público acreditou que era falha do microfone e não que eu tinha esquecido a letra. *Graças a Deus!*, pensei.

Mais tarde, quando estava fora do palco e longe do público, confessei à minha família o que tinha acontecido. Claro que agora parece hilário. E, sendo sincera, foi muito impressionante que eu tenha pensado naquilo tão de última hora. Meus pais e eu ainda rimos muito dessa história.

Meus pais queriam apoiar minha paixão pela música como fosse possível e decidiram que as aulas de piano seriam uma ótima forma de expandir minhas habilidades musicais. Como eu amava música, acharam que seria natural. Depois que comecei, é verdade que peguei rápido, embora não da maneira que deveria. Desde a minha primeira aula, a professora ficou feliz com o fato de eu conseguir tocar tudo o que ela ensinava. Então, um dia, ela começou a entender.

A professora tocava uma música e me pedia para tentar. Enquanto olhava para o livro de piano, eu tocava a mesma melodia.

— Ok, deixe-me ouvir você tocar isso — disse a professora.

Ela apontou para outra música no livro. Olhei para as notas como se soubesse o que fazer, depois toquei a primeira música novamente. A professora estudou meu rosto, então tocou outra coisa.

— Consegue tocar essa?

E toquei. Ela percebeu que eu não lia as notas, que eu sabia tocar de ouvido. Música era mesmo meu elemento. Mas, com minha agenda tão ocupada, meus pais foram seletivos com as atividades. Depois de um tempo, decidiram interromper as aulas de piano. Mas sei que esse alicerce me ajudou, mesmo que eu estivesse tentando escapar do aprendizado das notas tocando de ouvido. E esta é outra de nossas histórias favoritas até hoje.

Tenho muitas memórias de palco maravilhosas desses anos, e foi uma época em que descobri quem eu era como artista. Adorei sentir a magia de me conectar com o público e fazer as pessoas sorrirem, ou até chorarem. Eu adorava cantar músicas com a alma e, novamente, atribuo isso às referências musicais com que meus pais me criaram. Trabalhei muito quando criança, mas meus pais me apoiaram demais, fosse me levando a um show e me ajudando a me preparar para a minha apresentação, fosse apenas praticando em casa.

À medida que cresci, continuamos a trabalhar duro para conquistar meus sonhos. Meu pai continuou a ajudar com os vocais, minha mãe, com as roupas. Tínhamos nos tornado uma boa equipe e continuamos o trabalho.

Meus pais foram pacientes e sempre pareciam ter energia para mim, embora meu pai tivesse que trabalhar, e minha mãe fosse voluntária na minha escola. E os dois também estavam muito envolvidos com meu irmão, que era superativo nos esportes. Eles me levavam para todos os lugares, porque minhas apresentações aconteciam pela cidade inteira, e minha mãe empacotava os lanches: frutas, salgadinhos e seus deliciosos sanduíches de rosbife, ou de manteiga de amendoim com geleia e peru. Gostávamos de colocar Fritos, um tipo de salgadinho, dentro dos sanduíches de rosbife. E meu pai sempre carregava um Gatorade. Então encontrávamos um lugar para almoçar juntos, ou às vezes fazíamos um lanche no carro enquanto corríamos de um lugar para outro. Não sei dizer quantas apresentações fiz ao longo desses anos. Estava na casa das centenas, e meus pais iam a cada uma delas.

Em pouco tempo, comecei a cantar o hino dos Estados Unidos em jogos de basquete, beisebol e futebol americano. Meu irmão, Brandon, estava envolvido nesses esportes, e às vezes eu cantava na abertura de seus jogos. Meus pais o apoiavam tanto quanto a mim, então, se não estivéssemos em uma de minhas apresentações, muitas vezes estávamos sentados nas arquibancadas de um de seus eventos esportivos, torcendo por ele e por seus companheiros de equipe.

O que me fazia sorrir e me mantinha viciada em cantar, mesmo durante os anos em que ainda estava aprendendo e às vezes tinha contratempos, era a maneira como as pessoas gostavam de compartilhar parte de suas vidas comigo. Era como se me ver entregue no palco as inspirasse a fazer o mesmo. Por mais que gostasse de cantar, também adorava conversar com as pessoas que me procuravam depois das apresentações: mães, pais, tias, tios, avós, meninas, meninos. Eles elogiavam meu desempenho, minha voz, diziam o quanto a minha apresentação era emocionante. Eu ficava pasma por gostarem de mim e sempre sentia esse amor poderoso por eles, porque a música criava uma conexão entre nós. Eu me sentia muito feliz por fazer as pessoas felizes. Até hoje, fico impressionada com a forma como a música nos une, instantaneamente tocando o espírito e adicionando tanta magia ao mundo. É mesmo um presente de Deus.

Não que meus pais e eu trabalhássemos cantando o tempo todo. Muitas vezes comíamos Tex-Mex em meus restaurantes favoritos, como o Blanco Café, onde até nos conhecem pelo nome. Adoro enchiladas, arroz com feijão e tacos. Eu poderia comer isso todos os dias pelo resto da vida. Ainda vou a esses lugares quando estou em casa. É tão bom ter esses pedaços da minha história aos quais sempre posso voltar, fazendo-me sentir imediatamente em casa quando ponho os pés lá dentro. Não existe nada melhor do que ter uma ótima refeição com pessoas que você ama, certo? Algumas das minhas memórias favoritas envolvem comer e conversar sobre a vida com a família e os amigos nesses lugares.

Uma coisa que meus pais tinham era esperança, e passaram isso para mim. Nós tínhamos um ao outro. Logo ficou claro que meu outro grande amor era a música e que eu adorava estar no palco. Meus pais levavam minha paixão a sério e incentivavam meu sonho.

Quando me apresentar em San Antonio se tornou rotineiro, começamos a conhecer outros pais que fizeram mudanças nas próprias vidas na busca pelos sonhos dos filhos. Meus pais achavam suas experiências muito valorosas e sempre faziam muitas perguntas. Também começaram a pesquisar tudo relacionado à construção de uma carreira musical, querendo descobrir a melhor forma de me apoiar. Eles viam meu sonho e meu talento como um presente de Deus. Foram estimulados por sua crença no poder da minha voz e no bem que ela poderia fazer ao mundo. Mas, olhando para trás, sei que foi difícil para eles. Cada minuto livre que tinham era para nós, seus filhos.

Além disso, houve outro desafio. Minha mãe sempre sentia muita dor. Ela nasceu com escoliose, o que significa que tem uma curva em S na coluna. Suas costas doíam o tempo todo. Os passeios de carro, os assentos em estádios e as viagens constantes que contribuíram para construir minha carreira, mesmo apenas na minha cidade natal, foram muito dolorosos para ela. Quando penso nisso, tenho vontade de chorar, porque ela continuou me incentivando, desistindo dos próprios interesses pelos meus e passando por uma agonia às vezes excruciante para que eu continuasse perseguindo meus sonhos. Isso duraria anos e anos.

A situação piorou no final da primavera de 2003, quando nos envolvemos em um terrível acidente de carro na rodovia de San Antonio. Minha mãe notou que outra motorista parecia ter a intenção de entrar na pista, então acelerou um pouco, mas a mulher não viu nosso carro. Ela bateu em nós com tanta força que giramos e batemos no canteiro central. Para evitar perder o controle, minha mãe segurou o volante com tanta força que teve síndrome do túnel do carpo. É provável que isso tenha salvado nossas vidas, porque nos impediu de capotar. Mesmo assim, o carro ficou tão danificado que o motor quase prendeu no volante. Minha mãe se virou, apavorada, para o banco de trás, querendo conferir se eu estava bem. Milagrosamente, meu lado do carro era o único lugar que não tinha sido amassado. Ela teve que sair pela janela do passageiro para abrir a porta para mim. Eu estava histérica. Foi uma das coisas mais assustadoras que já vivi, e acho que essa experiência é, em parte, o motivo pelo qual nunca tirei minha carteira de motorista. Até hoje, ainda posso sentir o cheiro da fumaça do acidente.

    Minha mãe costuma dizer que havia um anjo da guarda em nosso carro naquele dia. Embora seja verdade que foi um milagre termos conseguido escapar do acidente sem nenhum ferimento físico, a dor nas costas dela aumentou. Quando ela era mais jovem, fez uma operação para inserir duas hastes de aço nas costas, para tentar corrigir sua coluna. Algo naquele impacto deixou tudo muito pior do que antes, e isso causaria ainda mais dor nos anos seguintes. Mesmo assim, ela sempre me colocou em primeiro lugar e foi altruísta na maneira como dedicava seu tempo e energia para me ajudar a cantar.

    Quanto mais eu cantava e fazia música, menos queria fazer qualquer outra coisa. A música me encheu com essa alegria especial e, até hoje, ainda parece que é tudo na minha vida, meu grande amor. Acho que a infância é o lugar perfeito para nossas paixões e chamados começarem, mesmo que a maioria das pessoas não saiba qual é o propósito de sua vida ainda. Se você não sabe qual é a sua vocação, vale a pena pensar em quem você era e no que amava quando criança. Você gostava de esportes, ou queria abrir um pequeno negócio na forma de uma banca de limonada ou serviço de corte de grama? Sonhou com histórias ou adorava construir coisas? Não importa sua idade. Nunca é tarde para encontrar e buscar o que está em seu coração. Pode ser trabalhar com crianças ou animais, projetar edifícios, tornar-se atleta, treinar ou ensinar outras pessoas. Pode ser um milhão de coisas diferentes. Parece que vivemos a melhor vida que podemos ter quando vivemos a melhor versão do que Deus nos fez para ser. Não quer dizer que seja fácil, mas suponho que a vida nunca é fácil, certo? É preciso trabalhar duro, aumentar a fé e treinar para melhorar cada vez mais. Dito isso, uma vida significativa vale todo esse esforço. Mas, primeiro, temos que acreditar que fomos feitos para a grandeza. Todos nós, você e eu. *Acreditar* é uma das minhas palavras favoritas.

Parecia que eu já tinha feito muito com o meu canto. E, para alguém da minha idade, fiz mesmo. Mal sabia eu, porém, que minha jornada musical estava apenas começando. Tantas coisas incríveis ainda me esperavam! Dias difíceis também viriam, mas pelo menos eu tinha minha família e minha fé e sabia qual era minha verdadeira paixão. Com esse conhecimento, eu estava a caminho de algo maior.

CINCO

Be You

Eu tinha 12 anos, e a música preenchia minha vida.

Por três anos, me apresentei regularmente na minha cidade e nos arredores. Durante o ano letivo, eu fazia shows quase todo fim de semana e, no verão, estava sempre cantando em algum lugar. Claro que às vezes eu só queria ser uma criança normal. Houve momentos em que quis fazer uma pausa longa e sair de férias com minha família, ou ficar com meus amigos depois da escola ou nos fins de semana. Cresci com amigas incríveis da escola e da igreja, e mantenho a amizade com algumas até hoje. Quando nos encontrávamos, comíamos pizza, assistíamos filmes, dançávamos, cozinhávamos algo gostoso e falávamos sobre meninos. Elas também achavam minha música emocionante, e às vezes iam aos meus shows.

Apesar de meus pais esperarem que eu levasse o canto a sério por causa da energia que a nossa família colocava nisso, também queriam que eu me divertisse e relaxasse. Nunca me pressionaram a fazer mais do que eu queria. Meus pais acreditaram em mim e me apoiaram em todos os shows que fiz. Estavam lá para sorrir, bater palmas e torcer por sua filhinha, sem tempo ruim.

Nessa época, minha amiga Clarissa estava competindo em um show de talentos em um shopping. Sempre fizemos shows juntas, e sua mãe, Gilda, era muito doce, com uma alma linda. Ela amava minha voz, especialmente quando eu cantava "On My Knees", de Jaci Velasquez. Ela saía com minha mãe para comprar roupas de apresentações para mim.

Clarissa tentou me convencer a me inscrever no concurso também.

— Ally, você deveria se inscrever também. Por favor!

Conversei com meus pais, que estavam céticos. Acabei não tentando, mas prometemos apoiar Clarissa. O show de talentos estava sendo realizado em um dos shoppings a cidade, o North Star, onde íamos o tempo todo. Quando chegamos, parecia apenas mais um dia normal.

O evento foi em um local espaçoso no meio do shopping. Crianças e adolescentes estavam se preparando para o que acreditavam ser sua chance de fama. Quando encontrei minha amiga com a mãe, no meio da multidão, Clarissa estava nervosa e pediu que eu me juntasse a ela.

— Você não vai cantar? Eu me sentiria muito melhor se você cantasse.

Havia uma longa mesa coberta por um pano preto onde alguns juízes estavam sentados. Uma mulher perguntou aos meus pais se eu iria me inscrever, mas respondemos educadamente que eu estava lá apenas para apoiar uma amiga. Fiquei com meus pais e com Gilda enquanto Clarissa cantava sua música na frente dos jurados. Ela cantou lindamente e avançou para a próxima rodada.

Não me lembro como aconteceu exatamente — talvez alguém tenha convencido meus pais, ou Clarissa me convenceu — mas, de alguma forma, acabei cantando também. Não tinha preparado nenhuma música, mas decidi cantar uma das minhas favoritas. Como eu estava me apresentando havia anos, não era tão difícil cantar de improviso.

Bem, eu mal sabia disso na época, mas esse foi mais um daqueles momentos que mudariam minha vida para sempre. Como aprendi com a experiência, às vezes esses momentos não são planejados nem vêm como resultado de seus esforços. Só acontecem apenas porque você estava no lugar certo, na hora certa. No meu caso, não apenas apareci naquele dia para dar apoio à minha amiga, mas também para mostrar minha paixão pela música. Sei que se não tivesse me apresentado por tanto tempo, não estaria preparada para cantar. E certamente não estaria preparada para o que aconteceria na minha vida.

Eu estava na frente dos jurados, cantando "On My Knees". Essa música significava muito para mim, pois me transportava por muitos momentos cruciais desde que eu era uma garotinha. Até hoje, ela me lembra do poder da oração e me ajuda a me reconectar com minha fé.

Quando terminei de cantar, os juízes pareciam impressionados. Percebi que a mulher que me perguntou se eu iria fazer o teste estava com os olhos um pouco marejados. Outro juiz pediu que eu me inscrevesse para a próxima rodada, mas meus pais recusaram.

Estávamos prestes a ir para casa, mas a mulher que ficou emocionada durante a apresentação veio falar conosco, puxando-nos para longe dos outros juízes e competidores.

— Oi, meu nome é Dana Barron — disse ela, contando como estava lá naquele dia apenas como um favor a uma amiga. — Não tenho nenhuma afiliação com esta organização, então não tenho vínculos. Eu nunca, nunca faço isso, mas você me deixou arrepiada, Ally.

Ela me lançou um longo olhar, o rosto cheio de uma emoção persistente.

— Você foi incrível. Repito, eu nunca faço isso, e você vai me achar maluca. Mas eu adoraria levar vocês a Los Angeles e apresentá-los a alguns diretores e agentes de elenco.

Meu coração disparou, e tenho certeza de que um enorme sorriso se espalhou pelo meu rosto. Mas meus pais trocaram olhares sérios, tentando processar o que ela acabara de oferecer.

— Sei que parece estranho, mas sua filha é muito talentosa — observou Dana. — Eu adoraria ajudá-la a conseguir uma boa agência. Não vou cobrar nem nada parecido. Eu prometo, não é uma farsa. Ally tem um grande talento, e eu adoraria ajudar de todas as maneiras que puder. Se vocês puderem ir para Los Angeles, estarei lá, filmando, daqui a algumas semanas e adoraria ver vocês no set.

Eu não conseguia acreditar que tinha acabado de receber uma oportunidade tão incrível, do nada. Com apenas 12 anos! Agentes? Diretores de elenco? Los Angeles? Isso soou como meu maior sonho se tornando realidade.

Meus pais ficaram gratos, mas estavam surpresos o suficiente para ficarem um pouco calados.

— Muito obrigada, Dana — disse minha mãe. — Não sabemos o que dizer. E eu sinto muito por perguntar, mas você parece muito familiar. Estou certa?

Dana sorriu timidamente.

— Bem, eu sou atriz — respondeu ela. — Você deve ter me visto quando eu era mais jovem. Eu fui Audrey, no filme *Férias frustradas*.

Nós engasgamos. Nossa família adorava aquele filme, um clássico cult em nossa casa. E assistíamos a *Férias frustradas de Natal* pelo menos uma vez por ano. Meu pai era fã de Chevy Chase, o ator principal. Embora Dana não fizesse a versão natalina, a franquia parecia parte da nossa família, então, por extensão, Dana também.

— Também estive em *Barrados no baile*, como namorada de Jason — acrescentou.

Meus pais se lembraram dela e a reconheceram de ambos os projetos. Eu já estava surtando. Foi um momento muito legal, conhecer uma atriz de verdade bem na minha cidade natal. A conexão pode parecer boba, mas foi o suficiente para superar as desconfianças dos meus pais. Desde o primeiro momento em que ela se aproximou de nós, Dana foi muito gentil e parecia muito sincera. Mas saber que ela tinha verdadeiras credenciais de Hollywood aliviou a mente dos meus pais.

— Repito, sem compromisso — disse Dana. — Eu adoraria ajudar de alguma forma nesse negócio, porque tem um monte de coisas malucas por aí, e vocês precisam ter cuidado.

Então, ela se virou e se dirigiu a mim diretamente.

— Posso ajudá-la, se você levar isso a sério — disse ela.

Aquilo era muito para absorver. Como sempre, meus pais queriam fazer o que fosse melhor para mim e toda a nossa família. Embora isso pudesse ser uma grande oportunidade, também significaria um gasto significativo de dinheiro e de energia. Abrir a porta para Hollywood era emocionante, mas também um pouco assustador. Eles precisavam de um tempo para pensar.

Ainda assim, ficamos extremamente lisonjeados por Dana ter falado tão bem sobre minha voz e entrega e gratos por ela ter se esforçado para falar conosco. Agradecemos quando ela nos passou seus contatos, e dei um abraço enorme e muito apertado nela antes de me afastar, de mãos dadas com meus pais.

Depois de orar e pedir ajuda ao Senhor na decisão sobre a oferta de Dana, meus pais decidiram dar o próximo passo com cautela. Eles tinham bons amigos em Lake Arrowhead, a apenas algumas horas de Los Angeles, e planejávamos visitá-los. Talvez pudéssemos combinar as duas viagens e ver aonde nosso tempo em Los Angeles podia nos levar. Alguns dias depois, eu estava na cozinha com eles quando meu pai fez a ligação.

Ele deixou uma mensagem de voz na secretária eletrônica de Dana. Os dois meio que pensaram que ela nunca ligaria de volta. Embora ela fosse uma pessoa verdadeira e muito atenciosa, sabíamos como estava ocupada com a própria carreira. Foi incrível ela ter sequer considerado reservar um tempo para me ajudar. Teríamos entendido se fosse demais para ela.

Mas ela retornou a ligação e foi muito amável, como sempre.

— Estou tão feliz por terem ligado! — disse ela. — Meu marido e eu estávamos conversando sobre sua filha. Ela é incrível!

Dana refez o convite para que fôssemos a Los Angeles no verão que se aproximava para que ela pudesse me levar para conhecer a cidade. Quando dissemos que poderíamos ir a Los Angeles para uma viagem em família, ela disse que checaria sua programação e liberaria tempo para nós na semana em que estivéssemos lá. Eu não conseguia acreditar que aquilo estava acontecendo.

É claro que nossa família inteira iria, então corri para contar ao meu irmão.

— *Bobo*, nós vamos para Los Angeles! — gritei.

Poucas semanas depois, pegamos um voo da Southwest para Los Angeles, Califórnia. Parecia que meu coração ia pular do peito. Olhei pela janela do avião, sonhando com as possibilidades que me aguardavam. Depois de anos me apresentando em San Antonio, eu estava indo para a Cidade dos Anjos, onde se concentrava a indústria do entretenimento, um lugar onde tantos artistas viram seus sonhos se tornarem realidade. Minha sensação era a de que eu já tinha alcançado o topo do sucesso.

Aterrissamos no aeroporto, alugamos um carro e fomos para o hotel. Estávamos com um orçamento muito apertado, mas não me importei. Tudo o que importava era o fato de que estávamos lá.

Dana foi supergentil comigo. Ela reservou uma semana de seu tempo para me levar para conhecer agentes, diretores de elenco, produtores e escritores. Fomos até os escritórios da Nickelodeon. Fui entrevistada por todos e sempre cantava em algum momento. Embora eu me sentisse confiante quando se tratava de cantar ao vivo, era uma nova oportunidade com apostas muito maiores. Eu estava muito nervosa, mas toda a prática tinha me deixado muito melhor em controlar minhas emoções. Também ajudou o fato de que todos pareciam gostar de mim e, depois de minhas primeiras reuniões, eu estava começando a pegar o jeito dessa nova aventura.

Dana também convidou nossa família para ir ao set de um filme de que estava participando, *Saving Angelo*, e foi emocionante. Foi a primeira vez em que estive em um set de filmagem. Eu me senti a criança mais legal do planeta. Sonhei a vida inteira com momentos como aqueles, e estava tudo se realizando. Conhecemos atores e atrizes e vimos como era um set de filmagem. O ator mais famoso, que estava interpretando o pai, era Kevin Bacon. Eu amei a participação dele no filme *Meu cachorro Skip*, em que também interpretou o pai, e o admirava desde então. Ele era um cara muito legal e foi adorável comigo e com minha família. Ainda tenho uma cópia da foto que tiramos. Eu estava impressionada, e meus pais ficaram encantados, porque ele era um de seus atores favoritos.

Além de todas as oportunidades que abriu para mim, Dana foi uma mentora maravilhosa. Ela me deu conselhos valiosos sobre como permanecer e me comportar na indústria.

— Ally, você precisa levar isso a sério — dizia. — Não pode se atrasar nunca.

Eu nunca me atrasava, mas tinha um peso extra vindo de alguém que havia conquistado tanto. Esta foi a minha primeira vez em Los Angeles e em Hollywood, e sempre serei grata a Dana. Ela não só me deu uma oportunidade que mudou minha vida, mas, muito além do que isso, acreditou em mim. Ela foi a primeira profissional do setor a ter fé no meu talento, o que me ajudou a acreditar em mim mesma.

E essa confiança era importante, porque, se eu quisesse ter sucesso na indústria do entretenimento, precisaria de cada grama de fé que pudesse reunir e de todos os apoiadores leais que pudesse encontrar. Algo que aprendi bem cedo, nessa época, foi a importância de fazer as pessoas acreditarem em você. Tive meus pais, meu irmão e tantas outras pessoas incríveis em minha família e na comunidade local, mas Dana foi a primeira de fora do nosso pequeno círculo interno, então seu apoio significou ainda mais para mim. Nem todo mundo tem esse tipo de apoio, e sou muito grata por isso.

Algumas pessoas têm muito mais dificuldade em encontrar um grupo de apoio. Mas um truque é começar apoiando os outros. Você não apenas se sentirá bem em ajudar alguém a conquistar seus sonhos, mas também começará a construir a própria comunidade de sonhadores, que podem lhe ajudar a alcançar todo o sucesso do mundo. Você não precisa ser a estrela da escola, do time, da família ou da cidade para alcançar seus objetivos. Claro, algumas pessoas voam alto rápido e muito cedo, mas é mais comum que leve anos de trabalho duro para alcançar qualquer nível de sucesso. Obviamente, ter talento é ótimo e útil, mas você precisa encontrar coragem para usá-lo. Além disso, há pessoas que trabalham duro para dominar as habilidades e continuam tentando, mesmo enfrentando obstáculos.

Mesmo com todos os elementos positivos que descrevi, também tive minha parcela de contratempos. Momentos em que tive que seguir em frente sem parar, com um sorriso no rosto e determinação no coração para continuar. Assim, construí minha fé em Deus — e essa tem sido a parte principal da minha vida.

Portanto, não desanime se quiser se tornar cantor, atleta ou designer ou qualquer outra coisa que exija talento e trabalho duro, mas não consegue ganhar competições ou não tem pessoas vindo até você com palavras de admiração. Muitas pessoas se tornam bem-sucedidas porque, mesmo nos dias mais sombrios, amam o que fazem e não param de tentar ou de acreditar, não importa quantas vezes sejam derrubadas. Eu era assim.

Embora o primeiro produtor que Dana nos levou para ver não estivesse procurando artistas tão jovens quanto eu, também tínhamos o contato de um produtor musical de Los Angeles que era cliente do meu pai na seguradora. Depois de ouvir meu pai falar sobre mim, este homem aceitou ter uma reunião comigo, se estivéssemos na cidade. Em nossa viagem para ver Dana, ele iria me ouvir cantar, mas precisou viajar no último minuto. Ele se sentiu tão mal com isso que providenciou para que eu me encontrasse com um amigo seu que também era produtor. Quando fomos vê-lo, ficou maravilhado com a minha voz e não conseguia acreditar que eu tinha apenas 12 anos. No dia seguinte, me levou a um estúdio para ver como eu interpretaria uma música original. Mais uma vez, ficou impressionado. Ele me ofereceu o que chamamos de contrato de produção. Nós gravaríamos músicas, tentando ver se alguma gravadora se interessaria e me ofereceria um contrato.

Meus pais tinham estudado muito a indústria do entretenimento. Eles sempre faziam o que podiam para me ajudar, e o esforço às vezes compensava, o que era incrível. Mas os contatos poderosos de Dana é que estavam abrindo um novo mundo de oportunidades para mim. No final da viagem, Dana me levou para fazer um teste para uma grande agência de talentos infantis, a Coast to Coast, e conheci uma das agentes. Ela foi amigável e me pediu para ler a cena de um roteiro. Saí e pratiquei por alguns minutos, depois voltei e li para ela. Eu estava nervosa, é claro, pois não era apenas minha primeira audição, mas também um evento de grande significado. Ainda assim, levei a sério as palavras do meu pai — ele sempre estava me lembrando de me divertir e, neste momento, eu me permiti isso. A mulher ficou impressionada e disse que eu parecia muito natural, que eu havia feito um excelente trabalho e que estava feliz por ter me conhecido. Seu feedback me fez abrir um sorrisão.

Dana e eu saímos do prédio antes que ela me contasse o que estava pensando.

— Ótimo trabalho, Ally! Você foi incrível!

Depois de tudo o que ela fez por mim, fiquei muito feliz por ter conseguido corresponder às suas expectativas e causar uma boa impressão. E, logo, para grande alegria da minha família, recebi a fantástica notícia de que a Coast to Coast me contrataria!

Minha família e eu ficamos maravilhados com a forma como Deus abriu essa porta por meio de Dana. Era algo que jamais poderíamos ter conseguido por conta própria, não do nosso cantinho do mundo, em San Antonio. Sim, eu ralava, mas este momento exigiu mais do que apenas trabalho duro. Exigiu o tipo de conexão que pode ter parecido acidental, mas na verdade era para ser. Deus estava preparando o caminho.

Mesmo quando as portas estavam se abrindo, e eu estava muito animada para correr por elas e ver onde poderia levar minha música, era difícil saber o que fazer. Morávamos em San Antonio. Nosso mundo inteiro estava lá: o trabalho do meu pai, nossa escola, amigos e igreja, nossa enorme família e nossos gatos. Mas todos que conhecemos durante a viagem nos disseram que precisávamos estar em Los Angeles.

Meus pais tiveram que tomar algumas decisões. Agora sei que havia muito mais a resolver do que uma criança de 12 anos poderia ter compreendido. Primeiro, eles tiveram que pensar sobre o impacto em nossa família. Estavam preocupados em fazer uma mudança tão grande na nossa vida e queriam ter certeza de que meu irmão, que ainda estava no ensino médio, estava bem com aquilo. Se fizéssemos isso, eu e pelo menos um dos meus pais teríamos que ir para a Califórnia para ficar muito tempo. Brandon teria que ficar em San Antonio e terminar a escola. Teríamos que morar em duas cidades. Nossa família, tão unida, ficaria dividida por meses a fio, e eu precisaria estudar em casa. Meus pais teriam que revezar os momentos em casa, o que seria um desafio, por causa do trabalho do meu pai e da escoliose da minha mãe.

Esse problema da minha mãe já tornava sua mobilidade mais difícil, imagine viajar. Sua condição estava piorando. Para ajudá-la, tentei assumir mais responsabilidades. Aprendi a fazer o café da manhã e a ajudei a carregar o cesto de roupa suja, dobrar as roupas, limpar a casa e a despensa. Às vezes, a dor era controlável, mas havia dias em que era tão insuportável que eu tinha que ajudá-la até a andar. Não há dor maior do que ver sua mãe sofrendo, e eu chorava escondida no quarto, me perguntando como ela seria capaz de viajar tanto se ficássemos indo e voltando de Los Angeles. Também havia a questão do dinheiro. Era tão caro morar na Califórnia... Meus pais oraram muito para entender a vontade Deus e o que seria melhor, não apenas para mim, mas para todos nós.

Brandon estava começando seu último ano do ensino médio e, embora já fosse superindependente, meus pais não fingiram que ter nossa família dividida seria fácil para qualquer um de nós. Havia muito em jogo. Nossas finanças, nossa situação de vida, minha educação escolar, a carreira do meu pai. Precisaríamos alterar nossas vidas inteiras para fazer isso funcionar. E, claro, não havia garantias de que toda aquela mudança me abriria as portas para uma carreira musical. Era muita coisa para colocar na balança.

Mas meus pais sabiam que tudo o que eu mais queria na vida era seguir meus sonhos e acreditavam que meu talento era um presente de Deus. Também estavam cientes de que oportunidades como essa não surgiam todos os dias. Quando Dana me escolheu, fomos agraciados com um contato raríssimo com alguém de dentro da indústria. Eles sabiam que não poderiam perder essa oportunidade única na vida.

Eu me sentia muito ansiosa. Queria tanto ir para Los Angeles, mas também queria o melhor para a nossa família. Eu me sentia culpada por qualquer coisa que pudesse colocar uma pressão extra sobre minha mãe. Era muita responsabilidade. Mas, como sempre, meus pais me tranquilizaram.

— *Mama*, vamos tentar resolver as coisas — disseram, dando-me um beijo na testa.

Para falar a verdade, de alguma forma, eles conseguiram. Nós ficávamos entre Los Angeles e San Antonio, e meus pais revezavam, cada vez um indo me levar e me buscar.

E foi assim que começou.

Eu estava na sexta série e comecei a estudar em casa usando um programa on-line. Nos primeiros meses, minha mãe e eu fomos para Los Angeles primeiro, porque era difícil para o meu pai tirar folga do trabalho. Ficamos hospedadas no Oakwood Apartments, perto de Hollywood. Disseram-nos que aquele era o lugar para ficar se tiver o sonho de ser uma atriz ou cantora de sucesso. Era onde todos os jovens em ascensão ficavam. Hilary Duff e Dakota Fanning eram apenas duas das incontáveis celebridades que tinham ficado lá quando tentaram pela primeira vez. Era impressionante no melhor sentido possível. Eu estava morando no mesmo lugar que alguns de meus atores e atrizes favoritos tinham vivido, e com sorte aquela seria apenas a primeira de muitas formas pelas quais eu seguiria seus passos.

Mas, quando nos mudamos, de repente estávamos em um mundo diferente. Minha empolgação foi drenada enquanto eu estudava as outras crianças. Eu não era nada parecida com elas. Eu tinha dentes tortos, elas tinham sorrisos perfeitos. Eu havia vencido meu medo do palco, mas ainda era tímida, principalmente perto de gente nova da minha idade; elas se portavam com confiança e pareciam ter todos os amigos do mundo. Eu não tinha amigos nessa cidade nova, só tinha a minha mãe.

Tinha passado os últimos três anos cantando em San Antonio sempre que podia e atraindo um pequeno número de seguidores no processo. Mas agora, de repente, eu tinha entrado em um mundo novo, cheio de muitas outras pessoas talentosas, muitos já veteranos de Los Angeles.

Imediatamente me senti muito pequena, como um pequeno girino em um grande lago. Aos 12 anos, eu me sentia deslocada pela primeira vez na vida.

Bem, no sul da Califórnia, e especialmente na indústria do entretenimento, é difícil não ficar se comparando a outras pessoas — ainda mais quando você compete com elas em testes. Então, esses sentimentos de inadequação e competição inflam. Muitas coisas sobre o *show business* podem ser superficiais, como a aparência das pessoas por fora, e não quem elas são por dentro. E quando você tem apenas alguns minutos para causar uma boa impressão em uma reunião ou audição, pode ser difícil mostrar sua verdadeira essência.

Além disso, havia a questão do dinheiro — principalmente porque todos ao meu redor pareciam ter muito dinheiro. Aquelas crianças se vestiam como modelos de revista, seguindo a moda mais recente das marcas mais populares, compradas com fundos aparentemente ilimitados. Enquanto isso, minha mãe era mestre em montar roupas fofas para eu usar em apresentações e testes, mas estávamos com um orçamento apertado. Então, passávamos horas no shopping, vasculhando as prateleiras de descontos. Minha mãe era engenhosa e criativa e usava cupons de desconto sempre que podia. Tudo o que comprávamos tinha um propósito, e ela considerava cada compra. Eu era muito grata a ela, mas também sabia que nossas circunstâncias eram diferentes das outras garotas que conheci em Oakwood e nos testes. Essa lacuna só aumentava minhas inseguranças.

Cada garota na indústria do entretenimento precisava de algum tipo de visual para se destacar, e mamãe trabalhou incansavelmente para conseguir isso para mim. Ela tem um bom olho para estilo e pesquisava o que os artistas pop estavam vestindo na época. Ela assistia ao Fashion Channel, a programas de notícias de entretenimento e lia revistas para se inspirar. Gwen Stefani, Jennifer Lopez, Carrie Underwood e Beyoncé eram suas musas. Era incrível o que ela conseguia fazer com os itens da estante de vendas da Ross, Marshalls, Forever 21 e às vezes Bebe.

Ela estava empenhada em criar um visual para mim que fosse impressionante, mas dentro do nosso orçamento, e isso levava horas. Às vezes, ela precisava sentar para fazer uma pausa, por causa da dor que sentia. Eu odiava esses momentos e me sentia muito culpada. Com lágrimas nos olhos, implorava a ela que parasse um pouco, dizendo que o que tínhamos já era suficiente. Mas ela insistia em continuar a trabalhar. Isso é o quanto significava para ela me ajudar.

No entanto, apesar dos esforços da minha mãe, eu me sentia diferente. Não apenas no que eu usava, mas também em tudo sobre mim. Crescendo em San Antonio, eu estava rodeada pela rica herança mexicana da cidade. Mas, naqueles apartamentos, eu estava cercada por pessoas brancas pela primeira vez. Isso foi em uma época em que não havia tanta diversidade no nosso setor, não como agora. Eu tinha o sonho de representar minha cultura no mundo do entretenimento e tenho muito orgulho da minha herança mexicana-americana, mas não era fácil me sentir como uma estranha.

Na maior parte do tempo, não vivi nenhum racismo explícito, mas houve momentos em que as pessoas tentaram me rebaixar. Certa vez, quando minha mãe e eu entramos em uma loja sofisticada em Beverly Hills, só para dar uma olhadinha e sonhar, os funcionários ficaram nos olhando de cima a baixo. Foi terrível para mim, mas minha mãe nunca se deixou afetar. Ela era uma mulher forte e confiante. Isso me deixava ainda mais orgulhosa. E, embora eu não tenha gostado da sensação que tive com os olhares, segui seu exemplo e nunca me permiti sentir vergonha. Éramos mulheres hispânicas orgulhosas. Sei que isso tinha vindo de nossas raízes familiares e de nossa educação em San Antonio, onde celebramos de onde viemos e quem somos. Nunca me senti envergonhada da minha herança em Los Angeles, mas houve muitos momentos em que me senti insegura.

Não estávamos mais em nosso amado e encantador Grande Estado do Texas. Em vez disso, era outro universo. Ninguém tinha o nosso sotaque, a comida era diferente — nada de Tex-Mex em lugar nenhum. Além disso, as pessoas em Los Angeles não eram tão amigáveis quanto as do Texas — pelo menos, as pessoas que tínhamos conhecido até aquele ponto. E nem me fale no trânsito.

O resultado de tudo isso foi que a timidez com a qual eu tinha lutado no passado voltou, me impedindo de me aproximar de outras crianças em Oakwood e de me abrir para a possibilidade de fazer novos amigos. Eu me sentia tão diferente deles e estava sempre atrapalhada, enquanto minhas inseguranças e solidão só cresciam. Havia uma jovem atriz morando em Oakwood que parecia uma princesa. Ela já tinha aparecido em um filme, então nós, crianças, olhávamos para ela como se já fosse famosa. E ela era amiga de todas as outras crianças descoladas do prédio, e eu ficava só olhando, desejando ser incluída, mas com medo de tentar. Uma dia, eu estava sentada no átrio do edifício principal quando ela se sentou ao meu lado e disse "olá". Achei que fosse ter um ataque cardíaco e só consegui guinchar um tímido "oi". Eu não fui capaz de sair da minha concha o suficiente para me conectar. E, embora ela tenha sido legal durante aquela conversa, nunca mais se aproximou de mim.

Uma noite, tudo isso veio à tona. Eu estava morando naquele complexo de apartamentos onde muitas das minhas estrelas favoritas haviam ficado, mas não me sentia à beira do sucesso. Eu me sentia sozinha, oprimida e deslocada. Minha empolgação em fazer sucesso em Los Angeles já tinha acabado. As emoções tomaram conta de mim, e eu estava chorando muito, deitada na minha cama. Minha mãe me ouviu e entrou. Ela se sentou e começou a me consolar.

— Oh, *Mama*! Qual é o problema?

— Mãe, eu não sou boa o suficiente — respondi, com lágrimas escorrendo pelo rosto. — Não sou descolada. Não sou tão bonita. Não me pareço com nenhuma dessas garotas. Não tenho amigos. Nunca serei como eles. Nunca vou me encaixar aqui. Nunca serei boa o suficiente!

Minha mãe, contendo as próprias lágrimas, me abraçou e me apertou em seus braços.

— Oh, *Mama*. Você é boa o suficiente. Você é mais do que isso. Você é tão especial. Eu gostaria que pudesse ver o que vejo em você.

Eu prometo, você vai superar. Tudo vai mudar um dia. Vamos superar isso juntas, e não pense nem por um segundo que não é bonita. Você é linda, não só por fora, mas também por dentro. Você é a garota mais bonita do mundo.

Ela se deitou comigo e não saiu do meu lado, e nós duas choramos até dormir. Nunca vou esquecer aquela noite.

Minha mãe me conta que esta foi uma das noites mais dolorosas que já viveu. Seu coração se partiu. Para uma mãe, não há nada pior do que testemunhar um filho sentir que não é bom o suficiente. Mas nós duas superamos isso juntas.

No dia seguinte, uma inspiração surgiu dentro de mim. As palavras vieram à minha mente como uma carta para mim mesma. Eu comecei a escrever. Parecia que as palavras estavam fluindo para fora do meu corpo. A beleza nasceu das cinzas: por causa dessa experiência de partir o coração, escrevi minha primeira música. Chamava-se "Be You", e este é o refrão:

> *Não se atreva a virar alguém que você sabe que não é*
> *Você quer mesmo ser assim?*
> *Então apenas siga em frente*
> *Seja você e, se eles disserem não,*
> *Alguém vai dizer sim.*
> *Apenas siga em frente.*

Escrever aquela música fez maravilhas em mim, e o mais importante foi que comecei a acreditar nas palavras. Comecei a ter esperança. Comecei a sentir confiança. Comecei a ser eu mesma, não o eu que pensava que deveria ser quando olhava para as outras meninas, mas o meu verdadeiro eu.

Quando escrevi essas palavras, aos 12 anos, minhas forças voltaram, e consegui me levantar e seguir em direção aos meus sonhos. Espero que essas palavras possam ajudar você também. Quero trazer coragem para a sua luta, para que encontre o que funciona melhor para você e não desista. Levante-se e siga em frente, e você será você. Talvez também se sinta melhor escrevendo sobre o que sente. Talvez precise dar uma longa caminhada ou de uma conversa com um amigo querido. Ou só de uma oração. Ou de se levantar e dançar ao som de uma música legal. Custe o que custar, acredite em mim, há uma maneira de sair da escuridão e buscar a luz.

O que eu não poderia ter adivinhado, na época, é que precisaria dessas mesmas palavras, durante essa época da minha vida e mais tarde, depois de encontrar todo o sucesso que sempre esperei, em um momento quando parecia que tudo do lado de fora era maravilhoso. Mas, por dentro, eu estava agonizando.

SEIS

Talento, trabalho duro, ou os dois

É difícil não me emocionar quando penso em tudo o que meus pais fizeram por mim nos primeiros anos da minha carreira. Minha mãe se dedicou tanto para encontrar roupas para mim! Ela deveria ter gasto dinheiro consigo mesma, mas me amava demais e se importava muito, mesmo com coisas pequenas como meus figurinos e acessórios. Então, cada centavo que sobrava era para isso.

Tenho certeza de que ela lutou com as próprias emoções e com o choque cultural, ainda mais estando longe do marido, do filho e de casa. Ela nunca tinha morado em outro lugar além de San Antonio e, de repente, estava não apenas em uma cidade nova, mas também na indústria do entretenimento. Ela também não tinha amigos em Los Angeles e até colocou a saúde em segundo lugar por mim, se esforçando para fazer mais do que deveria e intensificando a escoliose.

Eu nunca, jamais, serei capaz de agradecê-la pelos sacrifícios que fez por mim. Minha mãe é a mulher mais forte que conheço, um modelo de amor e de apoio incondicional. Mesmo com a escoliose, ela seguiu em frente, enfrentando a dor, porque acreditava em mim e no meu sonho. Meus pais são meus verdadeiros heróis. Os dois tiveram que ser muito criativos para que eu pudesse ficar e trabalhar em Los Angeles durante aqueles anos.

Sempre que surgia um obstáculo, eles me ajudavam a encontrar uma solução. Meu primeiro programa de educação domiciliar on-line foi muito difícil e não estava funcionando para mim. Eu gostava da parte de estudar de pijama, mas ficar no computador o dia todo me dava dores de cabeça terríveis, e eu não podia pedir ajuda a um professor quando tinha dúvidas ou ficava confusa. Havia um serviço de mensagens para comunicação, mas eu não conseguia falar diretamente com ninguém.

Meus pais pesquisaram as opções e acabaram me matriculando na City of Angels School, bem no centro de Hollywood. Todas as sextas-feiras, eu tinha uma sessão presencial com a professora, a sra. Escobar. Ela era uma jovem e doce latino-americana que me fazia sentir segura e conectada. Se eu tivesse dúvidas sobre os estudos ou problemas com qualquer coisa, a sra. Escobar estava lá para me apoiar. Parecia que eu tinha uma excelente tutora só para mim. Segui assim por um ou dois anos, e foi uma ótima experiência. Funcionava com a minha agenda e, normalmente, havia algumas crianças da minha idade lá ao mesmo tempo que eu. Então, entre um teste e outro, saíamos juntos e nos conhecíamos um pouco.

Minha mãe me ajudou na transição entre a educação em Los Angeles e o ensino domiciliar. No ensino médio, ajudei a montar minha grade horária. Minha mãe e eu fomos a uma enorme biblioteca de educação domiciliar em San Antonio que tinha uma grande variedade de grades. Passamos muito tempo fazendo perguntas e pesquisando antes de escolher o que achamos que seria o melhor para mim. Eu me inscrevi em todas as matérias principais, incluindo matemática, ciências e literatura. Eu amava literatura e era muito boa. Também era boa em matemática, mas tive que me esforçar muito para continuar tirando boas notas na matéria.

Embora o ensino em casa não atrapalhasse minha agenda, eu às vezes me sentia sozinha e ficava com saudade dos amigos de San Antonio.

Minha mãe fazia o possível para que eu passasse mais tempo com crianças da minha idade. Se visse uma chance de eu ter qualquer interação social, como em um estúdio de dança ou uma vez por semana na escola, ela me incentivava a sair e conhecer crianças. Depois de um tempo, acabei fazendo alguns amigos na cidade. Aos poucos, fui me sentindo mais confortável em Los Angeles, embora nunca tenha me sentido em casa, pelo menos não naquela época.

Assim que cheguei em Los Angeles, a Coast to Coast começou a me indicar para audições de programas de TV, filmes, comerciais — qualquer tipo de papel. Se meu agente mandasse as falas com antecedência, eu sempre me preparava com cuidado e, na manhã anterior ao teste, dedicava um tempo extra para me vestir bem e fazer o cabelo. Na maioria das vezes, eu ia bem no primeiro teste. Os diretores de elenco me chamavam de volta para um segundo teste, mas nunca passava daí. Embora meu foco principal fosse o canto, também comecei a ter aulas de teatro aos nove anos — e atuar ainda é um sonho que tenho —, então perder os papéis era frustrante. Mas, mesmo na época, eu poderia dizer que foi uma experiência maravilhosa. Havia reuniões com muitos produtores, que me ajudavam a me inscrever para mais aulas de teatro e me ensinavam como me comportar na frente das câmeras, o que viria a ser útil anos depois, embora eu não soubesse disso na época. Tudo isso ajudou a construir minha confiança e me deu um senso de propósito, como se houvesse uma razão para eu estar em Los Angeles.

Acabei ficando com a Coast to Coast por alguns anos. Por meio da produtora musical que conheci em minha primeira viagem a Los Angeles, com Dana, tive minhas primeiras oportunidades de entrar no mundo da música. Tornou-se óbvio que, com a quantidade de trabalho e dedicação necessária para chegar a algum lugar no teatro e na música, eu não poderia fazer os dois. E, claro, a música sempre foi meu primeiro amor. Isso ficou claro quando fiz o teste para o espetáculo *Thirteen*, da Broadway. Mesmo que eu não tenha sido escolhida, os diretores de elenco e produtores disseram que eu os surpreendi com a minha interpretação de "Let's Hear It for the Boy". Foi um feedback incrível, porque foi uma audição exaustiva. Mas eles tinham uma mensagem clara para mim: "Uau, você precisa cantar."

E foi aí que decidi focar. Em Los Angeles, tive minha primeira experiência profissional de verdade no estúdio e comecei a gravar músicas. Embora eu tivesse muita experiência em apresentações, só entrara em um estúdio de gravação algumas vezes em San Antonio, quando era mais jovem, para um álbum infantil que gravei com meu tio Conrad, que era bombeiro, e quando fiz o teste para um produtor.

Dessa vez, eu estava aprendendo a usar um microfone de gravação e a desenvolver minha voz. Tive a oportunidade de experimentar coisas e testar notas de um jeito mais criativo. Descobri como gravar harmonias. Conheci compositores locais e gravei músicas escritas por eles. Embora eu fosse muito mais jovem do que a maioria das pessoas com quem trabalhava, elas sempre expressavam admiração pelo meu talento e me tratavam com respeito. Este era o lugar onde eu deveria estar. Eu me sentia livre para ser eu mesma e fazer o que amava. Estava criando música, minha música. Era a sensação mais incrível do mundo.

Minha mãe, incansável, me levava do nosso apartamento para o estúdio, e às vezes ficávamos lá até de noite. Ela nunca gostou de dirigir em Los Angeles, e eu odiava quando havia engarrafamento, porque ela achava muito estressante e ficava muito agitada. Depois do terrível acidente que sofremos quando eu tinha nove anos, às vezes eu também ficava nervosa no carro. É metade verdade e metade brincadeira quando eu digo que, de todas as coisas que passamos naquela época, sobreviver ao trânsito de Los Angeles com minha mãe no volante pode ter sido uma das mais difíceis! Depois de alguns meses, meu pai pôde se juntar a nós por um tempo. Foi maravilhoso tê-lo conosco. Parecia muito mais completo. (E ele assumiu a direção, o que deixou todo mundo mais feliz.)

Por meio de um programa sem fins lucrativos chamado P.A.C.E. (que significa Promovendo Acadêmicos por meio da Expressão Criativa), fiz algumas apresentações em escolas da região. Minha mãe me vestia com roupas bonitinhas, e meu pai imprimia panfletos na Kinko's com meu nome e a minha página do MySpace. Aliás, um salve para o MySpace!

Um dia, eu estava no auditório de uma das escolas onde deveria cantar. Olhei para cima e vi meu pai distribuindo meus folhetos para os alunos, trabalhando tanto por mim... É uma das memórias mais doces que tenho dele. Meus pais nunca fizeram nada pela metade. Eles colocam o coração e se dedicam em tudo, e isso incluía divulgar meu trabalho. E não porque era o sonho deles, mas porque era o meu.

Não importa quantas vezes eu subisse no palco, sempre tinha crises de nervosismo antes. Mas, assim que eu pisava no palco, ficava cheia de confiança e com a sensação de estar no lugar certo e mergulhava na performance. Como a maioria dos alunos dessas escolas tinha a minha idade ou mais, eu não sabia o que esperar. Ficava com medo de ser julgada por crianças da minha idade, ainda mais porque costumava apresentar minhas músicas originais. Quando penso nisso agora, fico orgulhosa de mim mesma por ter sido corajosa o suficiente para tocar músicas que o público não conhecia, ainda mais para crianças naquela faixa etária. Isso poderia ter dado muito errado, já que elas podem ser dolorosamente francas. Você nunca sabe como será recebido. Se não gostarem de você, vão demonstrar. Mas, apesar do meu medo, eu ia lá e fazia o que mais amava. E de novo e de novo, eu ficava maravilhada. Eles gostavam de mim! Eu amava quem eu era no palco. Era como se me transformasse em uma personagem. Eu me sentia quase como uma super-heroína colocando a capa toda vez que pisava no palco com o microfone na mão. Depois do show, vinham pedir meu autógrafo ou uma foto — às vezes centenas de crianças, e eu ficava lá, assinando folhetos por horas. Passava um tempo conversando, perguntando sobre a escola e suas vidas, tentando conhecê-los, mais uma vez sentindo a poderosa conexão da música. Embora eu fosse tímida, depois dos shows me sentia à vontade para conversar com os alunos. Esses encontros me lembravam do que eu tinha a oferecer. Afinal, eu podia ver isso nos rostos daquelas crianças. Quando eu criava coragem e dava meu melhor, meu verdadeiro eu começava a brilhar. E isso me deixou mais confiante para ter coragem em outras áreas da vida.

Depois de morarmos em Oakwood por um tempo, meus pais precisavam economizar. Houve um período em que ficamos em um hotel em Marina del Ray. No café da manhã, descíamos e comíamos todos os waffles grátis que podíamos. Falando assim, parece uma fase muito difícil, mas acho que, quando você está vivendo aqui, se adapta depressa. Mesmo assim, deve ter sido um grande desafio para meus pais. Eles tiveram que fazer malabarismos para as coisas funcionarem.

Nós moramos em vários apartamentos pela cidade, às vezes conseguindo pagar mais barato quando nos mudávamos para um lugar mais afastado, como quando morávamos em Sherman Oaks, que fica em San Fernando Valley. O aluguel era apenas uma entre muitas despesas. Meus pais perguntavam por aí para ver se alguém que conhecíamos tinha alguma mobília para doar e, quando ainda precisávamos de coisas, vasculhávamos vendas de garagem e o Craigslist em busca de bons preços. Quando isso *ainda* não nos dava tudo, íamos a algum brechó e gastávamos o mínimo possível para mobiliar o novo apartamento. Às vezes, eu ou meu pai dormíamos no sofá. Algumas vezes, não tínhamos nada além de colchões de ar. Lembro de um apartamento em que moramos que era cheio de traças e outros insetos. Eu ficava assustada, e nada que meus pais tentassem me animava. Eu odiava aquilo e me sentia miserável porque não era nada parecido com um lar. Com o nosso verdadeiro lar. Sentia saudades de casa e de todos os meus amigos, minha família e meus gatos no Texas. Mas eu não podia desistir do meu sonho, não quando tínhamos ido tão longe.

Todos os dias, procurávamos maneiras de economizar. Minha mãe sempre usava cupons de desconto. Fomos muitas vezes para lojas de *Tudo por 99 centavos*. Quase todos os dias, no café da manhã, meu pai e eu íamos ao McDonald's e pedíamos a opção do dia ou Egg McMuffins. Íamos ao Subway, pedíamos o sanduíche de 30 centímetros que custava 5 dólares e dividíamos entre nós três. Ou íamos ao Panda Express, um restaurante chinês, e dividíamos um prato grande. No El Pollo Loco, nós três dividíamos uma tigela de frango, arroz e feijão, com um burrito à parte. Nós definitivamente amamos um menu promocional, além de boa comida.

Por fim, mudamos para outro apartamento em Culver City. Era o melhor até então. Tinha dois quartos, que pareciam grandes em comparação com os lugares em que ficamos antes, mas ainda não era a minha casa. Todos aqueles momentos difíceis deixaram uma marca duradoura em mim, enchendo-me ainda mais de gratidão por estar onde estou hoje. Por mais difícil que fosse a situação na época, foram momentos cruciais e que me fortaleceram, me transformando na mulher que me tornei. Nunca faço pouco do que conquistei e me lembro dos sacrifícios que minha família fez para me dar uma chance de sucesso. Os tempos difíceis fazem parte da beleza da minha história, assim como os seus são uma parte importante da sua experiência de vida. E, como humanos, sempre podemos nos conectar em nossas lutas. Todos têm as próprias batalhas e a própria história, não importa quão perfeitos possam parecer por fora. Aprendi isso não apenas com a vida, mas também observando minha mãe e outras pessoas próximas. Mesmo que a sua vida não esteja onde você gostaria que estivesse, não se preocupe, você está escrevendo histórias que um dia vão mostrar o quão longe chegou.

Aquele primeiro fim de ano em Los Angeles foi difícil, mas não iríamos perder o Natal em San Antonio. Não queríamos estar tão longe de casa durante nossa época favorita do ano. Mas, naquele momento, precisávamos estar na Califórnia. Eu me sentia tão sozinha longe de casa. Vendo o quanto minha família acreditava em mim, sabia que meu lar era onde estivéssemos juntos. No entanto, ficamos incrivelmente felizes quando chegou a hora de voltar para o Natal, com sua abundância de comidas tradicionais, comemorações ruidosas e alegres, decorações festivas e, o mais importante, nossos familiares.

Um ano se passou, depois mais um, com a gente morando entre os dois estados e tentando fazer minha carreira engrenar. Então, com 14 anos,

tive uma reunião com um produtor. Seu nome era Larrance Dopson. Ele fazia parte de uma equipe de produtores, músicos e compositores chamada 1500 or Nothin'. Meus pais e eu o encontramos fora de um pequeno estúdio em Inglewood. Meu pai contou a Larrance sobre mim, meu desempenho, minhas aulas de canto e atuação, minhas canções originais e meus grandes sonhos. Larrance ouviu atentamente, então meu pai insistiu que eu cantasse. Às vezes, eu ficava irritada quando meu pai fazia isso, mas, naquele momento, eu me senti muito grata, porque acabou me ajudando muito. Cantei. E Larrance disse ter ficado maravilhado com a minha voz e concordou em trabalhar comigo.

Finalmente, o tipo de avanço que esperávamos e pelo qual trabalhamos tanto para conquistar durante dois anos. Na época, 1500 or Nothin' trabalhava com alguns dos maiores artistas do ramo, incluindo Jay-Z, Snoop Dogg e Rihanna. Eram produtores bem conhecidos e de sucesso, além de músicos fenomenais. A irmã de Larrance, Alexandria, conhecida como Alex, é uma ótima compositora. Larrance basicamente me contratou no primeiro aperto de mãos, e ele e sua família me colocaram sob sua proteção. Gostei de saber que se tratava de uma empresa familiar, composta de irmãos, irmãs, primos e amigos, todos trabalhando juntos para criar músicas incríveis. Foi exatamente assim que sempre trabalhei rumo aos meus próprios sonhos musicais, e ter esse tipo de equipe como suporte era espetacular.

Larrance foi outra pessoa que mudou tudo simplesmente por acreditar em mim, por ter a convicção de que valia investir em mim e na minha voz. Assim que eles embarcaram na ideia, a 1500 or Nothin' dedicou tempo para trabalhar comigo. Retornei o favor me dedicando muito a eles.

Larrance tem uma grande personalidade e me mostrou o produtor e músico talentoso que é. Ele pode tocar qualquer coisa no piano e consegue produzir uma música inteira em apenas alguns minutos. Enquanto isso, Alex e eu nos tornamos amigas, e ela se tornou como uma irmã mais velha para mim. Passei muito tempo falando sobre meus sentimentos, e ela sempre ouvia minhas confidências. Saíamos juntas, íamos à praia e fazíamos compras. Ela também me ajudava a compor. Às vezes, escrevíamos juntas, ou ela escrevia canções para mim. Ela sempre era paciente comigo e me explicava por que escolheu uma palavra ou frase em vez de outra. Minha composição melhorou muito com a sua orientação.

Os Dopson me colocaram para gravar músicas. Nossas primeiras sessões foram em seu estúdio caseiro, no quarto do apartamento onde moravam, mas eles tinham equipamento suficiente para gravar de forma profissional. O microfone e a cabine ficavam em um armário, mas adorei cada minuto de trabalho com eles, não importava onde estivéssemos. Depois disso, na maioria das vezes, gravei no estúdio deles, no coração de Inglewood, onde passei horas e horas. Era um estúdio único e aconchegante, legal e acolhedor. Era um lugar onde todo mundo gostaria de gravar. Havia citações inspiradoras nas paredes, frases como "A música cura". O estúdio tinha uma cabine, uma mesa de produção e microfones, toda a aparelhagem necessária. Eu aparecia de moletom ou shorts, embora, é claro, minha mãe sempre se certificasse de que eu ainda estivesse arrumada, mesmo em roupas casuais e confortáveis, e focava no que importava nesses momentos: cantar com todo o coração.

Uma das minhas músicas favoritas que gravei, "All Right There", foi feita no estúdio dos Dopson. É uma música acústica, com a mensagem de sempre estar presente para ajudar alguém que você ama. Estávamos gravando juntos há um tempo, e eles viram como eu trabalhava duro e como me dedicava. Eles expressaram o quão orgulhosos estavam de mim. A intenção era usar as músicas que estávamos gravando para ter algo para mostrar e conseguir um contrato de gravação. Eles acreditaram tanto em mim que me ajudaram a fazer um videoclipe para "All Right There". O orçamento era compreensivelmente apertado, mas nos divertimos muito. Gravamos na praia, andando de bicicleta e rindo. Além disso, até uma pequena gravação de vídeo significava uma equipe e figurantes, e todos estavam lá, trabalhando juntos, por causa da minha música. Adorei o resultado final porque representou onde eu estava na época. Eu me sentia tão animada. E senti que finalmente estava ganhando espaço para crescer na carreira. Tudo parecia possível.

Outra pessoa que trabalhava com a 1500 or Nothin' era um compositor chamado James Fauntleroy, uma pessoa que eu morria de vontade de conhecer. Ele era um dos meus compositores favoritos e um dos maiores da época, então significava muito. Assim que me ouviu cantar, ele também acreditou em mim, apesar de eu ser tão nova. Era como um sonho trabalhar com ele. Larrance e Alex sempre falavam sobre como James era incrível e talentoso, e às vezes eu ficava um pouco tímida quando ele aparecia. Mas, embora eu não fosse uma artista conhecida, ele sempre me levou a sério e, muito generosamente, doou seu tempo para mim. Ele até escreveu uma música para mim, chamada "Think About You". Tanto tempo depois, continuo grata a ele, e a família 1500 or Nothin' sempre será uma parte da minha. Além disso, sua aprovação me ajudou a me levar a sério como artista.

Mesmo com a orientação especializada da equipe 1500 or Nothin' para a minha música, meus pais sabiam que tinham que orientar a minha carreira no aspecto dos negócios. Eles estabeleceram a meta de se tornarem informados sobre a indústria da música para ajudar a me proteger. Era difícil encontrar agentes, porque eu era muito jovem e desconhecida. E digo isto para qualquer pai de criança ou adolescente que aspira a ser cantor ou ator: se informe. Nunca deixe seus filhos sozinhos. Sejam extremamente cuidadosos em relação a quem confiar. Estejam sempre envolvidos, mesmo que incomode um pouco as pessoas. E, claro, sempre sejam gentis e educados.

Cada uma das pessoas que doaram seu tempo e sua sabedoria durante os primeiros passos da minha carreira foram essenciais para me conduzir aonde estou. Por causa da minha fé, vejo Deus em todos que surgiram na minha vida, nas portas que se abriram e na orientação que recebi, tanto de fontes externas quanto da minha própria intuição. Acredite, nem sempre foi fácil manter a fé, mas, quando você mantém Deus em seu coração, em Sua justiça e Seu amor, Ele cuidará de você.

Mesmo assim, embora Deus tenha colocado pessoas generosas e talentosas no meu caminho, que me ajudaram em minha jornada, seis anos se passaram. Tentamos tanto e fizemos tudo o que podíamos, nos sacrificando por nossos objetivos, viajando pelo país e sentindo falta da nossa família e dos amigos em casa. Mas eu não tinha "conseguido" — não como meus pais esperavam quando decidiram morar metade do tempo em Los Angeles e a outra metade em San Antonio.

Quando fiz 18 anos, meu irmão já havia se formado no ensino médio e começado a vida adulta. Enquanto isso, continuei tocando, gravando e me aperfeiçoando, mas minha carreira não deslanchava. Nesses seis anos, nunca parei de trabalhar pelo meu sonho. Claro, houve momentos em que eu queria ser apenas uma adolescente normal, mas nunca durava muito. Eu imagino que também tenha sido difícil para meus pais, mas Deus sempre enviou um pouco de esperança. Ele me deu uma música quando eu estava no meu pior momento. Ele enviou pessoas que acreditaram em mim, me ensinaram mais, investiram seu tempo e conhecimento em mim e ajudaram a me tornar melhor como artista e como mulher.

E, claro, o mais importante, Ele me deu pais maravilhosos, que sempre me apoiaram, me abraçando a noite toda quando eu chorava, distribuindo panfletos nas apresentações das escolas em vez de saírem de férias, sacrificando seus próprios planos, como vender o terreno que compraram em San Antonio para construir a casa dos seus sonhos e usarem o dinheiro para financiar tudo o que fosse necessário para nos manter com um pé em Los Angeles e outro na minha cidade natal. E, de alguma forma, mantiveram nossa família tão unida como sempre foi. Isso sim é um verdadeiro milagre.

Entre os presentes mais bonitos que meus pais já me deram estão os valores no cerne de quem eu sou. No meu aniversário de 18 anos, pedi aos meus pais um anel muito especial, que eles ficaram felizes em me dar. Nele há a frase O AMOR VERDADEIRO ESPERA. Simboliza a escolha que fiz de me guardar para o casamento, um compromisso que mantenho até hoje, mesmo em uma indústria onde tais valores não são celebrados, e muitas vezes fui julgada e ridicularizada. Mas mantive minha cabeça erguida e permaneci fiel a quem sou e ao que acredito. Eu nunca julgaria alguém por seus valores ou pela vida que escolheu viver. É um assunto delicado, porque é muito pessoal, mas senti que era importante compartilhar, porque me sinto muito orgulhosa de mim mesma por honrar esta promessa que fiz a Deus. E meus pais também estão muito orgulhosos de mim. Mal posso esperar para um dia entrar na Igreja e me entregar na minha noite de núpcias. Por enquanto, terei que esperar pacientemente.

Fazer 18 anos marcou uma grande mudança na minha vida. No final desses seis anos que passamos morando entre Los Angeles e minha cidade natal, voltamos para San Antonio até que eu terminasse o ensino médio. Tive aulas com professores locais de matemática e inglês. Estava ansiosa para conhecê-los, e desenvolvemos amizades tão íntimas que eles me apresentaram a suas famílias e me fizeram sentir especial com pequenos gestos. Cada um deles me ajudou a me tornar melhor, mais perspicaz e mais inteligente. Eu ainda me saía bem em literatura, e a matemática continuava a ser um desafio, mas eles me apoiavam e se tornaram modelos e fontes de encorajamento. Sempre apoiaram minha carreira musical e estavam dispostos a se ajustar à minha agenda, se eu precisasse viajar. Também oravam por mim, e eu era muito grata por isso.

Às vezes, era difícil perder as experiências que a maioria dos adolescentes tinha, como festas na escola, a formatura e as celebrações e eventos normais que aconteciam durante o ensino médio. Então, quando minhas amigas Olivia e Madi me convidaram para o baile, fiquei emocionada. Andamos de limusine, dançamos, depois fizemos uma festa do pijama e tomamos sorvete até tarde da noite. Fico muito agradecida por elas terem me incluído, porque eu não teria tido essa experiência. Minha mãe também tentou equilibrar o apoio que dava ao meu sonho e a possibilidade de me proporcionar o que os outros adolescentes viviam. Quando terminei meus estudos, ela me levou para tirar minhas fotos de formatura. Não é a coisa mais fofa?

Quando cheguei ao final do ensino médio e enfrentei a ideia de ser adulta de verdade, não imaginava como seria. Meu diploma chegou pelo correio e, embora eu não tivesse feito uma cerimônia de formatura, para mim também foi um rito de passagem. Eu sabia que era hora de levar o futuro a sério. Comecei a estudar para os meus SATs, o exame educacional americano.

Durante esses anos, cresci e aprendi quais planos Deus tinha para mim, refinando meu talento e descobrindo quem eu queria ser como pessoa.

Não importa quantos anos tenha, quero encorajá-lo a ser você, a melhor versão de si mesmo. A estrada da vida está repleta de momentos maravilhosos e desafiadores, mas ser você mesmo sempre tornará os bons momentos mais doces e a ajudará a permanecer firme nos momentos sombrios.

Eu estava tentando me agarrar a quem eu sabia que era, mesmo durante esse grande momento de transição, quando havia tantos pontos de interrogação. O que eu ainda não sabia era que algo estava guardado para mim. Algo que eu nunca tinha esperado ou planejado, mas que mais uma vez mudaria minha vida para sempre.

SETE

O destino vem de surpresa

Você já orou, pedindo que Deus abrisse ou fechasse uma porta? Eu já, e, de forma bastante louca, isso me levou a uma das maiores oportunidades que já apareceram no meu caminho. Pode acreditar, nunca planejei uma grande estreia na televisão, muito menos em um *reality show* musical. Olhando para trás, é incrível ver os pontos se conectarem de maneiras que só Deus pode orquestrar. Depois de todos aqueles anos em que tentamos fazer minha carreira engrenar em Los Angeles, minha ascensão ao sucesso na verdade começou na pequena sala da nossa casa, em San Antonio.

Em 2011, meu pai e eu passamos muitas noites assistindo a primeira temporada do *The X Factor*. Imediatamente, fomos fisgados. Era um *reality show* em que as pessoas competiam e realizavam testes na frente dos famosos juízes Simon Cowell, L.A. Reid, Paula Abdul e Nicole Scherzinger. O show estava chamando atenção porque Simon tinha anunciado que deixaria o *American Idol* depois de nove anos. Era um grande momento. Agora ele estava trazendo *The X Factor* da Inglaterra, onde o programa foi responsável pela criação da maior *boyband* do mundo na época, o One Direction. Além disso, era o único programa que premiava o vencedor com cinco milhões de dólares. Tudo isso somado ao máximo de visibilidade, e sempre adorei ver as pessoas correndo atrás dos seus sonhos e cantando com o coração.

Eu já amava Simon e assistia a todos os episódios do *American Idol* com minha família desde o início, em 2002. Nós fazíamos festinhas para assistir, e meus pais e eu sempre prestávamos atenção nos comentários dele para os cantores. Simon sempre parecia notar quando alguém era especial. Ele tem um dom. Ele previu que Carrie Underwood se tornaria a vencedora do *American Idol* mais bem-sucedida. Ele acreditava em Kelly Clarkson, quando ela estava no programa. Eu o respeitava muito, e até ousei a sonhar: *Um dia, espero poder cantar para ele.*

O que meu pai e eu gostávamos no novo show de Simon é que você não precisava apenas ser um artista-solo. Você podia fazer parte de um grupo ou ser um rapper, e podia ter qualquer idade. Uma garota e uma mulher mais velha tinham a mesma chance de ganhar o prêmio. O programa parecia celebrar a diversidade.

Quando os competidores passavam para a próxima rodada, logo após receberem a aprovação dos juízes, seguiam para a fase do *boot camp*. Se conseguissem passar por essas rodadas intensas, seriam separados em quatro categorias — Grupos, Meninas, Meninos e Competidores com mais de trinta anos. Então, eram levados para as luxuosas casas de seus mentores, onde cantavam, na esperança de chegar aos shows ao vivo. Depois que cantavam, os juízes faziam suas escolhas finais.

Era um programa único, diferente de tudo que já havíamos visto. Gostávamos de assistir ao talento revigorante das pessoas e achávamos divertido ver os candidatos passarem por todo o processo. Mas, embora eu achasse que era um conceito legal para um programa de TV, nunca pensei em fazer um teste.

Afinal, na época, meu caminho parecia estar me levando a uma carreira na música, mesmo que estivesse acontecendo de forma mais lenta do que eu esperava. Por seis anos, trabalhei duro para conquistar alguns seguidores e orava para ser descoberta com minhas músicas e apresentações. Eu até fazia muitos vídeos de covers no YouTube, para ser criativa. Fazia tudo isso na esperança de um dia conseguir um contrato de verdade. E, embora não tivesse acontecido nada nessa direção, ainda me sentia confiante de que todos os meus esforços estavam se somando a um trabalho do qual poderia me orgulhar, que acabaria me garantindo um contrato. Mas, para ser sincera, não sabia qual seria o meu próximo passo.

Não muito depois de minha formatura no colégio, minha mãe ouviu no rádio que o *The X Factor* estava vindo para Austin para fazer testes. Ela estava animada quando mencionou isso para mim. Nunca pensei em fazer um teste para um *reality show*. Tinha medo por muitos motivos. Tinha medo do desconhecido. Medo de me perder em toda aquela confusão. Além disso, não havia nenhuma garantia, e eu podia me dar mal na TV, com o país inteiro vendo. A ideia de passar por todas as etapas necessárias e, em seguida, terminar no mesmo lugar em que comecei parecia horrível. Além disso, eu já estava na indústria da música.

Mas eu também vinha sentindo que algo precisava mudar. A escoliose da minha mãe estava piorando, o trabalho do meu pai não era flexível o suficiente para ele viajar comigo, então estávamos fazendo uma pausa em San Antonio enquanto decidíamos o que fazer. Eu tinha feito 18 anos no verão anterior e me sentia em uma encruzilhada, com muita coisa para decidir. Como faríamos isso funcionar? Eu devia ir para a faculdade? Arrumar um emprego? Eu não estava pronta para desistir dos meus sonhos, mas não tinha ideia de como agir naquele momento. Tudo que sempre quis foi fazer música, mas de repente tinha que tomar decisões sérias, decisões adultas. Eu não tinha mais 12 anos. E foi por isso que comecei a estudar para meus SATs, só para garantir. Agarrei-me à promessa de Deus e a um dos meus versículos bíblicos favoritos: "'Porque sou eu que conheço os planos que tenho para vocês', declara o Senhor, 'planos de fazê-los prosperar e não causar dano, planos de dar a vocês esperança e um futuro'." (Jeremias 29:11).

Então, no meio de tudo isso, minha mãe começou a dizer que eu precisava dar uma chance ao *The X Factor*.

— *Mama*, você deveria fazer um teste para o programa. O que tem a perder?

— Não, mãe — respondi. — Não quero passar por um *reality show*. Não quero ser apenas mais uma participante perdida em toda aquela confusão. É assustador.

Eu não estava nada animada com a ideia. E, como a maioria dos jovens lá pros dezoito anos, achava que sabia o que era melhor pra mim. Mas, por alguma razão, minha mãe insistiu, dizendo que tinha uma intuição muito forte sobre aquilo. Nas semanas seguintes, me esquivei de qualquer conversa que tivesse a ver com o programa. Eu estava decidida a não participar. Aquilo não iria acontecer. De jeito nenhum. Absolutamente. Por ironia do destino, até recebi um e-mail de spam do *The X Factor* me convidando para fazer um teste. E exclui.

Então, no dia 12 de maio de 2012, minha mãe me convenceu. Lembro-me muito bem daquele dia. Meus pais estavam indo para a Costco, uma loja de varejo famosa nos Estados Unidos. Sempre gostei de sair com eles e ajudar com as compras. Minha loja favorita era o supermercado local, H-E-B, mas minha segunda loja favorita era a Costco. Íamos tantas vezes que os funcionários nos conheciam pelo nome. Brincamos que dava para almoçar com todas as amostras grátis de comida que eles distribuíam. Literalmente ficávamos cheios com as amostras, rindo o tempo todo. Por termos passado tanto tempo juntos e por tantos altos e baixos, meus pais eram meus melhores amigos.

Nesse dia em particular, eu queria ir junto, mas minha mãe insistiu que eu ficasse em casa e enviasse meu vídeo de audição on-line para o programa. Eu não queria. Na verdade, era a última coisa que eu queria fazer. Até argumentei com ela para me deixar ir. Mas é claro que ela ganhou a batalha, e eu fiquei em casa. Estava tão brava...

Vou mesmo fazer isso? Este não era o plano, pensei, depois que eles saíram. Então percebi que, se me inscrevesse, minha mãe iria parar de insistir sobre o assunto, e todos nós poderíamos seguir em frente. *O que poderia acontecer?* Liguei meu computador e assisti ao vídeo pré-gravado de Simon. Ele fez várias perguntas e pedia: "Diga-me por que você tem o fator X." Isso me faz rir. *Não posso acreditar que estou fazendo isso.*

Mas no fim das contas filmei minhas respostas e minhas músicas. Precisei de várias tentativas para encontrar algo que me deixasse feliz. Embora eu não achasse que aquela pequena audição gravada fosse servir para algo, eu queria dar o meu melhor.

O programa dava aos competidores dois minutos para cantar o que quisessem. Escolhi fazer um *mashup* de duas músicas, "Beautiful", de Christina Aguilera, e "Lovin' You", de Minnie Riperton. Mesmo que eu não quisesse fazer o teste, acabei gastando quase três horas nisso. Em um momento, fiquei tão frustrada que apenas grunhi, girei na minha cadeirinha rosa e coloquei a cabeça nas mãos.

Por fim, tomei coragem, voltei para a tela do computador, cantei as músicas com todas as minhas forças e me preparei para enviar. Eu já estava cansada, mas dei tudo de mim. Então, fiz uma oração que mudaria minha vida para sempre: "Deus, não quero fazer este programa. Não quero mesmo. Se você quiser fechar esta porta, por favor, feche-a!"

Orei como se dissesse a Deus o que fazer. Mas, alguns segundos depois, com uma voz terna e gentil, acrescentei: "Mas, se é isso que o Senhor quer para mim, se esta for a Sua vontade, por favor, a abra."

Depois, pressionei enviar.

Poucos minutos depois, um e-mail de confirmação chegou, então não tinha mais volta. Minha inscrição na audição tinha sido confirmada. Era tarde demais para desistir, tarde demais para fazer alterações e tarde demais para questionar o processo. Dependia só de Deus.

Quando meus pais chegaram em casa, contei que tinha enviado minha audição. Eles ficaram surpresos por (1) eu ter feito aquilo, e (2) eu não revelar que música cantaria para o programa, especialmente para uma audição grande como aquela. Sempre ensaiei músicas com meu pai. Mas eles ficaram felizes de qualquer forma. Eu também estava feliz, mas por podermos continuar com uma vida normal.

Seis dias depois, em 18 de maio de 2012, recebi um e-mail inesperado que mudaria meu mundo. O título era "Audição para o *The X Factor*". Meu coração parou. Congelei. Depois pulei. Aquilo era real. Lá estava a resposta que pensei que nunca viria.

Depois de encarar o assunto do e-mail por um momento, tomei coragem e abri a mensagem. Dizia: "Ei, Ally, me ligue o mais rápido possível. Tenho uma pergunta sobre sua audição on-line para o *The X Factor*. Obrigada."

O e-mail era de uma produtora chamada Maggie.

Corri para encontrar meus pais. Minha mãe estava no quarto. Mostrei o e-mail, e ela ficou tão entusiasmada que mal conseguiu se conter. Depois, corri para encontrar meu pai, que estava no quintal.

Gritei com toda a força dos meus pulmões:

— Paaaaaaaaaaaaaaai!

— Estou ocupado. O que foi?

Então contei. Ele cobriu a boca e mal conseguiu pronunciar uma palavra.

Juntos, ligamos para Maggie, para descobrir o que ela queria. Ela não tinha uma pergunta. Em vez disso, me deu uma notícia incrível: eu tinha sido escolhida para fazer um teste na frente dos jurados em Austin!

Os jurados eram Simon e L.A. Reid, além das duas novas juradas, Britney Spears e Demi Lovato. Eu mal podia acreditar.

Meu irmão chegou do trabalho naquele momento, e corri para os braços dele, explodindo com as novidades. Ele ficou mais feliz do que eu jamais tinha visto. Todos gritamos e comemoramos juntos como uma família, daquele jeito especial que sempre fazemos.

Demorou um pouco para eu me acostumar com a realidade. Aquilo iria acontecer. E pensar que quase não tentei porque queria ir para a Costco com meus pais... Às vezes, nossas pequenas escolhas nos definem da maneira mais ampla possível.

Logo depois de saber que iria para os testes ao vivo do programa, tive um sonho. Sonhei que, enquanto cantava, toda a arena me aplaudia de pé e que recebia os quatro "sim" dos jurados. Enquanto estava no palco, senti uma luz brilhar em mim. Havia uma presença avassaladora comigo, algo difícil de descrever. Era celestial, e eu sabia que anjos me cercavam. Acordei e comecei a chorar.

Um dia antes da audição, meu primo BJ e minhas tias vieram à nossa casa e me ajudaram a escolher as músicas que eu cantaria. Estávamos entre "I Still Believe", de Mariah Carey; "Lovin' You", de Minnie Riperton; e "On My Knees", de Jaci Velasquez. Cantei cada uma, terminando com "On My Knees". E não houve dúvida de que a última era a escolha certa.

Mais tarde naquela noite, meus pais, meu irmão e eu dirigimos para Austin, onde ficaríamos na casa de uma das minhas tias. Antes que a noite terminasse, fiz uma oração com minha família para que tudo corresse bem. Então fui dormir.

Na manhã seguinte, levantamos cedo e tomamos café da manhã juntos. Aquele era o grande dia! Então, enquanto o resto da minha família terminava de se arrumar, meu pai e eu fomos para o estádio onde seriam feitas as audições.

Na manhã de 25 de maio de 2012, nós dois chegamos cedo ao Frank Erwin Center e demos uma volta no quarteirão.

— *Mama*, você vai ser incrível — disse ele. — Não importa o que aconteça, apenas saiba que estamos muito orgulhosos. Deus vai cuidar de você. Estaremos lá, torcendo. Você é uma estrela, nossa estrela. Acreditamos em você. Nunca se esqueça disso. Sei que eles vão amar. Você não estará sozinha lá. Sei que consegue fazer isso.

Meu pai era especialista em me motivar, e dessa vez era especial. Vi lágrimas em seus olhos. Dei um abraço apertado nele e agradeci. Também comecei a chorar e o abracei ainda mais forte. Ele fez uma oração, e fomos para o local onde os participantes deveriam fazer o check-in. Seria incrível ter minha família lá para me apoiar.

Foi um dia longo. Tentei manter o foco enquanto esperava, mas estava tão nervosa, com a cabeça a mil. Até que chegou a hora de fazer minhas entrevistas para as apresentações dos candidatos que os telespectadores assistiriam em casa.

Respondi aquelas perguntas sobre uma linha de roupas e perfumes. Mas também contei a eles sobre minha família, minha cidade natal, sobre ter nascido prematura, meu amor pela música, a escoliose da minha mãe e como meus pais eram incríveis. Então, fiquei esperando pelo que pareceu uma eternidade para subir no palco e fazer o teste. Nunca tinha ficado tão nervosa. Meu pai disse que, em todos aqueles anos, nunca tinha me visto daquele jeito ao me preparar para cantar.

E, quanto mais o tempo passava, mais nervosa eu ficava. Depois de esperar o dia todo, minha hora estava chegando. E senti o canto do olho tremer. Ah, não, um dos cílios postiços tinha caído! Comecei a pirar. Como eu poderia entrar no palco com um cílio colocado e outro solto? Eu ia parecer uma maluca. Todo mundo zombaria de mim. Uma amiga da família veio correndo.

— Está tudo bem — disse ela. — Eu tenho cola para cílios!

Eu podia sentir o tique-taque do relógio dentro de mim, e minhas mãos tremiam de pânico, mesmo enquanto ela me ajudava a colar os cílios falsos. Pisquei os olhos, verificando se estavam mesmo colados, e tudo estava certo, graças a Deus.

Então, pouco antes de meu nome ser chamado, minha família e amigos se reuniram ao meu redor em um grande círculo. Éramos quinze, e eles impuseram as mãos sobre mim e oraram. Enquanto oravam, senti uma calma tomar conta do meu corpo. Eu precisava me lembrar que, o que quer que acontecesse, era a vontade Dele, do meu Deus. Eu só precisava subir naquele palco e fazer o que eu amava. Na verdade, eu iria cantar na frente de Simon, o Simon Cowell a quem admirei por tantos anos. O melhor que eu podia fazer era cantar com meu coração, e assim faria.

Fui chamada. Eu ainda estava nervosa. Minhas mãos tremiam, meu coração batia forte. Mas subi no palco, e foi quando a luz se acendeu dentro de mim.

— Olá, Austin, Texas! — gritei de alegria enquanto caminhava para o centro do palco.

Eu vi os jurados lá, em carne e osso, me encarando. Simon Cowell, L.A. Reid, Britney Spears e Demi Lovato. Parecia que eu tinha entrado no sonho mais incrível e inacreditável possível.

— Olá. Como você está? — perguntou um deles.

Em seguida, me fizeram uma série de perguntas, incluindo: "Qual é o seu nome? De onde você é? O que vai cantar?"

— "On My Knees", de Jaci Velasquez — respondi.

Eu estava emocionada, e Simon percebeu. Eu não conseguia acreditar que estava falando com ele e com os outros jurados. *Alguém me belisque*. Respirei fundo, trazendo no coração as orações e o apoio da minha família. A música começou. Aquele era o momento. Então, de repente, senti uma força se movendo em mim como nunca senti antes. Eu comecei a cantar "On My Knees", a música que esteve comigo por tantos momentos da minha vida, não para os jurados, não para minha família, não para mim mesma, mas para Deus.

Durante minha audição, a música parou, mas o Espírito Santo me encheu com um sentimento tão incrível que nem percebi o que tinha acontecido. Continuei cantando para Ele na frente de todos. Foi um dos melhores momentos da minha vida. Nunca vou esquecer esse sentimento. Então, Simon me trouxe de volta para a sala fazendo uma piada engraçada sobre eu parar de cantar, mas não havia nada de indelicado em sua voz. Ele foi maravilhoso. Todos foram maravilhosos. Ouvi gritos de torcida da multidão. Então os juízes derramaram uma série de comentários emocionantes. Britney disse que eu poderia cantar na Broadway. Demi disse que minha voz a surpreendeu, e que tinha sido tão especial, tão lindo. L.A. disse que eu cantava muito bem e sabia me portar no palco. E eu não conseguia acreditar nas palavras de Simon.

— Tenho a sensação de que estamos olhando para uma futura estrela. Tem uma aura sobre você.

Comecei a chorar depois que Simon disse aquelas palavras inacreditáveis. Os juízes me deram os quatro "sim". Britney disse: "Fácil, fácil, sim." Simon completou: "Fácil, fácil, leve, sim." Meus sonhos estavam se tornando realidade. Aquilo estava realmente acontecendo! Corri para fora do palco, chorando, para os braços da minha família.

Eu não conseguia acreditar que todos eles tinham gostado de mim.

Meus pais choravam, junto com o restante da família. Naquela altura, aquele ainda era o melhor dia da minha vida. Era o que algumas pessoas descreveriam como estar no topo do mundo. Lá estava a porta aberta, e eu passei. Deus estava me movendo para a frente. Me senti incrível, cheia de luz. Haveria mais picos de montanhas adiante, mas eu não sabia que teria que caminhar por alguns vales profundos e escuros para chegar lá.

Mas nada mais importava naquele momento. Naquele momento, a vida era perfeita. Saí do palco com quatro aprovações! Minha família se aglomerou ao meu redor, gritando e chorando. Eu me senti invencível.

Meus pais e eu estávamos exultantes de alegria e não podíamos acreditar. Mas, à medida que eu preenchia a papelada necessária que recebi dos produtores, tudo começou a parecer real demais. A próxima rodada da competição seria o *boot camp*. Eu não tinha ideia de quando seria, então, quando voltamos para San Antonio, me preparei fazendo meu próprio *boot camp*: cantava todos os dias, aprendia novas canções e fazia aulas de canto e de dança.

Estávamos no final de julho, algumas semanas depois do meu aniversário de 19 anos, dois meses depois da minha audição na frente de Simon, L.A., Britney e Demi. Recebi a ligação que estava esperando — as informações sobre a próxima rodada. Disseram-me para fazer as malas porque eu iria para o *boot camp* em Miami!

Na segunda temporada do *The X Factor*, que foi a temporada em que participei, os competidores selecionados no final de cada rodada avançariam para a próxima. Era assim que os produtores refinavam os competidores a cada semana, até um pequeno grupo passar para as finais ao vivo na televisão. Durante o *boot camp*, os juízes escolhiam 24 participantes e os dividiam por seis categorias. Fizeram isso nos deixando cantar sozinhos e também com outros concorrentes até que ouvissem o suficiente para fazer suas escolhas. Meu objetivo ao entrar no *boot camp* era ser uma entre os 24 selecionados para a próxima fase da competição, que aconteceria na casa dos jurados.

É claro que eu e minha família estávamos animados, mas também havia muito nervosismo. Eu não tinha ideia do que esperar. E havia um grande problema: como eu já era legalmente adulta, não poderia levar meus pais comigo para Miami. Tive que ir sozinha. Eu tinha feito tudo com eles, como foi a minha vida toda — ainda mais nos últimos seis anos. Agora, depois de todo esse tempo, de repente eles não estariam ao meu lado.

Meus pais não podem ir? Eu nunca estive em um avião sozinha, muito menos indo para uma parte diferente do país, pensei, com tristeza e medo.

Mas aquilo tinha que ser feito, se eu quisesse essa chance. Eu precisava ser corajosa, confiar em Deus e partir. E foi o que fiz.

Eu nem imaginava o que aconteceria, então tinha que estar o mais preparada possível. Fazia exercícios todos os dias antes do *boot camp* e estava na melhor forma da minha vida. Aprendi um monte de músicas, apenas para o caso de haver uma chance de me fazerem cantar músicas novas. Tudo que eu sabia era que estaria no *boot camp* por três dias antes de avançarmos para uma rodada de competições nas casas dos jurados. Isso se eu conseguisse chegar tão longe. Aquele era um pensamento assustador.

Como o processo todo durou uma semana, tínhamos que encontrar figurinos legais. Minha mãe e eu fizemos várias compras, e ela trabalhou duro, passando horas na Urban Outfitters, uma loja de roupas. Mais uma vez, apesar da dor nas costas, ela continuou fazendo tudo por mim. E eu conseguia notar que as dores estavam piorando. Ela precisava descansar por mais tempo do que antes, e seu rosto estampava todo o sofrimento. Um dia, vendo suas tentativas de se controlar e ser alegre, me senti tão mal que comecei a chorar.

— Vamos parar e voltar para casa — sugeri.

— Não, *Mama*, eu consigo. Só preciso ter certeza de que você está bem e de que vai ter suas roupas, para que não se preocupe quando estiver lá. Deus vai cuidar de mim. Amo você.

Tínhamos feito muitas viagens correndo atrás dos meus sonhos ao longo dos anos, mas, dessa vez, eu iria sozinha, e minha mãe queria me preparar ao máximo. A gratidão tomou conta de mim.

Depois que ela comprou tudo o que precisávamos, fomos para casa e juntamos tudo. Na noite anterior ao dia da viagem, fizemos as malas. Como sempre, minha mãe foi além do que eu sonhava, organizando o figurino para cada dia, incluindo roupas, sapatos, meias, chapéus e joias. Ela tirou uma foto de cada look antes de colocá-los em sacolas separadas, para que fosse fácil montar o visual perfeito todas as manhãs, não importa quão ocupada eu estivesse.

— Ok, *Mama*, organizei as roupas para cada dia, e você tem peças extras, caso precise — explicou, enquanto colocávamos as roupas na mala.

— Mãe, nunca vou conseguir agradecer o suficiente — falei, abraçando-a e enxugando as lágrimas. — Deus abençoe a mãe que você é. Amo você com todo o meu coração.

Meus pais e meu irmão se reuniram para orar por mim naquela noite. Eles apertaram minhas mãos com força enquanto meu pai orava:

— Senhor, nós Te entregamos essa jornada. Por favor, dê a Ally uma força intransponível que só vem de Ti. Abençoe cada movimento dela. Deixe que ela sinta a Tua presença. Por favor, não a deixe se sentir sozinha. Estaremos com ela em espírito. Obrigado por esta oportunidade, por este momento. Nós sabemos que essa chance é um verdadeiro presente. E, acima de tudo, sabemos que ela tem um grande coração dedicado a Te adorar. Suas intenções são puras. Ela adora cantar para levar felicidade às pessoas. Isso é tudo que ela quer fazer. Vamos pensar nela a cada segundo, mas confiamos em Ti para cuidar da nossa garotinha. Nós sabemos que ela está em Tuas mãos. É a Tua vontade, pai. Nós a abençoamos, em nome de Jesus.

Este foi um dos momentos mais amorosos que tivemos. Choramos tudo o que tínhamos para chorar, demos os abraços mais apertados um no outro e, finalmente, fomos dormir.

A manhã chegou. A casa estava silenciosa. Dava para sentir a emoção no ar. Não queria fazer isso sozinha, e meus pais desejavam ir comigo, mas havia chegado a hora de eu seguir meu próprio caminho. Naquele momento, tive que me tornar adulta de verdade. Era isso.

Quando eu voltasse para casa, ou voltaria com o passe para os shows ao vivo no *The X Factor*, ou com uma grande decepção. Pratiquei e me preparei o melhor que pude. Eu só podia entregar tudo de mim a Deus. Não havia escolha. É nesses momentos que nossa fé tem que entrar em ação.

Meus pais me acompanharam até o aeroporto, e não conseguíamos nos separar.

— Amamos você, *Mama* — disse minha mãe, me abraçando apertado. — Você não faz ideia de como estamos orgulhosos, não importa o que aconteça. Ligue para casa sempre que puder. Estaremos orando fervorosamente e te acompanharemos em espírito. Você não está sozinha, Deus está sempre por perto. Amamos você do fundo do coração. Deus lhe abençoe, *Mama*. Vá e espalhe a sua luz.

Demos nosso último adeus, junto com o maior abraço da história. Então me afastei e me dirigi ao portão de embarque. Pouco antes de entrar no avião, fiz uma profunda oração a Deus: "Por favor, esteja comigo, Senhor. Por favor, me abençoe. Quero isso mais que tudo. Ajude-me a ser corajosa, a não ficar sozinha, a fazer amigos, a ser eu mesma e a ser o melhor que posso ser."

Antes que eu percebesse, o avião estava pousando em Miami. Depois que tirei minhas malas da esteira de bagagens, vi os outros candidatos e as pessoas que vieram nos buscar. Eu estava muito nervosa, mas os outros já estavam conversando e pareciam amigáveis. Nunca estive em Miami. Digamos apenas que não era aquela Flórida ensolarada que eu esperava. Chovia bastante.

Pela primeira vez na vida, minha família não estava comigo. Por uma grande coincidência, no aeroporto, fiz amizade com um dos outros candidatos — um menino — e a mãe dele. Ficamos felizes por nos reunirmos no *boot camp*, e foi bom poder sentar ao lado deles. Quando conheci os outros competidores, fiquei nervosa. Eram pessoas de origens diferentes, e eram meus concorrentes, então eu não sabia como me tratariam. Mas a maioria foi muito gentil, e isso me ajudou a perceber que eles também estavam nervosos.

Nós nos amontoamos em uma van, conversando amigavelmente e começando a nos conhecer. Olhei para a cidade enquanto passávamos. Parecia um país diferente, com cheiro tropical no ar, tão diferente de San Antonio ou de Los Angeles. Vi restaurantes cubanos e edifícios altos por toda a cidade. Passamos por pessoas tocando música ao vivo nas ruas. Parecia uma cidade animada, com uma cultura vibrante, mesmo na chuva. E, fora da área metropolitana, havia belas praias de areia branca.

A van parou no Fontainebleau Miami Beach, o hotel mais luxuoso que já vi. Carreguei minhas malas pela longa caminhada até a recepção, tentando ver tudo. A área do hotel parecia se estender por quilômetros — era enorme! Havia salões, bares, restaurantes, lojas, uma piscina externa e fileiras de lustres cintilantes. As paredes eram de um branco brilhante, e dava para ver a praia lá fora, a poucos passos de distância. O hotel tinha o próprio perfume distinto e glamoroso. Tudo era deslumbrante.

Depois de fazer o check-in e pegar minhas chaves, corri para o meu quarto. Era lindo e, como uma criança, pulei na cama, animada. Era tão macia que parecia uma nuvem. Havia um chuveiro e uma banheira linda com toalhas brancas e limpinhas incrivelmente macias. Eu não conseguia acreditar que estava ali. Depois de olhar em volta por um momento, liguei para os meus pais. Eles estavam esperando o meu contato e atenderam imediatamente.

— Oi, cheguei em Miami!

— Oi, *Mama*! Como você está? Como estão as coisas? Como é por aí? Nós sentimos a sua falta.

— Eu tô morrendo de saudades. É tão estranho sem vocês. Mas estou muito animada por estar aqui.

Contei sobre minha chegada e descrevi como o hotel era lindo.

— Graças a Deus, você está bem. Aproveite muito, *Mama*. Nós amamos você e acreditamos muito no seu talento — disse meu pai.

— Arrase, filha! E tenha cuidado, docinho. Você vai brilhar. Nós acreditamos! — acrescentou minha mãe.

Eles fizeram uma oração por mim, depois desligamos. Arrumei minhas roupas para o dia seguinte, maravilhada mais uma vez com o quão doce minha mãe tinha sido por ter cuidadosamente escolhido e embalado tudo, cada figurino marcado para um dia específico. Então, fui para a cama. O *boot camp* começaria pela manhã, e eu precisava de todo o descanso possível. Orei muito para que Deus estivesse comigo e me acalmasse. Fiquei pensando nas câmeras, nos cenários, nos competidores, no desconhecido. Tudo seria incerto. A ficha de que eu estava naquele programa estava começando a cair, e deixei todos os meus medos nas mãos de Deus.

Na manhã seguinte, acordei, fiz meu cabelo e maquiagem, orei com meus pais pelo telefone e coloquei meu figurino. Minha mãe montou uma roupa que me destacaria: uma camisa neon verde-limão, shorts de lantejoulas cinza, meias e salto alto. Pouco antes do *The X Factor*, tive aulas de canto e gravei os exercícios de voz no meu telefone, para poder usar o aquecimento antes dos shows. Então, também reservei um tempo para aquecer minha voz. Quando terminei de me arrumar, tentei me preparar mentalmente, me concentrar e inspirar cada minuto dessa experiência surreal.

Caminhei com firmeza para o ponto de encontro, fora do saguão. Todos os competidores estavam reunidos. Os produtores nos reuniram e nos levaram ao local onde filmaríamos. Meu coração batia tão rápido. Eles nos levaram para o palco e, *bam!*, o impacto foi forte! Eu vi luzes brilhantes, câmeras e uma grande tela atrás de nós, com um grande X. Eu estava mesmo no programa. Não tinha mais volta.

O *boot camp* tinha começado oficialmente.

Mais de cem de nós, competidores, preenchemos o palco, onde ficaríamos enquanto cada um cantava. Nossos nomes eram chamados ao acaso, então eu não fazia ideia de quando iria cantar, o que era desesperador! Enquanto esperava, tentei fazer tudo ao meu alcance para estar preparada. E é claro que orei.

Então, uma garota à minha frente cantou a mesma música que eu planejava cantar. Fiquei até tonta, mas não podia deixar isso me incomodar. Eu sabia que tinha que ir lá e dar o meu melhor. Finalmente ouvi: "Ally Brooke!"

Era hora de ir.

— Que música você vai cantar, Ally? — perguntaram os jurados.

— Vou cantar "Somebody That I Used to Know", de Gotye.

Os outros competidores soltaram um grande *ooooooh* porque a outra garota tinha acabado de cantar essa música. Aquilo aumentou meu nervosismo, mas me concentrei e me preparei para dar o meu melhor. Pelo menos, minha versão tinha um estilo diferente, era uma versão mais pop. Cantei a música com atitude e tentei trazê-la para a minha personalidade. Os jurados pareceram gostar do meu desempenho, mas não dava para ter certeza.

Então, a espera continuou. Os outros competidores e eu ficamos lá por horas, assistindo às outras audições. Naquela noite, a equipe nos reuniu para informar nosso destino. Meu estômago estava embrulhado, e orei com todo o coração enquanto esperava ouvir meu nome. E aconteceu! Meu nome foi chamado, e eu tinha passado para a próxima rodada. Meu primeiro passo fora de casa tinha sido um sucesso.

Embora a competição do dia seguinte nunca tenha aparecido no programa, os competidores foram instruídos a se apresentar em grupos de cinco. Aquilo foi intenso. Nós nos juntávamos a um grupo de estranhos, trabalhávamos em equipe para aprender nossas partes das músicas e torcíamos para que tudo corresse bem. Meu grupo ficou com a música "Ain't No Mountain High Enough". Parecíamos ótimos e fomos muito bem juntos, e tive a boa sensação de que éramos um dos melhores grupos do dia. Mal sabia eu o quão significativo aquele momento seria para mim.

Meu palpite estava certo. Os jurados adoraram a audição, o que me levou para a próxima fase. Agora eu começava a me sentir mais esperançosa de que conseguiria passar para a próxima rodada.

Com o segundo dia concluído, voltei a cantar sozinha. Aquela seria uma rodada de batalhas. Era o último dia do *boot camp*. Nessa fase da competição, eu cantaria contra outra garota. Se eu fosse escolhida para seguir em frente, avançaria para a etapa na casa dos jurados. Era onde eu cantaria na frente de um deles, além de uma celebridade misteriosa convidada. Essa apresentação seria a parada final antes das rodadas de televisão ao vivo.

Ficamos com a música "Knockin' on Heaven's Door". Antes de continuar, nossa treinadora de canto me chamou.

— Ally, preciso contar uma coisa. Os jurados estão observando você. Eu não deveria dizer isso, mas estão de olho em você. Simon está observando como um falcão. Você está arrasando, então vá lá e mostre a eles quem você é. Estou na torcida, querida. Boa sorte.

Eu vinha me sentindo bem com minhas performances, mas aquelas palavras vindas de uma pessoa de dentro do programa fizeram incrivelmente bem para a minha confiança. Eu senti como uma confirmação de que estava no caminho certo. Tudo que precisava fazer era subir no palco e ser eu mesma, e foi o que fiz. Em algum momento do *boot camp*, Britney Spears disse que eu era corajosa e determinada, e isso não saía da minha cabeça. Britney era uma das minhas maiores inspirações e, é claro, um ícone pop, e eu não conseguia acreditar que estava cantando na frente dela. Esta era minha grande chance. Eu ergui a cabeça e dei tudo de mim, cantei com o coração.

Todos nos sentamos e esperamos, ansiosos, sabendo que logo descobríamos se aquele era o fim do caminho ou se avançaríamos para a próxima fase, cheia de possibilidades emocionantes. Liguei para os meus pais para pedir que orassem por mim. Então, a espera continuou. Eu estava tão ansiosa para saber o que aconteceria que mal conseguia ficar parada. Foi dolorosamente demorado.

Fomos divididos em grandes grupos para saber nosso destino. E chegou o momento. Eu senti que os juízes gostavam do meu canto, então achei que talvez tivesse uma chance.

— Eu quero tanto passar para a próxima fase! — disse, em minha entrevista no início da gravação. Mas só Deus sabia o que estava reservado para mim.

Então, ouvi as palavras:

— Muitos de vocês mereciam ir mais longe. Mas eu sinto muito. Muito obrigado a todos, mesmo.

Eu não tinha passado.

Meu corpo ficou dormente. Meu coração despencou. Era isso, a porta tinha se fechado. Mesmo que eu tivesse começado não querendo fazer isso de jeito nenhum e tivesse dito a Deus que ficaria bem se a porta fosse fechada, naquele momento uma enorme onda de decepção tomou conta de mim. A oportunidade na qual eu depositara tanta esperança tinha acabado de vez. Meu sonho tinha encontrado seu maior obstáculo. Eu voltaria para San Antonio e não fazia ideia do que faria pelo resto da minha vida.

De repente, as preocupações que eu estava adiando antes de embarcar nessa jornada do *The X Factor* voltaram com tudo, em um nível ainda mais profundo. Tentei focar no fato de que voltaria para a minha vida em San Antonio, para a preparação para o SAT e para a faculdade. Aquela porta fechada representava o fim da minha carreira como cantora? Não sabia, porque tinha apostado tudo naquilo. E era o fim.

Não conseguia parar de chorar, e as câmeras gravaram cada segundo da minha tristeza. Eu me sentia com o coração partido e vulnerável.

— Como você se sente, Ally? — perguntou um produtor enquanto me filmava.

Com um grande nariz vermelho e lágrimas cobrindo o rosto, eu respondi:

— Acho que eu não era o que eles estavam procurando.

A dor e a decepção eram angustiantes. Senti a vergonha da rejeição e todas as coisas que disse a mim mesma ao longo dos anos sobre não ser boa o suficiente voltaram.

Continuei chorando e liguei para os meus pais enquanto esperava os produtores nos ajudarem na saída. Assim que dei a notícia devastadora, eles também começaram a chorar. Eles não podiam acreditar, não depois de eu ligar todos os dias contando, emocionada, sobre como estava indo bem.

— Não parece certo — disseram os dois. — Tem alguma coisa errada.

Eu não tinha ideia do que aconteceria. Eu estava chorando tanto, não conseguia parar. De repente, do nada, uma produtora gritou:

— Podem me dar um pouco da atenção de vocês um segundo?

O que estava acontecendo?

— Os jurados me pediram para chamar as seguintes pessoas de volta ao palco.

Eu disse a meus pais que precisava desligar, mas que ligaria mais tarde. Claro, eu estava implorando em minha cabeça que um daqueles nomes fosse o meu.

Nome após nome foi chamado, mas não o meu. Então, o momento de parar o coração: "Ally Brooke". Nunca fiquei tão animada em toda a minha vida. Minha cabeça girou. *Os jurados tinham cometido um erro? Eu teria que cantar de novo?* Percebi que também tinham selecionado alguns rappers. *Eu teria que fazer um rap? O que ia acontecer?* Era uma montanha-russa de emoções.

Sequei as lágrimas e me vi em um grupo de competidores de volta ao já familiar palco do *The X Factor*.

Simon me moveu um pouco entre as pessoas, me mudando de lugar, e me vi com um grupo de outras garotas. Enquanto estávamos no palco, Simon começou a falar conosco. Por algum motivo, demos as mãos umas às outras. Éramos cinco. Então, Simon disse as palavras que mudaram a vida como a conhecíamos para sempre.

— Todas vocês... agrupadas dessa forma... estão convidadas para a próxima fase.

Soltei o maior grito da minha vida e pulei muito alto. Não vou mentir: chorei tanto que fiz até careta. Eu nunca tinha vivido nada parecido. Fui da sensação de que tinha perdido tudo para descobrir que, na verdade, tinha ganhado tudo.

Eles explicaram que agora éramos um grupo. Mas o que importava é que eu estava na próxima rodada. Fiquei muito grata pela segunda chance.

Quando as câmeras pararam de filmar, fui até os jurados e abracei todos.

Então, Simon disse algo que eu não imaginava que acabaria me assombrando.

— Ally — disse ele, olhando-me nos olhos. — Você é a cola que mantém este grupo unido.

— Uau — respondi, olhando para as quatro garotas à distância. — Obrigada, Senhor. Obrigada.

Aquela era uma coisa pesada para se dizer. Parecia que ele havia me coroado bem ali, me conferindo essa grande responsabilidade. Jurei, naquele momento, provar que eu era digna da tarefa.

Liguei para meus pais do banheiro para contar tudo o que tinha acontecido e como eu estava em um grupo agora. Eles ficaram aliviados por receberem a ligação, pois estavam muito preocupados e se sentiram péssimos por não estarem lá para me consolar.

— Você está bem, *Mama*? — perguntou minha mãe.

— Sim! Quer saber por que estou bem? É porque eles me colocaram em um grupo! Passei para a próxima rodada em um grupo de cinco meninas!

Estávamos todos muito animados. Mas eu ainda estava processando o que tinha acontecido enquanto falava com eles. Meus pensamentos e emoções continuaram flutuando. Eu sempre tinha me apresentado sozinha, mas de repente estava em um grupo com garotas desconhecidas. Aquilo era muito para absorver. De um dia para o outro, meus planos mudaram drasticamente. Há mais de uma década, desde os 9 anos, eu me empenhava para ser uma artista-solo. Era o que eu queria, a meta que eu perseguia com tanta paixão, a coisa pela qual meus pais sacrificaram tanto suas vidas. No entanto, ao mesmo tempo, eu me sentia grata por ter outra chance.

Meus pais ouviram, e então minha mãe disse palavras sábias que me marcaram:

— *Mama*, Simon é incrível no que faz. Ele é um homem talentoso. Se ele vir algo, ouça-o. Ele é responsável por carreiras maravilhosas.

Carrie, Kelly, e ele até formou o One Direction, a maior *boyband* do mundo. Ele tem uma boa intuição, Ally.

E, uau, minha mãe estava certa.

Depois de nós cinco darmos as notícias para nossas famílias, voltamos juntas e nos reunimos para fazermos apresentações mais adequadas. Depois de celebrar um pouco e nos conhecer um melhor, fomos conduzidas a uma sala do auditório. Estávamos conversando, tentando ficar confortáveis. Olhando para seus rostos e percebendo suas personalidades, vi uma mistura única e interessante. Éramos um grupo diversificado de pessoas oriundas de todo o país. Elas eram de todos os lugares, de Miami à Califórnia, e tinham 14 e 15 anos. Eram todas muito mais jovens do que eu.

Sempre achei mais fácil colaborar e me identificar com músicos mais velhos. As outras meninas do grupo eram um pouco mais novas, e eu esperava que todas nos déssemos bem e que houvesse sintonia. De alguma forma, eu esperava corresponder ao que Simon tinha dito, ser a cola que nos manteria juntas.

— Vocês precisam de um nome para o grupo — disse um dos produtores.

Sentamos juntas na sala e começamos a pensar em nomes. Tentei quebrar o gelo fazendo uma piada. Brincando, com um sorriso, eu disse algo muito bobo.

— Que tal The Tree Growers, as produtoras de árvores?

No início, elas pensaram que eu estava falando sério. Mas, quando eu disse a que estava brincando, todas começamos a rir.

Pelo menos, eu não era a única que não conseguia pensar em um nome. Nenhuma de nós conseguia. Ficamos naquela sala, tentando ter ideias, mas nada parecia certo. Como as outras garotas tinham menos de 18 anos, os pais delas estiveram presentes no *boot camp* a semana toda e até puderam se juntar a nós. Vendo aqueles pais entrarem, percebi o quão melhor eu me sentiria se os meus pais estivessem lá também.

Estávamos tão perto, e a ausência deles era como um buraco no meu coração. Os outros pais deram ideias, mas mesmo assim nada pegou. Por um tempo, os produtores nos chamaram de "O grupo das garotas" até que pudéssemos encontrar um nome.

Em seguida, as meninas e eu começamos a ensaiar juntas, e minha esperança aumentou. Estávamos trabalhando muitas horas para nos apresentarmos para um dos juízes e um juiz convidado misterioso. Enquanto ensaiamos, nos encontramos com um grupo de irmãos que havia lançado vídeos cover de sucesso no YouTube. Eles nos treinaram todos os dias, com várias músicas. Tínhamos dois ou três dias para ensaiar, o que não era muito tempo, considerando o fato de que tínhamos nos conhecido alguns dias antes. Seria uma grande conquista arrasar com uma música e passar para a rodada dos shows ao vivo. Precisávamos de uma música que mostrasse o que poderíamos fazer e que impressionasse nosso jurado e seu convidado misterioso. Ainda não sabíamos quem era o jurado e estávamos ansiosas para descobrir.

Finalmente, depois de tentar música após música, nosso jurado escolheu duas músicas para tocarmos. Uma era "I Wanna Dance with Somebody" e a outra era uma música chamada "Impossible".

Depois de algumas longas noites de ensaio e de tentar nos conhecer, nos sentíamos prontas. Os produtores também nos deram um nome: Lylas, que significa "Love You Like a Sister", ou "Eu te amo como se fosse uma irmã".

Chegou a hora da apresentação. Era um lindo dia ensolarado na Flórida e, junto com todos os outros grupos concorrentes, fomos para a casa do nosso juiz. Fomos de iate até uma casa magnífica à beira do mar. A casa do nosso juiz era em Star Island, a parte lendária de Miami, onde vivem artistas, atores e personalidades de maior sucesso do mundo. Aquela era uma casa dos sonhos, e o sol estava brilhando, a água, cintilando. Embora Miami fosse quente e fôssemos nos apresentar ao ar livre, eu estava determinada a não me afetar pelo calor, afinal, aquele era um grande momento, que quase não tinha acontecido. Fomos para o quintal da casa e vimos nosso jurado e seu convidado misterioso. Eram Simon e Marc Anthony!

Todas gritamos e aplaudimos quando os vimos. Marc Anthony é uma lenda, um artista fenomenal. Ele é um dos maiores artistas latinos. É uma inspiração e foi importantíssimo no trabalho de pavimentar o caminho para que alguém como eu estivesse aqui. Eu não conseguia acreditar que ele estava na minha frente, embora tentasse não deixar sua presença me distrair. Havíamos passado horas ralando, nos preparando para a nossa vez. Esperamos que os outros grupos fizessem suas apresentações. Por fim, no final do dia, chegou a nossa hora. Seríamos as últimas a cantar, depois de um longo e louco dia. Era o nosso momento decisivo para mostrar aos jurados nosso melhor. Pedi que fizéssemos uma oração antes de prosseguirmos. Demos as mãos e respiramos fundo. Eu sabia que essa era a nossa única chance e tínhamos que fazer valer a pena.

Começamos com "I Wanna Dance with Somebody" e até fizemos uma coreografia fofa para acompanhar. Amei nossa versão da música porque tinha umas harmonias legais. Nunca foi ao ar no programa, mas achei que fizemos um ótimo trabalho. Em seguida, apresentamos nossa segunda música, "Impossible". E, naquele momento, tudo mudou. Dessa vez, sentamos em banquinhos e cantamos. E então, no final, em nossas notas finais, nos levantamos, colocamos nossas mãos para o alto e cantamos nossas últimas palavras. Eu podia sentir o poder daquele momento; todas nós sentimos. Eu soube naquele momento que algo especial havia acontecido. Tínhamos uma eletricidade inesquecível.

No dia seguinte, nosso encontro seria apenas com Simon, para que ele nos desse a notícia.

A manhã parecia pesada enquanto íamos para a casa dele. Tínhamos muito no que pensar e tudo o que desejávamos era nos destacar na competição. Eu queria que conquistássemos aquilo. Na minha opinião, éramos incríveis e boas demais para que nos deixassem ir embora. Oramos novamente, e entreguei tudo nas mãos de Deus. Essa decisão significava ir para casa ou avançar para a fase final do programa, os shows ao vivo. Depois que chegamos, caminhei com as outras meninas até onde Simon estava sentado, em um sofá perto da água.

Simon começou a falar, e meu coração bateu quase tão alto quanto a voz dele. Eu o ouvi falando, mas tudo que me lembro dele dizer foi "um grande grupo", e então aquelas palavras mágicas: "Vocês passaram."

Nós tínhamos chegado aos shows ao vivo! Explodimos de alegria e começamos a chorar. Aquela era uma chance em um milhão, e éramos as escolhidas. Eu não podia acreditar.

Naquele momento, minha vida mudou novamente. Eu sabia, por assistir à exposição que a primeira temporada deu aos competidores, que as portas se abriram para os artistas que conseguiram as apresentações ao vivo. Nada mais seria o mesmo, não importava o resultado final. Liguei para minha mãe com as câmeras gravando e gritei:

— Mãe, vamos para a fase dos shows ao vivo!

Finalmente, era hora de ir para casa e fiquei surpresa ao saber que voaria de primeira classe pela American Airlines. Tudo aquilo parecia um filme.

— Srta. Hernandez, me chame se precisar de alguma coisa — disse a aeromoça.

Srta. Hernandez? Eu? Uau. Sou eu!, pensei, com um sorriso. Liguei para os meus pais antes da decolagem e sussurrei que estava na primeira classe. Estávamos todos pirando. Eu não conseguia acreditar no espaço para as pernas. Tirei uma foto dos meus pés, pendurados, porque não alcançaram o chão do avião. Mandei a foto para meus pais — e eles riram.

Durante o voo, pedi macarrão, bebi Coca-Cola, comi salgadinho (e guardei alguns na bolsa). No final da refeição, a aeromoça me deu cookies morninhos de chocolate, deliciosos. Os melhores que eu já comi. Olhei por aquela pequena janela, ouvi música no meu iPod e deixei meus sonhos voarem ainda mais alto do que o avião.

Ao chegar em casa, corri para os braços da minha família, mas comemoramos em segredo. Nada poderia ser revelado. Durante o resto do verão, esperamos pacientemente a chegada de setembro. Então veio o outono e, quando minha audição foi ao ar, como você já sabe, enfrentei a humilhação da falsa imagem que criaram de mim. As palavras cruéis on-line depois disso foram como golpes que trouxeram um fim esmagador ao que haviam sido alguns meses incríveis. Eu me perguntei como poderia enfrentar os produtores, os outros concorrentes. Como eu poderia me juntar para me apresentar nos shows ao vivo depois daquilo? Eu estava com medo de ser julgada com base na minha audição. Eu tinha duas escolhas: deixar aquilo me derrubar para sempre ou me reerguer.

OITO

O show tem que continuar

Acordei na manhã seguinte à exibição do meu teste para o *The X Factor* com olhos vermelhos e inchados e uma enxaqueca daquelas. Lembrei tudo que aconteceu no dia anterior ao mesmo tempo. O pesadelo de testemunhar meu retrato na TV. A sensação de ter sido traída e mal representada e não poder me defender. Os comentários on-line desagradáveis de pessoas que nem me conheciam de verdade.

Eu não queria que nada daquilo fosse real. Mas era. Me enrosquei na cama com Bobbi ao meu lado, como sempre, mas ela não podia me confortar muito. Comecei a chorar de novo. Eu tinha ido para o *The X Factor* com grandes esperanças de dar um exemplo positivo em questões com que eu me importava. Como uma pessoa que nasceu prematura e prosperou, como uma orgulhosa latina de San Antonio com um profundo amor pela minha cultura e como filha devotada que era grata à minha mãe por tudo que ela tinha feito para que eu chegasse àquele momento da minha carreira, mesmo enquanto lidava com a dor absurda da escoliose. Sem mencionar a chance de finalmente compartilhar minha voz com o mundo. Eu estava me sentindo tão orgulhosa, pensando que tinha conseguido. Mas o que milhões de pessoas assistiram, na minha estreia na televisão, foi algo diferente do que eu tinha experimentado e planejado. A versão que eles conheceram tinha sido editada a ponto de parecer que eu, na verdade, tinha feito outra audição.

Eu não conseguia encontrar forças para me levantar e começar meu dia. Tentei dizer a mim mesma que talvez estivesse sendo muito dura comigo, que não tinha sido tão ruim. Talvez algumas pessoas tivessem gostado de mim e do meu desempenho. Procurando por qualquer motivo para me sentir esperançosa, abri meu laptop e fui para um clipe do YouTube da minha audição. Rolei pelos comentários até não aguentar mais. Eles eram tão maus, sobre minha personalidade, sobre tudo. Era demais. Uma onda de náusea tomou conta de mim, pulei da cama e corri para o banheiro para vomitar.

A maneira como fui retratada na audição não era real, e todos pensavam que era. Eu estava com raiva e magoada. Mas não sabia nem de quem deveria sentir raiva, porque não entendia como a produção do programa funcionava. Então, todos aqueles sentimentos ruins acabaram me impregnando. Agora que tinha sentido na pele até onde podia ir a crueldade das pessoas na internet, eu não conseguia parar de olhar. Eu repassava na mente cada comentário negativo, cada coisa ruim dita, expondo os meus medos e inseguranças mais profundos. Amigos da família ligaram e enviaram mensagens de apoio, mas eu não ouvia. Tudo que conseguia pensar era em desistir e me esconder do mundo com Bobbi, que sempre me olhava da maneira mais doce, como se soubesse o que eu estava sentindo.

Como sempre, meus pais me apoiaram. Minha mãe bateu na porta trazendo um buquê de flores que a melhor amiga dela tinha mandado, na tentativa de me animar.

— Ally, este não é o fim da sua história — disse minha mãe.

Por mais que ela tentasse ser corajosa, estava quase tão chateada quanto eu. Doeu muito ver as pessoas me interpretarem mal e serem más comigo, e ela chorava sem parar naquela manhã, enquanto agradecia pelas orações e todo o encorajamento que os amigos mandavam. Mais tarde, naquele dia, meus pais tentaram me animar e me levaram para comer enchiladas. Meu pai e eu costumávamos comer tacos juntos em lugares que amamos na cidade e gostávamos de ficar conversando e aproveitando a companhia um do outro. Mas nem aquele ritual conseguiu me animar. Meus pais perceberam como eu estava deprimida e me diziam coisas encorajadoras sem parar, enquanto achassem que eu precisava ouvi-las. Eles insistiam em dizer que eu era mais forte do que estava me sentindo. Que eu superaria aquilo.

— Nós sabemos quem você é de verdade — disse meu pai. — Todos nós sabemos. Sua família e seus amigos, todos na igreja. Todos sabemos que você não é a pessoa que o programa retratou. E você vai mostrar isso para o mundo.

Sim, era isso que eu queria. As palavras de meu pai me animaram, e também me fortaleci quando passamos um tempo na nossa igreja, com os nossos queridos amigos. Eu esperava muito que, por meio da minha voz, pudesse ajudar a causar um impacto positivo no mundo. Lentamente, a crença deles em mim foi tomando conta do meu ser. Havia uma escolha a ser feita. Sim, eu estava envergonhada, mas eram apenas pessoas que não sabiam nada sobre mim. Não era um reflexo de quem eu era como artista ou como ser humano. No final, cabia a mim mesma expressar meu verdadeiro eu, me erguer e continuar em frente, lutando. E era isso que eu faria. Ninguém mais teria a última palavra na minha história. Eu iria provar quem eu era.

Deus tinha permitido que aquela porta se abrisse. Se Ele não achasse que eu era forte o suficiente para atravessá-la, a teria fechado. Jurei confiar Nele mais do que nunca. Jurei continuar dando o meu melhor e me concentrar em permanecer fiel a quem eu era. Meu tempo em casa com aqueles que conheciam meu verdadeiro coração e talento trouxe de volta minha tão necessária confiança. Depois de alguns dias, eu havia me recuperado o suficiente para voltar a desempenhar meu papel em nossa família e tentei não focar tanto nos meus problemas para encorajar meus pais e tentar fazê-los se sentirem melhor. Eu ainda era a mesma garota de sempre.

Quando chegou a hora de eu viajar para os shows ao vivo em Los Angeles, fiquei animada de voltar para a cidade onde lutei para ter sucesso como artista por seis longos anos, agora com uma vaga em um programa de TV de sucesso e a chance de vencer. O que quer que acontecesse, eu teria usado o meu talento e a minha voz e ganhado uma grande oportunidade de ficar mais experiente e mais conhecida.

Mas eu estava com medo. Mais uma vez, tive que ir sozinha, porque já tinha mais de 18 anos, e os produtores não permitiram que meus pais me acompanhassem. Mesmo que eu já tivesse passado por esse mesmo medo antes, em Miami, era minha segunda vez longe da família. E, agora, eu tinha a ansiedade adicional de me preocupar em como seria retratada. Mas, sempre que ficava com medo, pensava no progresso que estava fazendo para realizar meus sonhos. Mais uma vez, meus pais me ajudaram a fazer as malas, o que foi uma forma de levar seu amor e apoio comigo. Então estava na hora de ir.

O programa nos hospedou no Sheraton Hotel, ao lado dos estúdios da Universal. Fiquei muito animada por ter meu próprio quarto. Ainda me lembro do cheiro quando entrei no quarto e respirei fundo. Aquele seria meu pequeno templo, não importava o que acontecesse. E, como um mimo a mais, eu poderia pedir serviço de quarto sempre que quisesse.

O Universal CityWalk, o centro de entretenimento da Universal em Los Angeles, ficava a uma curta caminhada do nosso hotel e tinha muitas lojas e restaurantes. Frequentemente, nós, os participantes do programa, íamos comer no Hard Rock Cafe após os ensaios. Era muito legal estarmos todos juntos, nos conhecendo e sentindo a alegria de perseguir nossos sonhos, cercados por turistas que vinham de todo o mundo para ver como a magia de Hollywood era feita. Era tão incrível pensar que apenas alguns anos antes, quando eu morava em Los Angeles e tinha 12 anos, meu pai havia resolvido me levar para o Universal Studios para passar o dia, só para me divertir como todas as crianças da minha idade, para que eu não me sentisse excluída. Vivíamos com um orçamento tão apertado que ele parava no Carl's Jr., bem perto do parque, e comprava dois hambúrgueres, que colocava na mochila para o nosso almoço, com Doritos e Gatorade. E lá estava eu. Era incrível pensar quão longe tinha chegado.

Havia dezesseis participantes, sendo que alguns eram grupos, como nós, e esse número diminuiria a cada semana até a final, quando os três finalistas competiriam, e o vencedor seria anunciado. A maior parte dos dias eram dedicada aos ensaios. Praticávamos por horas. E não importava quanto tempo ensaiávamos nossa primeira música, parecia que o tempo estava voando. De repente, tínhamos que subir no palco para nossa primeira apresentação ao vivo como um grupo. Não tivemos o melhor resultado. Na verdade, foi muito ruim. Mas, aparentemente, o país conseguiu ver algo de bom em meio ao nosso nervosismo e pouca experiência juntas, e passamos para a próxima rodada. E depois para a próxima. Estávamos encontrando nosso equilíbrio juntas e trabalhando em equipe. E continuamos a crescer.

A pressão era constante. Cada minuto era preenchido com o estresse de algo novo. Quando pensávamos que tínhamos decidido uma apresentação, o programa nos surpreendia de alguma forma: nossa música mudava, nossos figurinos mudavam. Desde o início, eu tinha dificuldades. Não era o que eu esperava. A parte que mais me ofendia e que era mais difícil de aguentar era que nossa treinadora vocal não me dava muitas partes para cantar, apenas uma única frase aqui e ali. Quando tentei falar, ela não quis ouvir e foi bastante grossa.

— Você deveria se sentir grata por estar aqui — disse ela. — É muito mais do que ter muitas frases para cantar.

Eu me sentia grata. Mas fiquei envergonhada por ouvir aquilo na frente de todo mundo. Eu sabia que poderia fazer muito mais se tivesse a oportunidade. Senti que não me valorizavam, me senti humilhada. Acreditei naquilo e comecei a achar que não era boa o suficiente. Era muito difícil me sentir tão insegura quando éramos um grupo recém-formado, tentando encontrar nossa identidade coletiva. Ou ter nossa identidade encontrada para nós.

Eu não tinha muita voz sobre nenhum aspecto da nossa transformação. Sobre meus figurinos, meu cabelo e maquiagem. Eu não podia nem usar cílios, que era uma das minhas partes favoritas na maquiagem. Pode parecer algo pequeno, mas era muito importante para mim. Eu tinha acabado de fazer 19 anos e, depois de seis anos sendo responsável por todos os detalhes do meu visual, com a ajuda da minha mãe, é claro, passei a receber ordens. Se eu quisesse um batom, teria que lutar para me deixarem usar. Sério, não podia escolher a cor do meu batom? Eu me sentia frustrada e impotente, especialmente porque odiava qualquer tipo de confronto, então até pequenos pedidos eram difíceis. Na maioria das vezes, eu tinha muito medo de perguntar.

Sem dúvidas, eu gostava de agradar as pessoas. Tento fazer todos felizes sempre que possível, mesmo que isso afete minha própria felicidade. Era muito importante para mim falar sobre algo que eu queria, fosse um problema tão significativo como a parte vocal ou tão bobo como a cor do batom. Eu ficava tão nervosa que meu coração batia forte no peito. Mas não importava quanta coragem eu conseguia ter, a resposta sempre era não. Depois de ouvir tantos "não" sobre questões grandes ou pequenas, comecei a questionar meu bom senso. *Eu estava errada sobre o que ficava melhor em mim? Sobre o que achava legal? Sobre minha voz? Até mesmo sobre quem eu era?*

Eu já estava sob tanta pressão para aprender as músicas, fazer as apresentações e trabalhar em grupo que não valia a pena resistir. E estava sobrecarregada demais por fazer tudo sozinha. Embora fosse tecnicamente adulta, agora vejo que fui muito protegida ao ser educada em casa e por passar a maior parte da adolescência em uma pequena bolha de apoio com nossos amigos, família e algumas pessoas com quem eu trabalhava e acabei me afeiçoando.

O que me impressionava era que eu não tinha permissão para contribuir com as decisões musicais que estávamos tomando, o que significava tudo para mim. Cantar era minha paixão, e, se eu não pudesse dar tudo de mim quando trabalhava naquilo, como poderia ser feliz? Mais uma vez, voltei a duvidar de que sabia o que era melhor quando se tratava da minha voz e do meu estilo. Para a audição do *The X Factor*, eu estava bastante confiante sobre o meu canto e o que tinha a oferecer, tendo aprimorado minhas habilidades e resiliência durante seis anos tocando em todos os lugares que pude, trabalhando com compositores e produtores conhecidos. Não consegui um grande sucesso, mas sabia que poderia encontrar um lugar para mim dentro da indústria. De repente, eu não tinha permissão para ser eu mesma. E detestava essa sensação. Comecei a me perguntar quem eu era e se havia um lugar para mim no programa, no grupo, até mesmo dentro do mundo da música. E tudo isso estava acontecendo com as câmeras rodando ao nosso redor, durante o que deveria ser o melhor e mais estimulante momento da minha vida.

Afinal, eu tinha sonhado com aquilo por tanto tempo, minha família tinha se sacrificado tanto, e não era nada como pensei que seria. Eu sentia que não passava qualquer imagem ou mensagem. Tive muita dificuldade de me defender e, quando superei a timidez e ousei tentar, cedi rapidamente. Além disso, eu sentia uma saudade desesperadora da minha família e desejava que meus pais pudessem estar lá o tempo todo, não apenas pelas poucas visitas rápidas que fizeram durante as semanas em que gravamos o programa. Ligava para eles todos os dias, várias vezes, e eles sempre me ouviam e faziam o possível para me dar conselhos e manter meu ânimo. Quando perguntei sobre as coisas em San Antonio, eles me disseram que tudo estava ótimo. Com nossos longos dias de filmagem e agenda lotada, eu estava muito envolvida com o programa para pedir mais detalhes, e talvez eu precisasse da fantasia do oásis perfeito da vida familiar me esperando voltar em breve.

Minha família me manteve animada. Conversar com meus pais sempre me deixava feliz e me lembrava dos valores com os quais eu me importava: ser pontual, ser gentil, ser uma líder, ser generosa em minhas tentativas de ajudar outras garotas. Tentei permanecer grata, mesmo enquanto orava para que as coisas mudassem.

Pode ser difícil saber quando fazer mudanças e quando o melhor é seguir o fluxo, especialmente quando se é jovem. Quando sacrificar os próprios desejos pelos outros? E quando se defender? Essa era uma habilidade que eu aprenderia da maneira mais difícil, dia após dia. Por enquanto, como a mais velha do grupo, a quem Simon chamava de "a cola", eu estava dando o meu melhor para ser uma líder e trabalhar em equipe, qualidades que meus pais sempre me incentivaram a ter.

Estávamos nos aproximando do Dia de Ação de Graças e conseguimos evitar ser eliminadas até ali. À medida que o número de participantes diminuía, até mesmo um dia normal de ensaios e filmagens ficava mais emocionante, mas também aumentava a pressão. Quanto mais tempo ficávamos no programa, mais perto chegávamos da final. Eu ainda não estava conseguindo cantar como gostaria e, pessoalmente, me sentia desmoralizada. Mas, mesmo assim, estava tentando ficar feliz pelo nosso grupo e fiquei entusiasmada com o sucesso e o amor que estávamos recebendo. Estava equilibrando minha experiência pessoal e a emoção da grande oportunidade que tínhamos diante de nós.

Então, durante um momento de descanso, por acaso entrei no Facebook para acompanhar a vida em casa e notei uma postagem de minha tia que parou meu coração. Dizia algo como: "Amigos, vocês podem orar pelo meu padrasto? As coisas não estão boas. Achamos que ele não tem muito tempo."

Encarei aquelas palavras e, por um momento, não consegui compreendê-las. O padrasto da minha tia era meu avô Paul. Eu tinha falado com meus pais no dia anterior e, quando perguntei como estavam as coisas, eles não mencionaram nada sobre o vovô Paul estar doente. Como isso podia ser possível? Fiquei em choque, me agachei e fiquei em posição fetal, lutando contra o ataque de dor que senti e contra os soluços. Quando me acalmei o suficiente para conseguir falar, liguei para minha mãe, chorando.

— Mãe, o que está acontecendo? Eu vi um post no Facebook. O que está acontecendo? Eu não sei o que está acontecendo.

Eu estava tão atordoada que não parava de repetir aquelas palavras. Nada fazia sentido.

— *Mama*, não queríamos preocupá-la, porque sabemos que você está longe e participando do programa — explicou ela. — Tem muita coisa acontecendo aí. Não queríamos contar até que fosse necessário.

— Por quê, por quê? Por que você não me contou?

Eu sentia minha mãe tentando me acalmar, mesmo de tão longe, mas o choque era tão intenso e doloroso que desabei. Eu não tinha ideia de que meu avô estava sofrendo. Ele teve problemas de saúde por um tempo e tinha feito uma cirurgia cardíaca no início do ano, mas eu não sabia que algo de ruim estava acontecendo naquele momento. Descobrir pelas redes sociais que ele estava piorando rápido foi horrível. Eu senti que o programa estava me distraindo. O que importava era a família, ter saúde e amor, estar presente na vida de quem amamos.

Minha mãe estava péssima. Eu podia perceber em seu tom de voz.

— Nós te amamos, e sinto muito por você ter descoberto assim. Mas...

Eu podia ouvir as lágrimas dela.

— Seu avô não está bem. E não sabemos quanto tempo ele ainda tem.

Eu não consegui absorver aquela notícia. O programa era tão exigente, e eu já me sentia emocionalmente esgotada com as longas e exaustivas horas de ensaio, o trabalho duro e minhas frustrações pessoais. Ouvir aquilo sobre meu avô era devastador. Eu não queria desligar o telefone com minha mãe porque ela era a ligação com a minha casa, com meu avô. Mas tivemos que desligar, porque eu tinha que fazer o meu melhor para me recompor e cumprir minhas obrigações no programa.

Cada momento que antecedeu a gravação ao vivo seguinte foi crucial. Mas, quando eu estava do lado de fora da nossa sala de ensaio, respirando profundamente, trêmula, não conseguia parar de chorar, não importa o quanto tentasse. Ao me recompor, me lembrei que queria ser o tipo de profissional dedicada que nunca dava bolo nas pessoas. As outras meninas dependiam de mim. Eu não poderia decepcioná-las. Foi preciso tudo isso e minhas orações fervorosas para passar por aquele dia longo e brutal.

Mais tarde naquela noite, consegui ficar sozinha e falar com meu avô. Fomos transferidos para uma mansão perto do estúdio onde filmávamos, e meu quarto tinha uma varanda. Eu me inclinei contra a grade e fiz o meu melhor por ele. Lágrima após lágrima, tive o cuidado de dizer tudo o que desejava expressar, mesmo que as palavras nunca pudessem traduzir tudo o que eu sentia pelo meu querido avô. Tentei com todo empenho abrir meu coração.

— Eu amo muito você, vovô. Obrigada por ser o homem mais incrível do mundo.

Agradeci a ele por entrar na vida da minha avó e por cuidar tão bem dela. Ele lhe deu um amor terno e puro. Era mais do que maravilhoso com ela. Era capaz de qualquer coisa por ela. Ele me amava e amava a todos na família com todas as forças. Prometi que sempre daria tudo de mim e que cuidaria da vovó. Eu estava chorando e não conseguia parar.

— Vovô, você sempre foi tudo para mim. E vai estar sempre no meu coração.

Meu avô sempre foi engraçado e cheio de vida, brincalhão e sorridente. Eu podia ouvir em sua voz quão fraco ele estava. Mesmo assim, permitiu que eu soubesse que estava orgulhoso de mim. Ele estava tão feliz por mim! Por mais que eu quisesse ir para casa, ele me disse para continuar no programa. Eu já sabia, pela minha avó, que ele sempre contava às enfermeiras sobre mim e meu sonho de cantar. Ele mandava as pessoas me assistirem no *The X Factor* e se gabava da neta. Isso significava muito para mim, é claro. Mas ouvi que ele não conseguia mais ser o mesmo, e não posso mensurar o quanto isso me machucou. Ele respirou fundo, tentando pronunciar as palavras. Continuei dizendo o quanto o amava. E então ele disse suas últimas palavras para mim:

— Eu amo você, Ally. Tudo vai ficar bem.

Um ou dois dias depois, uma produtora assistente pediu que eu a acompanhasse. Eu a segui até uma sala e fiquei surpresa ao ver minha mãe e meu pai sentados lá.

Nunca vou esquecer a expressão em seus rostos. Instantaneamente, soube que tinham ido até lá por um motivo.

— É sobre o vovô, pai?

Eu mal conseguia pronunciar as palavras. O rosto do meu pai disse tudo. Ele começou a chorar.

— Sim, *Mama*.

A assistente fechou a porta, e ficamos sozinhos. Eles me abraçaram, mas a tristeza e a dor me dominaram, e fiquei inconsolável. Eu tinha 19 anos e ninguém próximo a mim tinha morrido, exceto a mãe do meu pai, que faleceu quando eu era muito nova. Além disso, eu era muito próxima do meu avô. Não consegui processar aquela perda. Não conseguia nem falar.

Não parava de chorar. Não consegui ensaiar, não consegui fazer nada. Tínhamos que nos apresentar na noite seguinte, mas como eu iria cantar quando parecia que nem tinha forças para ficar em pé?

Todos no programa prestaram seus sentimentos. Fiquei muito grata por sentir um apoio tão grande. Khloé Kardashian, que era uma das apresentadoras naquele ano, veio até mim. Muito calorosa, ela me deu um grande abraço, e chorei em seus braços.

— Sinto muito pela sua perda — disse ela. — Perdi meu pai quando era muito jovem. Até hoje é difícil pra mim. Mas estou aqui por você e estou orando por toda a sua família. Se posso dizer uma coisa é que você não pode deixar ninguém controlar seu momento de luto. Se quiser chorar, chore. Se quer tentar ser feliz, seja feliz. Mas viva o luto da forma que precisar viver.

Achei tão incrível que ela estivesse se abrindo comigo e falando de sua própria perda e apreciei sua generosidade de espírito. Eu me agarrei às suas palavras e à sua gentileza enquanto fazia o meu melhor para me controlar para a longa noite que viria.

Então, minha avó ligou. Quando ouvi sua voz, desmoronei novamente. Eu disse a ela como eu estava triste e que não achava que conseguiria subir no palco.

— *Mija*, você vai conseguir. Isso é o que o seu avô gostaria que você fizesse. Ele estava tão orgulhoso de você, *Mama*. O avô mais orgulhoso do mundo. E ele ama você de todo o coração. Nós todos amamos.

Até hoje, não sei como tive forças para passar por aquela noite. Tudo o que posso explicar é que foi com o tremendo apoio de minha família e de entes queridos, incluindo meu avô. Eu sei que ele estava comigo naquele dia. E sei que Deus me deu força quando eu não tinha nenhuma.

Como se orquestrado por Deus (o que, claro, foi), durante nossa apresentação ao vivo na quinta semana do show, em 28 de novembro de 2012, cantamos uma música sobre força, "Stronger", da Kelly Clarkson. Antes de nossa apresentação, os produtores sempre exibiam o que se chamava de vinheta, atualizando o público sobre nossa jornada. Desta vez, havia um vídeo em que eu contava para meus avós que tinha chegado ao *The X Factor*, e um prometendo dedicar a apresentação da noite ao meu avô. Pela graça de Deus, e com o vovô olhando para mim, cantei com todo o meu coração, com as palavras ganhando um significado totalmente novo enquanto cantávamos aquele refrão empolgante: "O que não te mata te fortalece/te deixa maior." Naquela noite, Simon disse que meu avô ficaria incrivelmente orgulhoso de mim. Eu acreditei nele. E estávamos salvas da eliminação.

NOVE

Me reerguendo

Eu tinha feito o meu melhor pelo nosso grupo e por mim mesma. Mas, depois que a apresentação acabou, eu só queria voltar para casa imediatamente. O problema era que tínhamos uma agenda de shows apertada e voos de última hora eram caros, mas não me importei. Eu sabia que precisava estar com minha família mais do que qualquer coisa. E então uma produtora apareceu e me disse:

— Simon vai cobrir seu voo de ida e volta para San Antonio, para que você possa ir ao funeral do seu avô.

Fiquei comovida com aquele incrível ato de bondade, e essa continua sendo uma das coisas mais legais que alguém já fez por mim. Com o apoio dele e dos produtores, voei para San Antonio, mesmo que isso significasse perder um ensaio. Tive apenas dois dias livres em relação às demandas do programa, mas foi muito reconfortante sair do avião em minha cidade natal. Fui até a casa da minha avó, onde minha família inteira estava reunida para confortá-la. Ficamos juntos. Choramos, rimos, trocamos lembranças, processamos nossos sentimentos de perda. Todos estavam, é claro, orgulhosos de mim por quão longe eu tinha ido no *The X Factor*, mas nosso foco agora estava em nossa família. Confortamos uns aos outros em nosso momento de lágrimas e de profunda tristeza. Era disso que precisávamos, chorar e dizer adeus ao vovô juntos.

No dia do funeral do meu avô, fiquei arrasada, mas, assim como toda a família, mantive meu foco na minha avó. De todos nós, ela havia sofrido a maior perda e estava com o coração partido. Estávamos todos de luto e tentávamos ser fortes por ela. Fizemos tudo o que podíamos para confortá-la. E, quando ficou muito difícil, as palavras do vovô me vinham à mente: "Tudo vai ficar bem."

Eu precisaria dessa garantia nas próximas semanas, e não apenas enquanto passava pelo lento e doloroso processo de luto. A perda do meu avô não parecia real. Ainda não parece. Tenho consciência de que ele faleceu, mas, no meu coração, quase parece que ele vai voltar algum dia. Suponho que o luto seja assim. Nem sempre temos as ferramentas para compreender nossa perda, e tudo é muito doloroso. Embora minha família esteja melhor, mais de sete anos depois, sempre sentiremos a falta dele. Felizmente, nos primeiros dias, eu tinha nossa família e tínhamos nosso amor e apoio mútuo. E a música é uma grande fonte de terapia para mim, me ajuda a liberar a dor. Sei que nos encontraremos um dia no céu.

Conforme avançávamos na competição, episódio após episódio, um ímpeto incrível estava se formando. Estávamos nos tornando algo, eu podia sentir. E não era só eu. Nós explodimos nas redes sociais. As pessoas nas ruas começaram a nos reconhecer. Nossa *girlband* estava funcionando de verdade. Depois de saber que as irmãs de Bruno Mars formavam um grupo chamado Lylas, pensamos em algumas outras possibilidades. E então, com a ajuda de nossos fãs on-line, foi decidido que seríamos oficialmente chamados de Fifth Harmony. Tínhamos um nome! E fãs que se importavam! Nosso potencial parecia infinito. Eu quase não conseguia acreditar. Só que, mais do que qualquer outra coisa, fiquei emocionada.

Nos bastidores, eu ainda lutava para descobrir como me encaixaria. Para nossa apresentação nas semifinais, cantaríamos de novo "Impossible", que causou forte impressão em Simon e Marc Anthony quando cantamos na casa de Simon em Miami, o que parecia ter acontecido há muito tempo. Agora, Simon tinha comentários específicos para nós em nossa performance.

Ele queria que duas das meninas, que eram latinas, cantassem seus versos em espanhol.

Na primeira chance que tive de falar com um produtor, perguntei: "Posso cantar em espanhol também? Porque também sou latina." A resposta foi não.

Normalmente, eu teria interpretado isso como a palavra final, não importa quão decepcionada estivesse. Mas aquilo era diferente. Pensei em minha família e em como seria importante para eles representar nossa cultura mexicana com tanto orgulho. Às vezes, é mais fácil sermos fortes pelas pessoas que amamos do que defender a nós mesmos. Depois de tudo que minha família tinha sacrificado por mim e de todo o amor e apoio deles durante os longos anos que levei para chegar tão longe, eu estava determinada a fazer algo por eles e homenageá-los.

Também pensei em como muitas vezes recorria ao exemplo da minha heroína, Selena, e como poderia fazer isso de novo naquele momento. Como eu, ela não foi criada falando espanhol, mas aprendeu a falar mais tarde e o usou para dar entrevistas e em outras áreas da vida. Ela cantou em espanhol e sempre foi sincera sobre o orgulho que sentia de sua herança cultural.

Aquela questão era vital demais, e minha voz tinha que ser ouvida. Eu insisti, pedindo a alguém no show que me defendesse, porque ter a chance de cantar em espanhol era muito importante para mim. Mas, novamente, a resposta foi um forte não.

Enquanto ensaiávamos e nos preparávamos para a próxima gravação, eu não conseguia parar de lutar internamente com o que achava que era certo. Eu orei sobre isso. Pratiquei a letra em espanhol para o caso de ter coragem de cantá-la na TV. Eu estava em conflito. Minha família e eu tínhamos acabado de perder meu avô, e eu sabia em meu coração que ele gostaria que eu cantasse em espanhol também. Ele gostaria que eu representasse quem sou no programa para que o país inteiro visse. E gostaria que eu não permitisse que ninguém me dissesse o que fazer ou quem ser (ou não ser). É o que toda a minha família deseja para mim.

E era o que eu queria. O fato de eu não falar espanhol fluentemente sempre me deixou insegura. Às vezes, fico preocupada: *Sou mesmo de origem mexicana se não falar espanhol? As pessoas pensam que sou uma farsa?* Penso muito nessas questões de identidade, e sempre me incomodou muito quando as pessoas faziam um comentário ou me provocavam sobre isso. O que elas podem não entender é que, quando meus pais estavam crescendo no Texas, tiveram problemas por falar espanhol, porque os professores não os compreendiam. Eles literalmente levavam tapas nas mãos se dissessem uma palavra na língua nativa. É tão triste imaginar isso! Era uma época diferente, e meus pais e tios internalizaram esse tratamento. Eles sentiam que estavam nos protegendo ao não nos ensinar espanhol, e nos proteger era tudo o que queriam, então não sabíamos muito além de palavras relacionadas a comida e algumas gírias.

Mesmo assim, eles nos educaram para sentirmos orgulho de nossas origens mexicanas, e sempre tentei defender minha herança toda vez que alguém me questionava sobre não falar espanhol. Espero que aqueles que lerem minha história entendam por que não falo o idioma. Talvez minha história ajude outras pessoas como eu e meus primos a não se sentirem tão inseguras. Sei quem eu sou. E me sinto incrivelmente orgulhosa da minha origem latina. É isso que importa. Claro, é meu sonho aprender espanhol. Vou estudar e incentivo todos os que fazem parte de nossa cultura a fazerem o mesmo. Por enquanto, sinto-me grata por poder pelo menos cantar em nossa bela língua e por ter sido abraçada pela comunidade latina, exatamente como sou.

Todo esse desafio surgiu na minha frente quando fomos gravar para as semifinais.

Só quando subimos no palco que executei meu plano. Eu me senti tão orgulhosa quando as palavras em espanhol foram do meu coração para os meus lábios. Eu me senti incrível. Permaneci fiel a mim mesma durante um momento desafiador, quando teria sido mais fácil recuar e apenas seguir o que me disseram para fazer.

Logo depois, soube que tomei a decisão certa quando encontrei uma fã que veio ao Loews Hotel em Hollywood, onde estávamos hospedadas para a final. Foi emocionante entrar no saguão e, pela primeira vez, encontrar nossos fãs, hoje conhecidos como Harmonizers, reunidos para nos ver. Foi tão incrível ouvir alguns gritarem: "Ally! Ally!"

Uma garota que devia ser apenas alguns anos mais velha do que eu, com um dos braços engessado, esperou no andar de baixo até ter a chance de falar comigo. Ao me ver, ela sorriu timidamente. Eu devolvi o sorriso e fui logo falar com ela.

— Ally, sou uma grande fã do grupo — disse ela. — Vocês são tão poderosas, fortes e lindas juntas. Sei que você fez o teste com "On My Knees", de Jaci Velasquez. Eu amo essa música, e o fato de você amar a Deus. Você fala abertamente sobre a sua fé. Quero agradecer por me inspirar a manter a minha fé e ter orgulho e continuar confiando a minha vida a Deus, porque estou passando por um momento bem difícil.

— Uau, muito obrigada. Isso significa muito para mim.

Senti meu ser inteiro se iluminar. Eu me sentia insegura dentro do grupo, mas ali estava a prova de que estava sendo vista não apenas pela minha voz, mas pelo que esperava representar. Eu estava ajudando as pessoas, e isso era tudo que eu sempre quis fazer. Mesmo que em alguns momentos eu me sentisse frustrada, como se não estivesse aparecendo para o público como gostaria, foi gratificante saber que era apreciada em um nível mais profundo e comovente.

No fim das contas, conquistamos o terceiro lugar na final. Meus pais, é claro, estavam na plateia na minha grande noite. Eles também organizaram uma festa de exibição em nossa igreja, a Oak Hills, que teve a presença de centenas de pessoas, que nos apoiaram, votaram em nós e deixaram mensagens especiais para mim, junto com minha família e outros entes queridos.

Embora não tenhamos vencido, eu estava tão orgulhosa do quão longe havíamos chegado e sentia que tínhamos apenas começado. E com isso, quero dizer que sabia que havia uma grande chance de assinarmos com uma gravadora. Nossos fãs eram fortes demais para serem ignorados.

Não tivemos que esperar muito pelo próximo grande passo. Estávamos na festa de encerramento do show quando soubemos: tínhamos um contrato com as gravadoras de Simon e L.A. Reid. Foi incrível!

Passei todos aqueles anos trabalhando duro por uma carreira-solo, desistindo de tantos aspectos do que deveria ter sido minha vida adolescente normal. Em vez disso, pratiquei e trabalhei duro, me apresentando onde quer que a porta se abria, desde escolas, jogos de beisebol e churrascos a pequenos festivais de música e estúdios de gravação em San Antonio e em Los Angeles. Claro, o Fifth Harmony não fazia parte dos meus planos, mas eu sabia que poderíamos ser ótimas juntas. Eu via algo de especial em nós. Fiquei muito feliz, grata e determinada a trabalhar arduamente para o nosso bem coletivo. Também significou muito para mim quando, no final do show, os produtores pediram desculpas aos meus pais pela forma como editaram minha audição, dizendo que se sentiram mal com a decisão, especialmente sabendo o quão doce eu era e me conhecendo de verdade, o oposto de como fui apresentada.

Repensando tudo isso, vejo como Deus juntou as peças que eu nem sabia que devia pedir. Não era meu plano ir para o programa. E não era meu plano estar em um grupo. Mas Deus estava me guiando de uma maneira que eu não esperava. No processo, Ele estava me refinando. E estava me transformando em uma pessoa muito mais forte do que eu sequer imaginava que precisaria ser.

Desde o constrangimento que senti depois que minha audição foi ao ar até a morte do meu avô, descobri que às vezes nossos dias mais difíceis são aqueles que mais nos definem. Por mais difíceis que os desafios possam ser, esses tempos sombrios nos ajudam a crescer e nos presenteiam com perspectiva. Tudo isso nos permite ter mais compaixão, ser filhas e irmãs melhores, seres humanos melhores. Se formos fundo e nos perguntarmos com honestidade: *O que aprendi com essas dificuldades? Como fui capaz de crescer? Como posso viver com mais ousadia e continuar humilde por causa dos meus desafios?* Se tivermos tempo para processar a dor, as respostas nos deixarão ainda mais fortes. Eu não sabia que precisava de toda essa sabedoria, porque tinha ainda mais lições difíceis e crescimento pela frente.

Foi incrível quando voltei para San Antonio, depois que a temporada do *The X Factor* terminou, em dezembro de 2012. Senti o amor da minha cidade natal. Foi maravilhoso ter pessoas me reconhecendo quando saí, dizendo que me amavam, que amavam o Fifth Harmony e que votaram em nós. Foi um sentimento tão especial, algo com que eu sonhava quando era pequena.

Minha família é quem me mantém firme, especialmente na minha cidade natal. Dessa vez, de volta ao Texas, pude entender melhor as coisas, incluindo a realidade de que meu avô havia partido, por mais que eu lutasse para aceitar isso, e que minha vida havia mudado para sempre. Do ponto alto de me tornar uma concorrente do *The X Factor* e ser escolhida para um grupo feminino com muitos fãs que tinha assinado um contrato com uma gravadora ao ponto baixo de me sentir impotente sobre a edição da audição e as inseguranças que o programa havia lançado dentro de mim, e claro, minha tristeza pela perda do vovô Paul, os últimos meses tinham me enfraquecido de todas as formas possíveis.

Agora, o inverno trazia uma pausa. Nós nos reunimos na casa da minha tia, como de costume, comemos todas as nossas comidas de Natal favoritas, rimos juntos e contamos histórias sobre o vovô Paul. Eu gostava de passar horas de silêncio acariciando a minha gata Bobbi e assistindo a filmes de Natal no sofá. Também passei um tempo com a minha avó, aproveitando a sua presença ainda mais. Foi o presente perfeito, a chance de descansar e saborear tudo o que significa estar em casa nessa época. Como de costume, meus pais fizeram tudo para comemorar nosso feriado favorito. Mamãe escolheu o tema para a árvore, e meu pai, que ama as luzes de Natal, enfeitou toda a parte externa da casa ao ponto de parecer estar em seu próprio *reality show*.

Enquanto decorávamos e cozinhávamos, fiquei triste ao perceber que a escoliose da minha mãe estava piorando e que ela precisava parar e descansar com mais frequência. Ela estava procurando o médico certo para realizar uma operação de risco, que poderia reverter a escoliose e ajudá-la a viver sem dor. Eu sabia que ela estava presa em um ciclo frustrante de esperança e decepção havia vários anos. Cada vez que ousava pensar que suas orações foram atendidas e achava ter encontrado o cirurgião certo, surgia algo que impedia a operação. Claro, vê-la sofrer me deixava arrasada. Eu me perguntei o que poderia ser feito por ela e, até que pudéssemos localizar a pessoa certa para realizar o procedimento de que ela precisava, tentei ajudar ainda mais do que o normal.

Poder ajudá-la foi um dos muitos motivos pelos quais fiquei feliz por passar aquele tempo em casa. Imediatamente me senti estimulada pela chance de estar com a minha família. E saboreei o descanso, sabendo que estava prestes a ficar muito ocupada.

DEZ

Perdendo a voz

Em janeiro de 2013, houve o anúncio oficial de que havíamos assinado contrato com a Syco Music, do Simon, e com a Epic Records, do L.A. Reid. Depois que o acordo foi fechado, nós cinco fomos chamadas de volta a Los Angeles, onde fomos colocadas... Adivinha? No Oakwood Apartments, o mesmo lugar onde fiquei com minha mãe quando tinha 12 anos. Foi como se eu completasse um ciclo, uma verdadeira mistura de retornar às minhas raízes, quando comecei do zero, mas dessa vez com o sucesso. Pensando em como eu era tímida e insegura quando moramos lá pela primeira vez, vi quão longe eu havia chegado, mesmo com o recente golpe na minha confiança. Eu tinha esperança de que aquele retorno, agora com um contrato com uma gravadora, me ajudaria a voltar a acreditar em mim e no meu talento.

Fomos oficialmente apresentadas à equipe principal, um gerente, um agente, um advogado e aqueles que trabalhariam conosco nas duas gravadoras. O descanso do feriado me revitalizou, e eu estava cheia de energia e entusiasmada enquanto me preparava para mergulhar de cabeça naquela nova vida. O avanço pelo qual eu tinha esperado estava acontecendo. A única questão era como funcionaria agora que estávamos no mundo real.

Primeiro, tínhamos que encontrar nosso som e gravar as músicas que nos apresentariam ao mundo. Eu estava pronta para recomeçar e deixar o passado do programa para trás. Me sentia otimista em relação a este recomeço. Era tão energizante ter tanta atenção dedicada a nós, receber músicas de diferentes compositores, produtores. Pessoas que queriam trabalhar conosco! Todas nós queríamos ver aonde essa nova aventura nos levaria. Mas o que aconteceu na faixa que se tornaria nosso primeiro single, "Miss Movin' On" infelizmente já dizia muito sobre as lutas que eu enfrentaria durante nossos primeiros anos como grupo. Uma de cada vez, entramos no estúdio para gravar a música inteira, cada uma cantando todos os versos e refrões, com todas as nossas forças. Disseram-nos que o produtor ouviria e depois decidiria quais falas eram mais adequadas para quais garotas. A faixa seria editada e mixada, e ouviríamos o produto finalizado mais tarde. Como sempre, fiz o meu melhor e tentei permanecer otimista e animada.

Depois que o produtor terminou a música, fomos chamadas para ouvir. Enquanto ouvia a música, senti que minha boca se abria. Verso após verso, continuei procurando pela minha voz, mas, quando a música terminou, eu estava arrasada. Aquele seria o nosso primeiro single, a nossa primeira chance de mostrar ao mundo que éramos mais do que apenas um grupo saído de um *reality show*, e eu só tinha recebido uma linha na ponte e algumas firulas.

Todos pareciam muito animados. Mas, por dentro, eu sentia meu coração congelado. Eu não poderia dizer o que realmente sentia. No geral, eu jogava pelo time, assim como meus pais me educaram, com muito mais probabilidade de deixar de lado o que eu queria do que de arriscar deixar os outros insatisfeitos. Em vez de seguir a minha intuição, de que a divisão da música tinha sido injusta e era uma oportunidade perdida de mostrar minha voz, cedi às minhas dúvidas. Essas decisões tinham sido tomadas por alguns dos maiores produtores do mundo da música. Eu não poderia lutar contra eles ou mesmo dizer o que pensava.

Apesar de não expressar em voz alta, eu sentia aquilo. Pensamentos raivosos surgiram na minha mente: *Por que estou recebendo apenas um verso?*

Tentei conversar comigo mesma e me animar, como meus pais teriam feito se estivessem lá. Eu queria ser feliz e me sentir grata. Pensei nas milhares e milhares de meninas que adorariam estar no meu lugar. Lembrei que precisava ter fé e acreditar que Deus havia me trazido até aqui com um propósito, que aquele era o Seu plano. Mas também sabia que, às vezes, Deus quer que cresçamos e nos tornemos mais corajosos, em vez de apenas pedir a Ele que resolva tudo para nós.

Eu tinha certeza de ter gravado algumas partes ótimas. Se eu tivesse feito um trabalho ruim, alguém teria me contado. Ainda assim, novamente, as vozes negativas dentro da minha cabeça eram muito mais altas do que as positivas: *depois de minhas ideias e contribuições serem rejeitadas tantas vezes, posso confiar na minha entrega, na minha voz, ou em qualquer outra coisa? Sou boa o suficiente? Será que sou boa?*

Achei que tivesse deixado essas dúvidas para trás. Mas eu ainda estava aprendendo, e é desafiador quando problemas que pensávamos ter superado voltam para nos machucar. Na minha experiência, eles fazem isso. Nessa situação, aquilo me destruiu, e eu não sabia como seguir em frente. Comecei a repensar todas as minhas decisões até aquele ponto, me questionando: *Talvez eu devesse ter exigido mais tempo no estúdio. Talvez não devesse ter saído da sala até me sentir satisfeita. Talvez devesse ter feito mais perguntas.*

Estávamos ocupadas, nos preparando para lançar nosso primeiro single. No meu coração, eu sabia que era hora de falar. Sabia desde que ouvi a música pela primeira vez. Mas, naquela época, eu estava tentando encontrar minha voz para voltar a ser a jovem artista confiante que tinha sido. Eu estava com medo de não encontrar as palavras certas e acabar piorando as coisas.

Só que eu não aguentava mais me sentir tão desapontada e chateada. Poucos dias depois de ouvir a música pela primeira vez, reuni coragem e liguei para a nossa empresária. Enquanto ouvia o telefone tocar, sentia meu coração batendo em todo o meu corpo. Eu poderia subir em um palco em frente a uma câmera ao vivo que me transmitiria para as casas de milhões de pessoas, sem problemas. Mas tentar dizer a alguém que estava infeliz era assustador.

Tentei focar no que precisava dizer e, assim que tive a chance, soltei:

— Eu não deveria ter apenas um verso na música.

Eu tinha ficado com um verso e uma firula. "Miss Movin' On" era nosso primeiro single, e eu queria ser representada de forma justa.

— Vou fazer algumas ligações e ver se algo pode ser feito, Ally.

Quando terminamos nossa conversa, eu ainda estava orando para que algo pudesse ser feito por mim. Na verdade, estava me sentindo esperançosa e um pouco orgulhosa de mim mesma. Mesmo que eu quisesse evitar qualquer conflito, eu me defendi para a nossa empresária. Melhor ainda, talvez uma solução pudesse ser encontrada.

Quando ela retornou a ligação, mais tarde no mesmo dia, atendi rapidamente, esperando que suas palavras fossem ser aquelas que eu orara para ouvir.

— Sinto muito, mas é tarde demais — disse ela. — A música está finalizada.

Como eu já sabia, quando uma música está finalizada, quer dizer que já foi mixada e não pode ser alterada. Nada mais podia ser feito.

Aquele seria o nosso primeiro lançamento, e parecia mais um começo embaraçoso para mim. Eu estava nervosa que nossos fãs me vissem como nada mais do que alguém em segundo plano.

Sozinha no meu apartamento, chorei muito. Estava cansada desses longos dias de trabalho árduo, me sentindo desvalorizada e cada vez mais insegura. Não conseguia afastar a sensação de que eu não tinha valor. Além disso, meus pais e minha família inteira e todos que acreditaram em mim em San Antonio estavam muito animados para o lançamento do single. Eles só falavam sobre aquilo. Minha mãe repetia como estava animada para me ouvir no rádio pela primeira vez. Eu sabia que ela estava orgulhosa de mim, mas aquilo me fazia ficar mal, pensando em como eu tinha decepcionado a minha mãe e todos os outros por não garantir mais versos para mim na música.

Então, no último minuto, contei para eles o que estava acontecendo. Como eu temia, minha família ficou triste por mim. É por isso que eu não queria dizer nada. Normalmente, eu teria tentado animá-los, mas estava tão desapontada que não tive forças. Tudo o que conseguia fazer era chorar e dizer:

— Tentei falar com a nossa empresária. Fiz tudo o que pude para ter minha voz representada naquela música.

Quando pensei em meus pais arrasados, a pressão pesou, e senti como se tivesse envergonhando minha família. Por telefone e por mensagem de texto, eles me disseram para permanecer forte e dar o meu melhor todos os dias, acontecesse o que acontecesse. Meus pais também se ofereceram para falar com a empresária, mas eu queria me defender sozinha. E já era tarde demais. Nada podia ser feito.

A dor do que tinha acontecido no programa voltou, mas aquilo parecia ainda pior. Era nossa estreia. Por um lado, eu tinha conquistado o sucesso, e estava feliz por ter chegado lá. Quando fomos gravar nosso primeiro clipe, havia uma tonelada de pessoas divulgando, e tudo aquilo era incrível. Mas, ao mesmo tempo, não pude aproveitar totalmente, porque sabia, no fundo, que não estava sendo representada e, por trás das minhas risadas enquanto ajudava a promover o clipe, me sentia humilhada e como uma estranha. Longe da minha família, de volta a Los Angeles e na estrada, tentei manter tudo escondido bem no fundo da minha mente. Queria apenas ser reconhecida pelo meu talento e por fazer parte de um grupo incrível.

Durante esse tempo, ficamos extasiadas ao saber que trabalharíamos com um produtor que tinha sido responsável por tantos sucessos do One Direction. Tendo sido formado no *The X Factor* no Reino Unido, o One Direction parecia um exemplo incrível para nós, já que, na época, estavam no auge e dominando o mundo da música. O produtor tinha ajudado a lançar o grupo para um enorme sucesso e agora, com sorte, poderia fazer o mesmo por nós.

Durante nossas primeiras sessões de gravação, já estávamos colaborando com alguns dos melhores talentos em composição e produção, pessoas que trabalharam com todos os grandes artistas, de Rihanna a Beyoncé, e que tinham produzido discos pop de muito sucesso. Foi incrível colaborar com os escritores por trás de algumas das minhas músicas favoritas. Nós, meninas, tentamos escrever algo por um curto tempo, mas, como éramos muitas, havia também muitas opiniões diferentes, e acabamos escolhendo apenas algumas faixas. Além disso, nossas gravadoras queriam que trabalhássemos com os maiores compositores, que já tinham hits. Eles foram trazidos e trabalharam conosco e com outros produtores importantes para descobrir o som perfeito para o grupo.

Eu pensava que, depois de assinarmos um contrato, eu teria a chance de ser criativa e mostrar meu talento de uma maneira que não me sentia capaz durante a pressa e a agitação do programa de TV semanal. Em vez disso, estava tentando encontrar minha identidade novamente, e em um novo ambiente. Também estava lutando para superar minhas inseguranças, especialmente depois do que aconteceu com "Miss Movin' On". Trabalhei por anos em Los Angeles e San Antonio, mas agora enfrentava um desafio novo. Embora eu tivesse minha própria visão do que o grupo poderia ser, a realidade de encontrar um equilíbrio juntas era muito mais difícil do que eu esperava. Era diferente de tudo o que eu tinha experimentado, e isso acabou se provando uma enorme curva de aprendizado para mim.

Gravamos quase todos os dias por várias semanas. O estúdio onde nosso produtor trabalhava ficava em sua casa, em Calabasas, um bairro nos arredores de Los Angeles. O lugar parecia tão sereno, e a atmosfera era leve. Fazíamos lanches ou pedíamos comida. Às vezes, preparávamos refeições juntas ou saíamos para tomar sorvete ou almoçar. O estúdio ficava em uma bela casa, rodeada por vegetação, e me vi apreciando a natureza, absorvendo aquela beleza, ouvindo música, orando, tentando manter minha gratidão.

Felizmente, minha principal forma de expressão pessoal sempre foi a música, e houve momentos em que tive a chance de colocar tudo o que estava sentindo em minha voz. Uma noite, após um longo dia de espera, fui chamada à cabine de gravação por volta das duas da manhã para gravar "Who Are You", uma linda música romântica. Eu estava exausta porque ficamos lá o dia todo. Talvez o fato de estar tão cansada tenha agido ao meu favor, porque, em vez de pensar demais, apenas deixei tudo fluir, permitindo que a música me envolvesse e puxasse todas as minhas emoções para fora do meu corpo e para a minha voz. Enquanto eu cantava, podia sentir uma energia maior do que eu me atravessando, e cantei de todo o coração, com toda a força dos meus pulmões. Foi tão poderoso que lágrimas se formaram em meus olhos. Quando terminei, houve um momento de silêncio no estúdio. Todos na sala ficaram chocados. Quando ouvi a edição, fiquei muito orgulhosa. Eu estava em êxtase com minha parte e como, no final da música, consegui fazer uma performance poderosa e emocional e atingir essas notas agudas que viriam a ser as favoritas dos fãs. Até hoje, essa música continua sendo uma das minhas músicas favoritas entre todas que já gravamos.

A experiência foi ótima para minha confiança e me ajudou a me esforçar mais nas próximas canções. Em "Don't Wanna Dance Alone", consegui garantir uma ótima ponte e uma nota alta no final. Alimentei essa chama em mim mesma quando fomos para outro estúdio para trabalhar com outros produtores e gravar "Leave My Heart Out of This". Nessa música em particular, eu fiz um Ad Lib muito bom, que é quando improvisamos nas notas da música — e os fãs começaram a me reconhecer como a "Rainha dos Ad Libs". Em "Better Together", consegui ser o vocal principal do refrão, o que foi incrível e me deu esperanças para o futuro. Mesmo com o golpe no primeiro single, essas realizações significativas somaram o suficiente para me manter seguindo em frente. E isso também foi bom, porque nossas demandas só aumentavam.

Nossa equipe sabia como era importante que nos apresentássemos e interagíssemos com nosso público o máximo possível. Cantamos em todos os lugares que podíamos, estreando nosso primeiro single no *Today Show* em meados de julho. Fizemos vários *pocket shows* em Nova York em um único dia. Também éramos conhecidas por nossos covers de músicas de outros artistas, e devo admitir que arrasávamos em muitos deles. Naquele verão, lançamos a "Harmonize America", nossa primeira turnê promocional, nos apresentando em shopping centers pelo país. Foi quando tivemos nosso primeiro ônibus de turnê. Era tudo tão emocionante!. Tínhamos trabalhado até a exaustão naquele verão, mas parecia estar valendo a pena. Ver os fãs que apareceram foi incrível. E eram tantos!

Fizemos aparições divertidas também. Uma delas foi quando fomos convidadas para a inauguração da Topshop LA, a nova loja da amada grife britânica. Uma equipe de filmagem nos entrevistou, filmando nosso encontro com os fãs. Tínhamos fãs! Tudo aquilo estava acontecendo de verdade! Naquele verão, ganhamos nosso primeiro VMA para "Miss Movin' On".

Fiquei chocada com a quantidade de pessoas que vinham nos ver e nos conhecer nas apresentações nas cidades por onde passávamos. A cada aparição, havia mais fãs. Dávamos autógrafos depois dos shows e nos conectamos com muitos jovens. Fiquei feliz por termos a chance de permitir que nossos fãs nos conhecessem de uma forma mais próxima. Foram muito doces e abertos sobre o quanto amavam o grupo e me amavam também. Eles me apelidaram de "luz do sol", e tentei corresponder a essa honra e ser sempre positiva. As palavras deles me reergueram.

Sempre indo e vindo para Los Angeles para divulgar nosso trabalho, fazendo a turnê por shoppings e várias pequenas apresentações em clubes, estávamos constantemente em movimento. Meu pai sempre me ajudava a fazer as malas. Ele era como um mágico que, de alguma forma, sabia como fazer a mala perfeita. Eu tentava realizar aquela proeza sozinha algumas vezes, e minha bolsa transbordava. Meu pai ria ao ver a bagunça, mas sempre me garantia:

— Eu consigo, *Mama*, não se preocupe.

Então, ele arrumava para mim, e tudo se encaixava perfeitamente. Ele também conseguia manter a mala no limite de peso, o que ajudava muito, porque tínhamos que embalar uma tonelada de coisas, mas seríamos cobradas se as bagagens passassem do limite. Ele tinha uma escala para saber o peso da bagagem nas viagens e sempre ficava triunfante quando me mostrava que tinha conseguido. Suas habilidades eram muito úteis.

Estava grata por sentir a presença dos meus pais naqueles pequenos sinais, embora eu fosse a única sem um responsável acompanhando com frequência, porque a escoliose da minha mãe a impedia de viajar e meu pai precisava ficar com ela. Os dois me visitavam uma ou duas vezes por ano, e meu pai até fez tacos para todos durante uma dessas visitas. Eu estava na estrada, longe de casa, da família, dos amigos, dos animais de estimação, da nossa igreja e de tudo o que parecia seguro e confortável, e ainda por cima tinha lutas internas, ainda mais por causa da pressão sobre como devíamos ser — o que só me deixava ainda mais insegura. Houve momentos em que quis insistir para que minha voz fosse ouvida dentro do ecossistema maior do nosso grupo. A menos que fosse um problema relacionado a uma das coisas que eu mais prezava, minha família, minha cultura, minha fé, parecia mais fácil seguir e colocar o grupo em primeiro lugar. Mas, na verdade, o custo de desistir em tais momentos provaria ser mais alto do que eu imaginava na época.

Em parte, acho que ainda estava me acostumando com minha nova realidade. Eu sonhava com aquela vida desde sempre: ônibus de turnê e luzes de palco e a chance de cantar para fãs animados. Toda essa magia tinha se tornado minha vida cotidiana. Mas, para viver minha fantasia, eu também teria que passar por alguns desafios reais, diferentes de todos que já havia enfrentado. Esse pensamento era assustador. Eu estava tão cheia de esperança apenas alguns meses antes, quando achei que seria a garota mais feliz do mundo. E, agora, lutava para me encontrar. Mas sabe de uma coisa? Eu ainda fazia parte de algo incrível e fazia coisas incríveis. Pude conhecer muita gente, cantar com o coração e experimentar coisas que a maioria das pessoas nunca experimenta.

Além das minhas inseguranças pessoais, eu havia decidido tentar um novo visual: adotei uma franja. Quando você está em um grupo, é importante ter estilo próprio. Nossa empresária me perguntou se eu estava interessada em cortar a franja. Conversei sobre isso com a minha mãe, que achou que poderia ser uma coisa boa, e eu estava disposta a fazer tudo pelo grupo sempre que possível. Então, concordei.

— Claro, por que não tentar algo novo? — perguntei.

Para ser honesta, algumas pessoas ficam lindas de franja. Quando me vi no espelho, congelei por um momento. Eu não amei, mas estava tentando mudar o visual e até esperava que a novidade me destacasse. Em vez disso, as garotas do grupo tiraram um pouco de sarro, sem saber quão sensível eu estava. Eu tinha sido educada em casa e passava a maior parte do tempo livre durante a adolescência com minha família e a comunidade da igreja, então não estava acostumada com aquele tipo de brincadeira. Mesmo sabendo que a intenção era ser engraçado, não gostei muito.

Havia um programa na Nickelodeon chamado *Manual de Sobrevivência Escolar do Ned*, com um personagem que era chamado de Cabeça de coco. Alguém apontou para mim no pôster que tínhamos fotografado logo depois do meu corte de cabelo e disse:

— Ally está igual ao Cabeça de coco com essa franja!

Todos acharam hilário e começaram a me chamar de Cabeça de coco.

Hoje faço piada com isso, mas na hora foi doloroso e abriu velhas feridas sobre não ser bonita o suficiente em uma época em que eu já duvidava de mim mesma. Mesmo agora, não olho para as minhas fotos daquela época, mas, quando vejo alguma, consigo achar uma forma de rir. Se eu pudesse voltar no tempo, teria certeza de que minha individualidade não seria encontrada naquelas franjas horríveis, mas no fato de ser eu mesma. Felizmente, o cabelo cresce, e consigo achar graça quando penso sobre aquele pesadelo. Na época, porém, fiquei péssima.

Ainda assim, havia muito a agradecer. Estávamos decolando. Em outubro daquele ano, nosso clipe de "Miss Movin' On" obteve mais de 15 milhões de visualizações, tornando-nos o primeiro grupo norte-americano de ex-participantes do *The X Factor* a atingir esse marco.

No mesmo mês, a Syco e a Epic Records lançaram "Better Together", nosso EP de estreia, que é um álbum mais curto com cerca de metade das canções de um álbum completo. Ele estreou em 6º lugar na Billboard 200, o que foi uma loucura. E, das seis músicas do EP, incluindo o segundo single, "Me & My Girls", fiquei emocionada por ter mais versos do que em "Miss Movin' On", e alguns eram ótimos. Fomos até capazes de escrever três músicas juntas: "Me & My Girls", "Who Are You" e "Don't Wanna Dance Alone". Na versão em espanhol desta, todas nós tínhamos um verso. Eu adorava ter a chance de mostrar meu potencial, de atingir as notas altas com muita força. Fiquei tão feliz pelos outros verem e ouvirem o que eu poderia fazer. Não estava cem por cento feliz com a distribuição de versos no EP, mas tentei me concentrar nos aspectos positivos. À medida que continuamos a turnê, fazendo mais contato direto com nossos fãs, minha gratidão aumentava pelo número crescente de pessoas que eu conhecia. Eu queria mais do que tudo que o grupo decolasse, então estava feliz por estarmos começando a ganhar força.

Foi incrível experimentar um sucesso tão rápido. Um grupo feminino não fazia sucesso assim havia mais de uma década. Me atrevo a dizer que fomos uma das primeiras artistas a estourar nas redes sociais. A internet se tornou nossa melhor amiga e nos ajudou a lançar nossas carreiras, junto com nossa base de fãs tão dedicada. Fazer parte desse fenômeno, olhando de dentro para fora, era uma loucura. Às vezes, descrevo o que houve como uma experiência fora do corpo. Eu estava ciente de que era uma oportunidade rara, mesmo enquanto a vivia. Mas, como estávamos sob muita pressão e aos olhos do público, também houve muitos desafios. Por isso, sempre pedia a Deus que me desse forças e abençoasse meus esforços. Alguns dias eram melhores que outros e, nesses dias, a esperança crescia dentro de mim. Encontrei outras dificuldades que tentavam minar essa esperança. Era difícil conciliar tantas personalidades e opiniões diferentes. Aquela montanha-russa emocional continuou por meses. Tentei ser positiva e dar cem por cento de mim a cada minuto do dia. Isso era tudo que eu podia fazer enquanto orava para que as outras coisas se resolvessem.

ONZE

Sonhos se tornam realidade

Estudei o rosto da Barbie e não acreditava que estava vendo uma representação das minhas características nela. A boneca Barbie sempre teve um lugar especial em meu coração, porque foi minha primeira amiga quando eu era criança. Desde muito jovem, tive várias dessas bonecas, incluindo a Barbie Holiday, além da Barbie Dreamhouse e o carro da Barbie. Eu passava horas brincando com elas, sozinha, com minha mãe ou com outras amigas da minha idade.

Agora, como parte da parceria do nosso grupo com a Mattel, a empresa tinha criado uma boneca Barbie para cada uma de nós. Era um sonho que se tornava realidade. A nossa união com a Mattel foi anunciada junto com sua nova música-tema, "Anything Is Possible". Era uma mensagem muito positiva e fortalecedora, da qual tive muito orgulho de fazer parte. Adorei ser um exemplo positivo para tantas crianças. Além disso, ter uma Barbie minha era uma honra incrível.

Aquelas bonecas feitas com base na nossa aparência simbolizaram um marco significativo do nível surreal de sucesso que havíamos alcançado. Tínhamos a chance de nos apresentar para multidões cada vez maiores e mais extasiadas de fãs, em todo os Estados Unidos. Além disso, tivemos a oportunidade de viajar para fora do país, incluindo Canadá, Porto Rico e Brasil. Nunca vou esquecer a primeira vez que chegamos ao Brasil. Fomos recebidos por um mar de fãs apaixonados e lindos. Havia uma barricada no aeroporto nos separando deles, porque uma multidão nos aguardava. Enquanto acenávamos, eles de repente romperam as barricadas. Eu estava de salto alto e com uma mochila pesada. E, meu Deus, que escolha errada! Por pouco não fui pisoteada. Alguém puxou a minha mochila, e eu quase caí. Mas nosso segurança, Big Rob, me resgatou. Ele me levou em segurança para o carro. Graças a Deus estava tudo bem. Aquela era uma sensação incrível. Estávamos nos sentindo como os Beatles. E o Brasil logo se tornaria o lugar com uma das nossas maiores bases de fãs no mundo inteiro.

Com tudo isso acontecendo, poderia parecer que já havíamos chegado ao topo, mas ainda tínhamos muito a provar. Por dentro da indústria musical, pude aprender que os artistas pop estão sempre sob extrema pressão para lançar um álbum de sucesso, com um single que estoure nas rádios. Todas sentimos como isso funcionava quando começamos a trabalhar em nosso primeiro álbum completo, *Reflection*.

Estávamos procurando por músicas quando fomos apresentadas a uma mulher que trabalhava como nossa representante artística e de repertório. Basicamente, seu papel era encontrar novas músicas para nós. Ela acreditava cem por cento no grupo, mas também nos incentivava a expandir nossa música e nossa visão. Costumava dizer tudo o que vinha à sua mente e nos encorajava a adicionar um toque especial ao nosso som. Lembro-me dela dizendo algo como: "Vocês são muito mais do que fantoches. Vocês têm voz, sabem cantar. Suas harmonias têm coragem e poder. Vamos em frente."

Um dia, essa representante ligou. Ela insistiu que fôssemos naquele mesmo dia gravar uma nova música. Chamava-se "BO$$". Corremos para o estúdio, e ela tocou para nós. Amei o som na hora. Não tínhamos encontrado nada parecido em todas as músicas até agora e não tínhamos lançado nada com aquele estilo mais maduro e sexy. A música foi coescrita e produzido por um dos melhores escritores e produtores do ramo.

Mas será que era *muito* diferente? No início, não tínhamos certeza se as pessoas comprariam aquela ideia vinda de nós, já que algumas das garotas do grupo ainda não tinham nem 16 anos. Mas a música era contagiante, e as palavras, poderosas. A representante nos incentivou a escolher a música e a ter confiança, explicando que era como uma forma ousada de mudar nossa imagem e passarmos a ser vistas como jovens mulheres fortes. Suas palavras foram o incentivo de que precisávamos, não apenas sobre a escolha de músicas, mas sobre o quanto poderíamos alcançar e o quão inspiradoras poderíamos ser como um grupo. Todas nós amamos "BO$$" e pensamos que poderia ser uma virada de jogo incrível, que nos ajudaria no nosso amadurecimento como mulheres.

Quase imediatamente começamos a colocar nossas vozes na música. Quando entrei na cabine de gravação, fui novamente atingida pelo nervosismo a respeito de quais estrofes os produtores me dariam ou não. Mas, dessa vez, tentei não permitir que nenhuma negatividade nem minhas experiências anteriores me atrapalhassem. Sabia que tinha que me esforçar. Se havia um momento para mostrar o que eu podia fazer, era aquele. Comecei a cantar e me soltei. Cantei com equilíbrio, confiança e presença de espírito. Em um momento, improvisei e liberei toda a atitude que a música estava me fazendo sentir, deixando minha voz rugir. Cantei uma nota alta poderosa no final. Foi incrível. Saí da cabine com o maior sorriso. Quando olhei para os escritores e produtores, eles estavam de boca aberta. Bateram palmas para mim e gritaram.

— Uau, garota, você arrasou. Isso aí, Rainha!

Na hora, soube que tinha ido muito bem e sorri de orgulho. Melhor ainda, fiquei em êxtase ao descobrir que manteriam o que fiz. Minha capacidade de silenciar minhas próprias dúvidas e de ser verdadeira comigo mesma tinha valido a pena. Aos poucos, fui sentindo mais validação vocal. Ainda ganhei algumas das partes menores nessa música, mas estava muito feliz por ter garantido a ponte, por minhas notas altas terem sido mantidas e por ter sido capaz de encerrar a música com meus agudos finais.

De "Miss Movin' On" a "BO$$", amadurecemos dramaticamente nosso som e nosso posicionamento. Eu sentia que "BO$$" seria uma mudança positiva. Adorei a mensagem sobre ser uma mulher independente que trabalha duro e encontra o sucesso por conta própria. Também abracei mais aquele estilo maduro e atrevido e me diverti com ele. Como a mais velha do grupo, eu conseguia ficar um pouco mais confortável com a mudança de imagem do que as outras, parecia natural. Fiquei animada com a forma como aquele som poderia ser recebido.

Também fizemos algumas coreografias mais ousadas para o clipe dessa música. Uma nova equipe de coreografia e direção criativa entrou para o time, e aquele pessoal já havia trabalhado com grandes nomes. Com eles e a nova representante artística, fomos impulsionadas para outra atmosfera musical. Adorei a chance de trabalhar duro e melhorar nosso desempenho.

Naquele momento, pelo menos na maior parte do tempo, eu estava me sentindo um pouco mais confiante com minha posição dentro do grupo e com o mundo da música, mesmo com todas as demandas. E a franja tinha crescido (às vezes são as pequenas coisas que fazem a diferença). Quando duvidava de mim mesma, tentava seguir o que estava acontecendo ao meu redor. Coletivamente, estávamos animadas e também nervosas, imaginando como nossos fãs e a indústria reagiriam à nossa nova imagem. Eu esperava que, ao aproveitar esta chance, atingíssemos um público ainda maior.

Não pude acreditar quando soube da data de lançamento de "BO$$". Seria no meu aniversário de 21 anos! De repente, era 7 de julho e voei da comemoração de aniversário em Las Vegas para o *Today Show* para apresentar nosso mais novo single. No avião, me peguei pensando: *Uau, tudo está acontecendo. Estou num avião direto de Las Vegas para Nova York, onde vou comemorar meu aniversário da melhor maneira possível.*

Assim que pousei, embora não tivesse dormido, fui me apresentar ao vivo no palco ao ar livre do *Today Show*. Estávamos todas vestidas de branco, prontas para apresentar ao mundo uma nova faceta do nosso grupo. Mesmo exausta, eu estava energizada pela emoção.

Atendendo a nossas grandes expectativas, "BO$$" teve uma recepção fantástica. A música atingiu a posição 43 na Billboard Hot 100, foi tocada nas rádios e acabou ganhando certificado de platina nos Estados Unidos. Nosso single seguinte, "Sledgehammer", alcançou a 40ª posição na Billboard Hot 100, nossa primeira entrada no Top 40. Foi tão emocionante alcançar esses marcos. Sim, ainda havia pressão da gravadora para termos sucesso absoluto, que ainda não tínhamos alcançado, mas aquele era o início de uma era diferente para nós e o primeiro dos grandes passos que daríamos como grupo. Era quase como um hit antes do hit *de verdade*, marcando um aumento notável em nosso nível de sucesso. De repente, estávamos mais populares, e, quanto mais trabalhávamos, mais éramos procuradas.

Nem todas as reações foram positivas. Algumas pessoas disseram que estávamos forçando a barra, outras apenas criticaram. Mas, no geral, recebemos muitas respostas encorajadoras. Além disso, descobri que comentários e opiniões negativas vão acontecer não importa o que você faça, ainda mais na indústria do entretenimento. Se você tem experiência em mídia social, sabe que quanto mais se expõe, mais as pessoas podem ser cruéis.

Não tínhamos alcançado o sucesso absoluto de que precisávamos, mas aquelas músicas nos trouxeram muita atenção positiva. Nossos fãs *adoraram* a mudança. Apreciavam o trabalho árduo que fizemos para chegar até ali e estavam amando a nova era em nosso som e de popularidade. "BO$$" foi o início dessa expansão, trazendo um novo público e ainda mais fãs. O público começou a nos ver como mais do que apenas um grupo feminino fabricado. Éramos um coletivo dinâmico de mulheres talentosas, exigindo respeito. A mudança valeu a pena. Estávamos em ascensão. Mas, como eu disse, de perto, recebíamos sinais confusos sobre o nosso sucesso. A gravadora dizia que ainda não tínhamos o tipo de hit que precisávamos.

O ano estava terminando e gravamos um cover de "All I Want for Christmas Is You", de Mariah Carey. Como o Natal é minha época favorita do ano, fiquei muito feliz em fazer uma música para as festas de fim de ano. Até conseguimos gravar um videoclipe comemorativo. Além disso, foi incrível cantar essa música em particular. Assim como todo mundo, cresci com essa sendo uma das minhas canções de Natal favoritas e a apresentei tantas vezes antes! Por isso, foi especial cantá-la de uma maneira nova. Na época em que lançamos a música, nós a apresentamos ao vivo no *Today Show*. Foi maravilhoso comemorar o Natal cantando um clássico, e isso tornou minha comemoração favorita do ano ainda mais mágica.

Então, nossa empresária nos deu uma notícia fenomenal:

— Façam as malas, vamos para a Casa Branca!

Começamos a gritar!

— Você está falando sério!? — perguntei, incrédula.

Parecia bom demais para ser verdade. Fomos convidadas pelo presidente e pela primeira-dama, Barack e Michelle Obama, para cantar na iluminação da árvore de Natal da Casa Branca. Estávamos muito animadas por ter a honra de algo que só acontecia uma vez na vida.

— E vocês podem levar seus pais! — contou ela.

Minha excitação deu uma vacilada com isso. Meus pais ficariam maravilhados, mas havia um grande problema. A escoliose da minha mãe, que vinha piorando desde o acidente de carro, estava tão ruim que viajar era quase impossível. Já era bastante doloroso quando ela tentava realizar tarefas simples, como fazer compras e lavar roupa. Viajar por tanto tempo sentada em um avião seria doloroso. Liguei para meu pai primeiro, para compartilhar as notícias incríveis e perguntar a ele o que deveríamos fazer.

— Ela não pode fazer algo assim agora — disse meu pai, com tristeza.

A severidade dos desafios que a minha mãe enfrentava me atingiram mais uma vez, e me senti muito triste com a ideia de ela ser deixada em casa. De uma vez por todas, precisávamos encontrar uma solução que melhorasse sua qualidade de vida, mas até então não tínhamos conseguido. Ela foi muito altruísta, como sempre, e insistiu que meu pai comparecesse comigo e não perdesse essa oportunidade monumental.

— Vou ficar muito feliz em imaginar vocês dois lá na Casa Branca, *Mama* — comentou minha mãe, quando conversamos. — Por favor, leve seu pai e aproveite cada minuto. Isso está além do que sonhamos ou imaginamos.

Sentia muita falta dela e desejava de todo o coração que aquilo pudesse ser diferente, mas não podia deixar passar aquela oportunidade. E todos nós sabíamos que teria causado ainda mais dor à minha mãe se meu pai não fosse comigo.

Desde o momento de nossa chegada em Washington, D.C., ficamos maravilhados. Os edifícios e monumentos eram magníficos e nos fizeram ver a importância do que estávamos prestes a fazer. Aquela seria uma apresentação diferente de qualquer outra que já havíamos realizado. Trouxemos nossa estilista, que ficou conosco no hotel, um lugar deslumbrante mais parecido com um paraíso de Natal. Um carro nos levou para o ensaio na noite anterior, dia 4 de dezembro. Estava escuro e frio, mas foi mágico ver a Casa Branca de perto, toda decorada para as festividades. Quando paramos pela primeira vez, fiquei de boca aberta. Era deslumbrante, por fora e por dentro. Me impressionei com a magnitude de onde estávamos, o legado daquele lugar e a sua importância para o mundo. Era loucura perceber que minha voz tinha me levado até ali, contra todas as probabilidades. Ver o rosto do meu pai foi um momento lindo. Ele amava história e nunca tinha estado na Casa Branca. Nós dois choramos por valorizar o quão longe tínhamos chegado.

O dia seguinte era o grande dia. Fizemos um pequeno tour pela Casa Branca. Então nos alinhamos para cumprimentar o presidente e a primeira-dama, que foram muito calorosos, carismáticos, elegantes e amáveis. Parecia um sonho conhecê-los. Não conseguia acreditar que estava me encontrando com o presidente dos Estados Unidos da América e nossa maravilhosa primeira-dama! Então, Michelle Obama, que chamávamos de forte ícone feminino na letra de nosso single recente, "BO$$", nos deixou chocadas.

— Eu malho ouvindo "BO$$" todos os dias! — confessou ela, alegremente.

Foi surreal imaginar a primeira-dama treinando com a nossa música, em que cantávamos sobre ela. Estávamos quase flutuando quando nosso encontro com eles chegou ao fim. Era a hora de cantar. Uma multidão estava assistindo. Não havia assento vazio. E tínhamos o cenário perfeito, saído de um filme: as gigantescas árvores de Natal. Vimos o presidente Obama e a primeira-dama com as filhas na primeira fila, sorrindo para nós. Eu não conseguia acreditar que aquilo estava acontecendo. Depois de nos apresentarmos, estávamos radiantes. Eu olhava para todos os lados. A árvore foi acesa, e eu estava muito grata por estar lá com meu pai. Foi uma experiência única na vida.

Conhecemos várias pessoas durante o ensaio e a apresentação. Patti LaBelle, um ícone na história da música, também se apresentou, com aquela voz poderosa, tão emotiva quanto alguém pode ser. A música dela é algo que vem da alma, e cresci ouvindo seus hits. Não podia acreditar que a tinha conhecido.

— Você tem sido uma das minhas grandes inspirações como cantora — contei a ela.

Agradeci por tudo o que ela fez pela música, mas não consegui expressar tudo o que queria dizer. Sendo a profissional experiente que é, ela foi gentil e graciosa, e levei aquele encontro muito a sério.

Como se conhecer os Obama não fosse empolgante o suficiente, Tom Hanks e a esposa, Rita Wilson, também estavam lá, e, desde que soube que eles estariam, eu não conseguia parar de pensar na possibilidade de conhecê-los. Quando criança, adorava *O expresso polar* e *Uma equipe muito especial*, e *Toy Story* é um dos meus filmes favoritos de todos os tempos. Tom Hanks esteve em tantos filmes excelentes que é impossível citar todos. Ele era um dos meus atores favoritos. Além disso, ele e a esposa pareciam pessoas muito gentis. E eu iria conhecê-los com o meu pai, que também era um grande fã.

Quando os vimos, tudo que pude fazer foi abraçar meu pai.

— Estou tão nervosa. Quero ir lá dizer oi, mas não quero interrompê-lo.

— Não, *Mama*, vai lá! — respondeu meu pai. — Vá e cumprimente ele.

Então, reuni toda a minha coragem e fui.

— Olá, sr. Hanks, sou uma grande fã. Só quero dizer o quanto amo você e todos os seus filmes. Você é meu ator favorito. Significou muito para mim durante a minha infância, e seus filmes impactaram minha vida para sempre. Então, quero agradecer.

— Oh, meu Deus, muito obrigado, querida — disse Tom, com um sorriso enorme, com aquela voz característica dele. — Qual é o seu nome?

— Ally — respondi, timidamente, embora ele estivesse sendo muito legal.

— Oh, Ally, é um prazer conhecê-la.

Ele me deu o maior abraço, e acho que nunca sorri tanto na vida. Meu pai contou o quanto gostava dos seus filmes, e o sr. Hanks foi gentil o tempo todo. Foi melhor do que eu poderia ter imaginado.

— Eu amo muito os seus filmes! — disse a ambos, porque Rita participou de muitos filmes maravilhosos que também eram meus favoritos. Entre os que eu mais amava estava *Sintonia de amor*, que eles dois estrelaram. E, claro, considerando o que sinto em relação ao Natal, tenho um lugar especial em meu coração para seu filme natalino *Um herói de brinquedo*. Quando eu disse isso, ela riu.

— Não posso escapar desse filme, ano após ano — disse ela. — Fico feliz por você amar tanto. Obrigada!

Ela também me deu um grande abraço. Foi tão linda e maravilhosa comigo. Ela é uma mulher angelical.

Até hoje, esse foi um dos meus momentos favoritos e inacreditáveis de toda vida. Nunca nem sonhei com isso, e de repente estava compartilhando aquela experiência com o meu pai.

No início de 2015, logo após as férias, entramos em estúdio para encontrar nosso próximo single. Mesmo após a apresentação na Casa Branca, ainda não tínhamos conseguido o sucesso que estávamos planejando e parecia que tudo dependia do que faríamos (ou não faríamos) a seguir.

Em nossa tentativa de projetar uma vibração mais adulta, às vezes discordávamos sobre o quão longe era longe demais.

Nessa época, nossa gravadora nos deu uma música, possivelmente nosso próximo single. Tínhamos algumas questões quanto ao tema da música, que era sobre uma garota que voltava para casa depois de uma noite de sexo e bebida. Parecia adulta demais para nós. Falamos para a nossa empresária que não nos sentíamos confortáveis com a letra, e ela repassou isso à gravadora.

A resposta foi: se quiséssemos assinar com um grupo cristão, teríamos assinado com um grupo cristão. Não foi isso que fizemos.

Eu sabia que isso era uma crítica pessoal para mim, já que eu falava muito sobre minha fé. Aquela tensão me deixou nervosa, mas eu não queria que aquela música fosse nosso próximo single e não voltei atrás. Só que a gravadora também não estava cedendo. No final, as outras meninas começaram a mudar de ideia e dizer que não ligavam e que devíamos gravar a música. Eu me mantive firme, perguntando se elas se sentiam mesmo confortáveis. Deixei evidente que eu não estava, embora fosse a mais velha.

A gravadora continuou pressionando, dizendo que a letra não precisava ser sobre sexo. Eles nos apresentaram outros cenários possíveis. Podia ser um cenário em que tínhamos acabado de nos rebelar contra um professor e, quando fizéssemos o clipe, ele seria filmado conosco nos corredores de uma escola. Eles nos convenceram a pelo menos tentar gravar a música com essa nova interpretação da letra, mas eu não achava que fosse verossímil e estava muito fora da minha zona de conforto para prosseguir. Mais uma vez, embora odeie qualquer tipo de conflito e tente evitá-lo a todo custo, encontrei força para defender a mim mesma e o que importava no meu ponto de vista.

— Não estou confortável com esse nosso próximo single — admiti à nossa empresária.

Posso até ter parecido forte para quem visse de fora, mas estava tão aflita com aquele impasse e tão estressada com a música que passei noites sem dormir. Na verdade, gravamos a música, mas ainda não me sentia bem e não queria que fosse lançada. Tudo isso me deixou muito preocupada, oprimida e confusa. *Pode ser que só eu esteja dizendo não.* Orei para que aquela situação estressante se resolvesse.

Finalmente, a empresária veio falar conosco. A ansiedade era avassaladora e, enquanto ela esperava que nos sentássemos, as tensões estavam altas.

— Liguei para a gravadora, e não vamos fazer a música. Está decidido. Acabou.

Deus tinha respondido as minhas orações. Eu não conseguia imaginar o que aconteceria se tivéssemos perdido a batalha, porque houve uma chance real de isso acontecer. Eu estava tão aliviada que comecei a chorar. *Graças a Deus*, pensei. *Graças a Deus.*

Teríamos a oportunidade de gravar uma música que todas nós amamos e que tinha um potencial de sucesso inegável. Estávamos no estúdio com a Stargate, uma equipe de produção de discos e compositores que trabalhou com grandes estrelas como Rihanna e Sia. Eles tinham discos de sucesso mundial e algumas das minhas músicas favoritas. Aqueles caras faziam a coisa acontecer, e soubemos disso assim que ouvimos a faixa que tinham separado para nós: "Worth It." Era absolutamente impossível rejeitar aquela música, que me capturou imediatamente.

Entrei naquele estúdio de gravação decidida a dar o meu melhor, tentar coisas novas com a minha voz e colocar tudo para fora. Todo o meu talento, toda a minha atitude. Eu estava nervosa no início, antes de começarmos a gravar, porque sentia que ainda tinha muito a provar. Mas, assim que me acomodei na cabine e conheci a equipe, relaxei e me diverti. Amei trabalhar com eles, porque foram muito legais. A música tinha uma letra divertida que ficou um pouco sedutora e uma forte vibração de poder feminino no geral, que estava mais de acordo com o que esperávamos como grupo. Quando soubemos que o rapper Kid Ink participaria, ficamos animadas para ver como ele poderia elevá-la ao próximo nível.

As apostas eram altas, e estávamos dando nosso melhor em todos os desafios que enfrentamos naquele momento. Quando fizemos o clipe de "Worth It", a filmagem durou quase 24 horas. Eu estava esgotada quando terminamos. Mesmo que ainda estivesse dando tudo de mim para nossa coreografia na frente das câmeras, na verdade, eu me sentia um zumbi. Todas nos sentimos assim. Mas valeu a pena! O vídeo dessa música se tornaria um dos meus clipes favoritos da nossa carreira, porque invertemos os papéis estereotipados de gênero e éramos mulheres fortes e poderosas, que estavam dominando o mundo.

Em 2 de março de 2015, lançamos nosso novo single e mais uma vez estávamos nervosas e cheias de esperança. Era o terceiro single do nosso álbum de estreia, *Reflection*, cheio de hits em potencial. Tive um ótimo pressentimento sobre aquela música. Adorei que mais uma vez expandimos os limites e criamos uma nova imagem para nosso grupo. Estrearíamos a música ao vivo na noite seguinte, em nossa nova turnê. Decidimos colocá-lo no meio do nosso setlist, pois presumimos que não era familiar para o público. A música começa com metais cativantes e, no instante em que começou a tocar, a multidão enlouqueceu. Ela já a conhecia, e tinha acabado de ser lançada. Nunca tivemos aquela experiência antes. Soubemos, então, que algo especial havia acontecido.

Estávamos trabalhando tanto, com apenas alguns dias de folga. Acredito que viajamos ou trabalhamos um total de 322 dias naquele ano, exatamente como no ano anterior e nos dois anos seguintes. Na maioria das vezes, não voávamos de primeira classe nem vivíamos de luxo, como muitas pessoas podem imaginar. Mas estávamos vivendo um sonho, e eu estava mais do que disposta a fazer o possível pelo nosso trabalho. Me sentia grata e animada por me apresentar e descobrir mais fãs do Fifth Harmony em todo o mundo.

Felizmente, durante o tempo em que começamos a viajar sem escalas, também tivemos um valioso novo integrante do time para as turnês: Will Bracey, que fez muito mais do que seu papel oficial como nosso agente de turnê. Ele estava conosco antes de explodirmos e sempre acreditou em nós e nos apoiou. Will não apenas manteve as coisas funcionando como cuidou de todas nós e se importava de verdade conosco. Ele e eu criamos uma forte amizade porque compartilhamos os mesmos

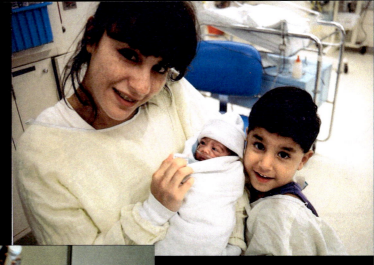

Minha mãe e meu irmão no hospital logo depois de eu nascer.

Mamãe me dando de comer quando eu era bebezinha!

Meu irmão e eu com a nossa vó Murray, que já está no céu. Te amamos de todo o coração, vovó. Vamos sempre sentir sua falta. Você vai ficar para sempre nos nossos corações.

Com minha mãe linda em um dos vestidos
que ela mais gostava de me fazer usar. Ela sempre foi estilosa!

Uma das primeiras vezes que experimentei
a comida deliciosa da minha mãe —
definitivamente não seria a última!

Dando um verdadeiro show. Esse deve
ter sido o meu primeiro microfone.

Minha mãe fazia sessões de fotos com a família para que pudéssemos guardar essas memórias para sempre. Naquela época, meu irmão e eu mal conseguíamos ficar parados, então é surpreendente que ela tenha conseguido uma foto tão séria! Esse é o meu retrato favorito de nós dois.

Usando meu vestido florido em frente à nossa casa. Eu me lembro de que esse vestido pinicava, mas era tão lindo! Minha mãe sempre me vestiu muito bem.

Com minha amiga de infância, Erin. Adoro os cortes de cabelo combinando!

Há diversas mulheres fortes na minha vida que me ensinaram muito. Aqui estou com uma das minhas professoras favoritas, a sra. Laureano. Ela teve um grande impacto na minha vida e está no céu agora. Amo você, sra. Laureano.

Minha mãe me visitando na escola. Ela não é linda?

Abraçando a vovó no almoço de Páscoa.

Eu era obcecada com os anos 1980, e minha mãe fez uma festa de aniversário temática dessa época para mim! Esse bolo estava uma delícia.

Jantar do Dia de Ação de Graças com a vovó. As festas com os parentes, especialmente com a minha vó, são algumas das lembranças mais especiais que tenho.

Com a minha avó na cozinha da casa dela. Aqui, ela está fazendo feijão, *fideo*, tortilhas e costeletas de porco. Meu prato favorito!

Com meus pais durante uma rápida visita enquanto estava gravando o *Dancing with the Stars*. Minha tia fez esse pôster para mim! É sempre incrível voltar para casa, para minha família maravilhosa e o amor deles.

No AT&T Center, com a minha família nos bastidores de um programa de rádio em que eu estava me apresentando. Recebi a visita da mascote do time de basquete Spurs — o Coyote! Ficamos tão animados!

Vai, Spurs! Obrigada, Coyote, por me visitar e me dar uma camisa do time!

O Fifth Harmony com Gucci Mane antes de cantarmos "Down" no *The Tonight Show with Jimmy Fallon*. Foi uma noite fantástica para todas nós.

Curtindo com The Rock e a filha dele, Simone, depois da nossa primeira apresentação no People's Choice Awards. Conhecer The Rock foi um ponto alto para mim. Aquela noite foi incrível.

Nos bastidores do *TRL* antes do Fifth Harmony dominar a Times Square.

No Teen Choice Awards de 2017. Adoro esse visual.
A foto é de Frazer Harrison.

Posando com Suzette em frente ao lindo mural da Selena na loja do Museu Selena. Meu pai, meu primo e eu nunca vamos esquecer esse dia tão especial. Obrigada, Suzette!

Uma noite inesquecível com Gloria e Emilio Estefan celebrada no Estefan Kitchen. Tim-tim! Obrigada, Gloria e Emilio!

Outra foto incrível com Gloria Estefan durante o maravilhoso jantar na noite em que nos conhecemos. Nunca vou me esquecer! Te amo, Gloria.

Ensaiando com meus dançarinos para a apresentação no ALMA Awards de 2018. *Vámonos!*

Visitando Paris durante a minha turnê internacional promovendo "Low Key". Paris é uma das minhas cidades favoritas no mundo inteiro. A Torre Eiffel é mágica. Eu não conseguia acreditar que tinha chegado tão longe.

No trem, indo para Paris! Eu estava tão animada!

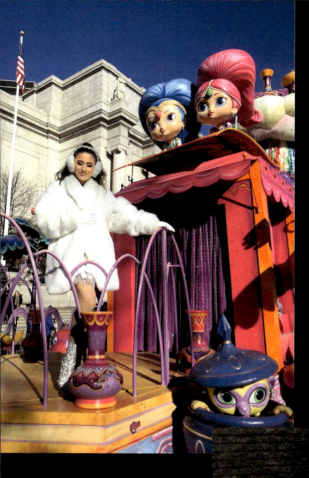

No desfile do Dia de Ação de Graças da Macy's, em 2018, pouco antes de o evento começar! Eu estava tão honrada e feliz por fazer parte daquilo!

Me aquecendo um pouco antes de ir para o meu carro alegórico no desfile do Dia de Ação de Graças da Macy's. Eu estava radiante de tanto entusiasmo. Essa foi uma das minhas roupas favoritas! Eu me sentia como uma princesa natalina da neve.

Nos bastidores do *Dancing with the Stars*
com Tom Bergeron, Tori Kelly e James Van Der Beek.
São tantas lembranças inestimáveis com tantas almas incríveis.

Sasha e eu no nosso último ensaio no estúdio do *Dancing with the Stars*. Eu não queria ir embora. Compartilhamos tantas memórias lindas. Sempre vou me lembrar de Sasha e toda a minha família do *DWTS*!

Meus pais e eu antes da gravação do *Dancing with the Stars*. Nós temos tantas lembranças lindas de lá!

No meu lugar favorito da Terra: Disney World! Fizemos uma gravação de madrugada para a Disney Week do *Dancing with the Stars*. O parque inteiro foi fechado para filmarmos durante as primeira horas da manhã. Foi uma experiência única. Eu estava no céu!

Me despedindo da minha querida amiga Lauren Alaina no *Good Morning America* antes de voltarmos para as nossas casas para o Dia de Ação de Graças. Amigas para sempre!

A Nickelodeon fez uma nova edição do meu programa favorito de infância, o *All That*, em 2019, e eu e os Jonas Brothers fomos os primeiros convidados musicais!

Com a minha família do 1500 or Nothin': Larrance Dopson e James Fauntleroy. Nós nos divertimos muito gravando para o *Dancing with the Stars* na 1500 Sound Academy. Amo vocês, meninos!

Com meu empresário, Will. Ele sempre foi a minha rocha. Olha como nós chegamos longe juntos. Deus é bom. Te amo, Will!

Me divertindo com o meu outro empresário, Charles, nos bastidores do ALMA Awards. Essa é a minha foto favorita de nós dois juntos. Obrigada, Charles, por sempre me apoiar e por tudo que você fez por mim!

Filmando o anúncio da minha turnê solo, Time to Shine. Eu estava revelando as minhas datas para os shows de Nova York e Los Angeles. A equipe fez esse lindo bolo de celebração! Definitivamente um dos melhores presentes que já recebi!

Noite de abertura em Chicago da minha primeira turnê solo — Time to Shine. Foi tão mágico e especial, nunca vou me esquecer desse dia!

valores e fé, e ambos queríamos ser uma luz na indústria. Rapidamente, ele se tornou muito próximo de mim, como se fosse da família. Eu estava muito feliz por tê-lo conosco. Sabia que podia confiar e contar com ele, não importa o que acontecesse.

    Então, tudo mudou. Depois que "Worth It" foi lançado, *boom!*, decolamos como nunca. Era como se tivéssemos passado de artistas para superestrelas. Aquela época foi louca, e adorei vivê-la. Tanta coisa estava acontecendo! Estávamos tocando nos maiores programas de rádio e também em festivais como o Wango Tango, junto com nossos artistas favoritos. Era tão difícil ser incluído nesses shows e, quando tivemos nossa participação confirmada, foi um sinal de que estávamos indo bem. O número de fãs do grupo explodiu. Mais pessoas estavam nos reconhecendo nos lugares. Tínhamos fãs fazendo fila do lado de fora dos hotéis, os nossos artistas favoritos sabiam os nossos nomes e nos respeitavam, e estávamos nos apresentando em premiações na televisão. O ritmo das coisas estava cada vez mais acelerado, e tudo o que fazíamos ganhava destaque. Começamos a viajar e a viver melhor do que antes. Não sabíamos ainda, mas nossas vidas tinham mudado.

    "Worth It" alcançou a 12ª posição, tornando-se nosso single de maior sucesso. O álbum explodiu, e todos estavam dançando com a música. No mesmo mês, ganhamos prêmio de grupo revelação no Kids' Choice Awards e, alguns meses mais tarde, estávamos no palco para *Jimmy Kimmel Live!*, apresentando "Worth It" com Kid Ink. Foi a nossa primeira vez em um programa de TV tão famoso, e era apenas o começo. No Teen Choice Awards, em agosto, levamos mais prêmios para casa, incluindo Música do verão ("Worth It") e Melhor grupo. Além disso, estávamos de volta à Casa Branca naquela primavera, dessa vez para a cerimônia de Páscoa. Éramos praticamente artistas fixas de lá!

    Nos dois verões anteriores, visitamos shoppings e conquistamos fãs, algumas centenas de pessoas de cada vez, em shows mais modestos pelo país. No verão de 2015, lançamos um grande projeto, a *Reflection Tour*: 63 cidades dos Estados Unidos e seis da Europa. Aquela era a nossa primeira grande turnê como atração principal. Passamos de pequenas casas de show para arenas maiores e, ainda assim, quase todos os ingressos esgotaram.

Eu sempre tentava levar um pouco de casa comigo, da maneira que pudesse. Na minha mala, estava sempre um alce de pelúcia, o Moose Moose, que meu pai trouxera de uma viagem de trabalho para mim quando eu tinha 7 anos. Ele tem sido meu bebê e meu melhor amigo desde então e me confortou nos altos e baixos e durante todos os problemas. Sou o tipo de pessoa que dá muito valor a presentes sentimentais, ainda mais dos meus pais, e Moose Moose é o exemplo perfeito disso. Ver seus chifres laranja aparecendo em meio às roupas de cama dos hotéis sempre levantava meu ânimo quando eu entrava no quarto, no final de uma longa noite de trabalho.

Minha mãe também era muito atenciosa em encontrar mochilas elegantes perfeitas para carregar todos os meus itens essenciais nos voos, incluindo mantas de viagem supermacias e de tamanho perfeito que ela sempre me mandava para me manter confortável na estrada. Era muito reconfortante ter um pouco do amor deles comigo aonde quer que eu fosse. Em pouco tempo, os fãs perceberam que eu sempre viajava com um cobertor e me davam cobertores de presente, o que era gentil e atencioso da parte deles.

Os fãs podem se surpreender ao saber quantos desses cobertores minha família ainda tem e usa, sem mencionar os presentes de fãs que meus pais empacotaram amorosamente e guardaram. Acredite em mim, apreciei cada gesto atencioso das pessoas, incluindo cartas escritas com tanto amor, *fan arts* incríveis, uma variedade de belos presentes e muito mais e adorava tê-los comigo quando sentia saudades de casa. E sim, valorizo cada um dos meus presentes e os mantenho seguros. Exibo alguns desses presentes incríveis e guardo as cartas em caixas especiais. Ter fãs tão gentis e generosos me fazia sentir como se estivesse em casa mesmo estando em qualquer lugar do mundo.

DOZE

Minhas orações foram atendidas

Reflection seria nosso primeiro álbum completo. Foi preciso muito trabalho dentro e fora do estúdio por meses e meses, dando tudo de nós o tempo todo, para definir nosso som. Consegui mais partes na maioria das músicas e, embora a distribuição das letras ainda não estivesse como eu esperava, senti que começava a melhorar. Mas a melhor parte foi que, quando o álbum foi lançado, a recepção foi incrível. Os fãs adoraram. Os críticos adoraram. E o desempenho foi ótimo, expandindo nossa popularidade ainda mais. Quando fazíamos apresentações e encontros com fãs em Nova York e em outros lugares, ficávamos cercadas. Desde o início do *The X Factor* fomos recebidos por fãs entusiasmados, mas a multidão crescia cada vez mais. Esse álbum elevou as coisas para o próximo nível.

Não tivemos muito tempo de descanso depois que *Reflection* foi lançado e "Worth It" estourou. Nossa agenda estava cheia com turnês consecutivas, e tivemos a chance de nos apresentar ao lado de artistas incríveis em festivais inacreditáveis. Viajávamos para todos os lados, vendo muitos cantos do mundo pela primeira vez em nossas vidas.

Por mais empolgantes que tenham sido esses acontecimentos, tive de encarar o fato de que a saúde da minha mãe estava piorando. Depois do nosso acidente de carro em 2003, a situação só tinha piorado. A escoliose estava mais severa, e ela não conseguia mais ficar em pé por muito tempo e sentia dores terríveis, a ponto de às vezes ficar acamada. Mesmo tarefas simples a faziam ter que se sentar e descansar, porque a dor era muito forte. Ela mal podia viajar, e ia apenas aos shows no Texas. Era quase impossível para ela, que se esforçava porque queria me ver. Eu sentia muita falta dela e estava preocupada com sua saúde.

Quando nos falávamos, nessa época, às vezes ela sentia tanta dor que chorava e dizia que só queria encontrar o médico certo para ajudá-la. Durante esses anos, meus pais procuraram o melhor especialista para realizar a única cirurgia que poderia ajudá-la. Procuraram médicos não apenas em San Antonio, mas também em Austin, Dallas e até mesmo em Los Angeles. Foi uma carga emocional intensa, porque ela dependia muito dessa cirurgia, que era complicada.

Algumas vezes, ela se encontrou com possíveis cirurgiões e orou para saber se eram a escolha certa, e parecia que poderiam ser. Só a ideia de ter encontrado uma solução nos enchia de alegria e esperança. Mas ou eles não se sentiam capazes de fazer uma cirurgia tão complexa, ou minha mãe não se sentia confortável por algum motivo, então ficávamos tristes e voltávamos à busca. Meus pais estavam começando a se desesperar, pensando que o médico ideal talvez não existisse. Como a minha mãe sentia dores extremas o tempo todo, a expectativa não poderia ser maior, e todos tentávamos o nosso melhor para permanecer otimistas, mesmo quando as coisas pareciam sombrias.

Tudo isso foi difícil porque eu me preocupava com a chance de aumentar o problema sem querer, mesmo que fizesse o possível para aliviar o sofrimento da minha mãe. Ela é empática e sensível (puxei isso dela) e, nessa época, comecei a temer que me ver passar por altos e baixos emocionais tão intensos nos últimos dois anos a deixasse fisicamente doente. Quando sentia tristeza ou frustração, tentava esconder isso durante os telefonemas diários, mas ela sempre conseguia perceber o que estava acontecendo.

Finalmente, em 2015, ela se encontrou com um médico e achou que poderia dar certo. O homem havia trabalhado com casos semelhantes, embora nenhum tão grave, e ela gostou dele. Minha mãe perguntou se havia alguma maneira de falar com um de seus ex-pacientes que passaram por uma operação semelhante. Então, conversou com uma delas e fez muitas perguntas sobre a cirurgia, a recuperação e a vida depois do procedimento. Ainda era uma decisão importante, com muita emoção, mas, pela primeira vez em muitos anos, minha mãe se sentiu confiante para começar a planejar a cirurgia.

Meus fãs descobriram sobre a cirurgia e, em março de 2015, começaram uma vaquinha on-line para ajudar com os custos do procedimento. Esse foi o ato de bondade mais gracioso que já recebi na vida. Ainda hoje tenho dificuldade de expressar o que isso significou para mim e para minha família. Começamos a chorar quando descobrimos, e minha mãe quase não aceitou a ajuda. Ela se sentia grata, mas hesitante. Os fãs insistiram. Já tinham levantado os fundos, e, no final, aquele dinheiro ajudou a pagar pela operação da minha mãe.

No geral, foi um período cheio de emoções. Tínhamos conquistado o nosso maior sucesso até aquele momento, que continuava batendo recordes e nos trouxe uma base de fãs diversificada que variava de pré-adolescentes a adultos e até avós, que eram os melhores e mais leais fãs de todos os tempos. Nossas vidas continuaram mudando em ritmo vertiginoso. As pessoas nos reconheciam em todos os lugares que íamos. Havia fãs fazendo fila do lado de fora do nosso hotel. Os shows das nossas turnês estavam quase sempre esgotados. Os paparazzi nos seguiam. Quando entrávamos no palco, o público gritava e ia à loucura. De repente, erávamos convidadas para participações em prêmios e programas de televisão. Recebíamos convites para as festas mais badaladas e acabamos conhecendo nossos artistas favoritos. Era uma vida agitada, e amávamos. Os fãs começaram a postar seus próprios covers de "Worth It", e eu me divertia assistindo. Alguns desses covers até se tornaram virais, incluindo um remix de uma paródia baseada no programa *Bad Girls Club*. Isso ganhou vida própria e era tão hilário que sempre assistíamos. Tínhamos alcançado um novo nível de popularidade e continuávamos a crescer.

Em casa, nossas orações foram atendidas. Minha mãe encontrou o melhor médico para tentar consertar sua coluna. Em setembro de 2015, após a Reflection Tour, fui para casa a fim de ficar com minha mãe antes da cirurgia. Embora tivéssemos muita esperança e fé, e meus pais tivessem pesquisado tanto quanto possível, os riscos eram altos. Poderia haver complicações ou uma infecção, ou minha mãe poderia morrer enquanto estivesse sob efeito da anestesia. O médico também nos avisou que a cirurgia era perigosa, porque envolvia a remoção de duas hastes que tinham sido inseridas durante um procedimento anterior, e que causavam dor. Depois, ele quebraria e restauraria a coluna, que aloja muitos nervos. Também havia o risco de ela ficar paralisada, afinal, o caso era extremamente grave.

— Já trabalhei com muitos pacientes com escoliose, mas nunca vi nenhuma tão grave quanto essa — comentou o médico.

Nos dias que antecederam o procedimento, nossa família e nossos amigos oraram com todas as forças. Eu sabia que meus fãs também estavam orando, e esse apoio me deu coragem e força. Na noite antes de mamãe ir para o hospital, meu irmão, meu pai e eu nos reunimos em torno dela e oramos pela sua vida, pedindo a Deus para abençoar os médicos, colocando Suas mãos sobre as deles para orientá-los em seu trabalho e dando-lhes sabedoria e foco para garantir que a cirurgia fosse bem-sucedida. E pedimos a Ele que colocasse as mãos nas costas da minha mãe, com Seu poder de cura, e ficasse com ela durante todo o procedimento. Em qualquer procedimento cirúrgico, nunca há uma garantia completa de que tudo vai ficar bem, e isso é assustador. Sabíamos que tudo poderia dar errado. E, sempre que esses medos surgiam, eu ficava uma pilha de nervos. Ao mesmo tempo, mantive minha fé, o que me trouxe momentos de paz e a certeza de que tudo ficaria bem. Eu estava sem apetite de tão nervosa, e não consegui jantar naquela noite.

Na hora de ir para a cama, não queria deixar minha mãe. Eu lhe dei um abraço bem apertado.

— *Mama*, sei que você não está conseguindo dormir — disse ela. — Não se preocupe, o Senhor estará comigo.

Estávamos todos ansiosos demais para dormir, mas eu não queria que minha mãe se preocupasse comigo, então fui para o meu quarto. É claro que Bobbi se aninhou ao meu lado, oferecendo conforto. Chorei e orei, pedindo a Deus que me fizesse dormir. De alguma forma, consegui descansar por algumas horas. Até sonhei com a cirurgia da mamãe naquela noite, de tão preocupada. Então, chegou a hora de acordar cedo e levá-la ao hospital. Como uma bênção extra, coloquei um anel de prata que tinha ganhado dela, um anel com uma cruz e que sempre me fez sentir a proteção de Deus.

Depois que minha mãe foi internada, foi tão perturbador vê-la com aquelas roupas de hospital, deitada em uma maca. A cirurgia ia acontecer. Eu já estava chorando e ainda nem tinha começado. Gostaria que houvesse outro caminho, mas sabia que precisava ser daquele jeito. Eu gostaria de poder trocar de lugar com ela, mas não podia. Chamei o médico para conversar.

— Por favor, cuide da minha mãe — pedi, com lágrimas nos olhos.
— É tudo que peço, doutor, para que você seja gentil e cuide dela, por favor.
— Não se preocupe. Sua mãe vai ficar bem.

Enquanto ela recebia a anestesia inicial, eu não queria deixá-la, porque não sabia se aquela seria minha última conversa com ela. Meu rosto estava encharcado de lágrimas, e minha garganta, quase fechada de tanto chorar. Antes de levarem minha mãe para a cirurgia, passei meus braços em volta dela.

— Mãe, amo você com todo o meu coração — consegui dizer, em meio aos soluços sufocados. — Obrigada por tudo o que fez. Você significa muito para mim. E estarei bem aqui orando por você o tempo todo.

Então, a levaram. Me separar dela partiu meu coração. Enquanto ia com a minha família para a sala de espera, me virei para contemplar minha maravilhosa mãe mais uma vez. O pensamento de que poderia ser a última vez que eu a via viva era pesado demais para suportar, e chorei ainda mais. Então, esperamos.

E esperamos.

E esperamos.

A cirurgia durou sete horas, mas pareceu ainda mais longa para nós, que ficamos sentados juntos, orando, preocupados demais para ler revistas ou assistir à TV. Minha tia me levou para comer comida mexicana em meu restaurante favorito, o Blanco Cafe, para que pudéssemos fazer uma pausa e respirar um pouco de ar fresco. Foi tão legal da parte dela, mas eu não conseguia comer. Tudo o que conseguia fazer era pensar na minha mãe. Como se minhas orações pudessem ajudar no resultado da cirurgia. Durante todo aquele dia, não consegui pensar em nada além dela.

Finalmente, quando eu já estava exausta de ansiedade e emoção extrema, o médico saiu da sala de cirurgia. Quando ele se aproximou, orei pelas melhores notícias possíveis sobre minha querida mãe. Tentei ler seu rosto.

— A cirurgia foi um sucesso — contou ele, e meu pai começou a chorar.

Eu também chorei muito. Nossas orações tinham sido atendidas. Aquele seria o início de um novo capítulo na história da minha mãe, e ela seria capaz de viver com menos dor.

Mas, quando consegui ficar com ela em seu quarto de hospital, minha mãe gritava de agonia. Era horrível vê-la sofrer até os analgésicos fazerem efeito — essa sempre será uma das lembranças mais dolorosas da minha vida. Eu não tinha me preparado para a realidade do que minha mãe tinha acabado de passar. Embora tivesse passado por uma cirurgia complicada e sobrevivido, ela enfrentaria um longo caminho de recuperação. Depois de quase um mês no hospital, ela se mudou para um centro de fisioterapia e reabilitação, que enfrentou com o esforço e a determinação de sempre. Fiquei triste por ter que voltar para Los Angeles depois de alguns dias, mas estava sempre em contato e continuei orando. Nada me deixava mais feliz do que receber vídeos de casa, de minha mãe, corajosa, se esforçando para ficar de pé e andar. Quando vi um vídeo dela sendo capaz de ficar em pé ereta pela primeira vez em anos, fiquei emocionada e caí no choro. Eu tinha imaginado esse dia e orado tanto por ele, mas não tinha certeza se aconteceria. Seus médicos haviam projetado que levaria de 18 a 24 meses para ela se levantar e se mexer de novo, mas, milagrosamente, minha mãe fez isso em dois, surpreendendo a todos com sua tenacidade e perseverança. Em novembro, ela conseguiu voltar para casa, embora demorasse vários anos até poder viajar para me ver. Apesar de ainda existir alguns danos nos nervos dos anos anteriores à cirurgia e de, infelizmente, sua coluna não estar 100% normal, ela está muito melhor do que antes, o que me deixa muito feliz. Nossa família ficou surpresa. Ninguém sabia se seria possível encontrar uma solução, mas, com Deus, tudo é possível. É um dos milagres que vi diante dos meus olhos, e fiquei maravilhada. O Senhor faz coisas perfeitas. Minha mãe é a pessoa mais forte que conheço, é minha heroína. Serei grata para sempre aos fãs que apoiaram minha família durante aqueles momentos difíceis.

Quando voltei para Los Angeles, o ritmo ficou mais rápido e furioso do que nunca. Era incrível ver nosso álbum *Reflection* se tornar um sucesso, com "Worth It" sendo o hit revolucionário de que precisávamos. Mas a questão permanecia: seria esse o nosso único sucesso? Apenas aquele? Seríamos capazes de igualar ou ir além desse sucesso? O nosso próximo passo parecia ainda mais vital. As pessoas pareciam querer mais Fifth Harmony à medida que continuávamos a ganhar popularidade, e era esperado que começássemos a trabalhar em nosso segundo álbum de estúdio, que todos esperavam ser um sucesso ainda maior.

Em outubro daquele ano, voltamos ao estúdio, em Santa Monica, para começar a trabalhar no que seria o álbum *7/27*. Precisávamos encontrar nosso novo som e capturá-lo. Havia tanta coisa acontecendo. Conseguimos uma nova gestão e uma nova equipe para nos ajudar a ir mais longe, além de gerir o nosso sucesso e as situações que surgiam. Estávamos começando nossa nova era do zero. Dessa vez, nossa vida ficou ainda mais agitada. O processo envolvia muita mobilidade, mas fomos forçadas a seguir em frente, um novo começo. As apostas eram altas, e era estressante equilibrar tudo. Em alguns momentos, parecia ficar pesado demais, especialmente quando me deparei com os aspectos mais injustos do mercado musical. Durante uma sessão, alguém da gravadora tentava me convencer a fazer coisas que me deixavam desconfortável, porque eu não estava sendo descolada o suficiente. A dor já lancinante das minhas inseguranças ficou ainda maior. Tentei rir, meio sem jeito, do comentário da pessoa. Mas não houve risos de volta. Foi embaraçoso porque era um executivo de alto escalão, que carregava nosso futuro nas mãos. Aquilo me fez sentir humilhada.

Em outra ocasião, me encontrei com um executivo de gravação de uma gravadora diferente, que disse que queria me ajudar a enfrentar os desafios dentro do grupo. Eu acreditei que ele me via como eu era no grupo. Esperava que ele dividisse alguma sabedoria e apontasse uma direção para mim. Acontece que, em nosso primeiro encontro, ele me deu uma calcinha fio dental.

— Você ficaria muito bem com isso — disse.

Fiquei em choque e envergonhada. Em outra noite, ele me mandou uma mensagem, me convidando para seu quarto de hotel. Nunca respondi. Eu havia procurado aquela pessoa para pedir conselhos, abri meu coração, e ser decepcionada de uma forma tão humilhante só me fez sentir mais frustrada, impotente, sozinha e vulnerável.

Em momentos como este, confiei na minha fé e pedi forças para administrar tudo.

A gravadora nos disse que "Work from Home" seria nosso próximo single e contaria com a participação de Ty Dolla $ign. Foi muito bom trabalhar com ele, que foi gentil e respeitoso com todos, incluindo meus pais, que estavam nos visitando na época. Muito educado, segurava as portas para eles passarem. Ele é uma das minhas pessoas favoritas com quem já trabalhamos ao longo dos anos.

Quando chegou a hora de fazer o videoclipe de "Work from Home", tentei me livrar daqueles sentimentos. Era emocionante ter nosso próximo álbum sendo produzido e estar trabalhando no clipe de nosso primeiro single. Ironicamente, não pensávamos que aquele seria nosso primeiro single, mas nossa gravadora sentiu que faria sucesso. Claro que concordamos. Mal sabíamos como eles estavam certos. Curiosidade: a música se chamava originalmente "Work". Mas soubemos que Rihanna estava lançando uma música com o mesmo nome quase na mesma época, então renomeamos nosso single, que virou "Work from Home". A filmagem em si foi caótica. O diretor chegou com um conceito único de estarmos em um canteiro de obras cheio de máquinas. Nosso guarda-roupa mudou no último minuto, e tivemos que transitar entre diferentes configurações e locais várias vezes.

Eu estava animada para a filmagem e esperava que fosse divertido. Com uma nova coreografia e um conceito forte de vídeo, era hora de começar a filmar. Tentei sair um pouco da minha zona de conforto e me diverti muito. Cada uma de nós tinha um cara como parceiro, e invertemos os papéis de gênero mais uma vez. Éramos mulheres no comando. O meu par foi doce e respeitoso. Antes de começarmos a filmar, eu estava nervosa. Mudaram a configuração em que eu apareceria no último minuto, mas me ajustei e improvisei. Quando a câmera rodou, me transformei em uma pessoa diferente. Minha cena solo foi filmada bem tarde, então foi um longo dia, e eu estava cansada. Mas, quando assisti à reprodução do vídeo, fiquei surpresa ao perceber o quanto gostei da minha parte. Tornou-se um dos meus momentos favoritos de todos os nossos clipes.

E, claro, em uma reviravolta louca, essa música se tornou o nosso maior sucesso. Era um hit genuíno. A partir do momento em que lançamos aquele vídeo, nossas vidas mudaram mais do que nunca, tudo por causa de uma música. É o tipo de música que será tocada para sempre, que quebrou recordes e atingiu marcos incríveis. Em 2020, o vídeo já tinha sido visto mais de 2 bilhões de vezes no YouTube, com "Worth It" sendo assistido quase nessa mesma quantidade.

Por mais que tenha sido um sucesso, também recebemos uma reação negativa, porque a letra era picante. Pensando nisso agora, acho que eu deveria ter dito algo e tentado mudar meus próprios versos na música, porque eram um pouco ousados, mas tentei tirar o melhor proveito da situação.

Durante todo esse tempo, minha mãe continuou a ter uma recuperação notável. A cirurgia mudou a vida de toda a minha família e, claro, a da minha mãe. Acredito que este é apenas um dos muitos milagres de Deus que vi. Todos que me amavam se reuniram, nos apoiaram e oraram por ela, assim como tantos oraram por mim quando eu era bebê. Experimentei em primeira mão o poder da oração e o poder de Deus. Ele é real, e testemunhar Seu trabalho durante a cirurgia e a recuperação da minha mãe ajudou a fortalecer minha fé de uma forma poderosa.

TREZE

Olhe para nós agora

Com a chegada de 2016, estávamos alcançando novos patamares de sucesso.

Quando você está em ascensão e tudo acontece muito rápido, pode ser difícil ter uma perspectiva sobre o que acabará se revelando os maiores momentos da sua carreira, mas era evidente que estávamos em um novo patamar. Já tínhamos vários sucessos, alguns prêmios e milhões de fãs. Em fevereiro, *Reflection* ganhou seu certificado de ouro, e anunciamos nosso segundo álbum de estúdio, *7/27*. Nos primeiros dias do nosso grupo no *The X Factor*, precisávamos provar nosso valor todas as semanas para evitar sermos mandadas para casa. Fora do programa, tentávamos nos provar, buscando aquele sucesso inegável ou alcançando algum novo marco. Mas éramos um hit e tínhamos conquistado o suficiente para nunca sermos mandadas para casa. Nós tínhamos conseguido.

Quando *7/27* foi lançado, em maio de 2016, já estreou em 4º lugar na Billboard 200. O single principal desse álbum, "Work from Home", com Ty Dolla $ign, alcançou o 4º lugar no Hot 100, depois ganhou o VMA de Melhor parceria musical.

A *7/27 Tour* rolava a todo vapor, e estávamos no auge do nosso sucesso. Começamos a viajar com toda a pompa e éramos recebidas por fãs em diversas cidades ao redor do mundo. Eu amava estar em uma *girlband* de sucesso e me divertia muito. No entanto, nos bastidores, minha confiança estava abalada pela luta frequente para que minha voz fosse ouvida (literal e figurativamente). Durante esses anos, por várias vezes odiei meu figurino. Eu estava tentando me encontrar, e tentar me expressar através das roupas em um grupo pode ser difícil. É um desafio encontrar o que fica melhor em você e no que você se sente confiante, porque o guarda-roupa é uma forma de se comunicar. Tínhamos que nos vestir de uma forma que conversasse com os fãs, o que era um desafio. No entanto, digamos que tive muitos momentos terríveis no tapete vermelho, e isso só aumentou minha insegurança. Também senti que alguns dos estilistas não me vestiam da maneira mais lisonjeira. Para piorar as coisas, eu era ridicularizada pelo figurino, tanto em comentários de fãs quanto em artigos. Aquilo era um golpe ainda mais profundo na minha confiança, ainda mais ao ser sempre provocada por escolhas de roupas que não eram feitas por mim e que estavam além do meu controle. Muitos fãs me julgaram na internet pelos meus looks no tapete vermelho. Li muitos comentários, como: *O estilista errou na Ally. O estilista não sabe como vestir a Ally. Ally sempre tem as piores roupas. Ally não sabe se vestir para o corpo que tem, coitadinha.*

Em uma de nossas viagens, eu tinha uma roupa feita sob medida e fiquei muito animada. Mas, quando a coloquei, não gostei de como ficava no meu corpo. Perguntei ao estilista se havia alguma maneira de mudar, só que era tarde demais. Estava muito insegura com minha aparência. A resposta dela foi:

— Bem, vá malhar, se é assim que você se sente.

Quando olho para as fotos na época do Fifth Harmony, nem mesmo reconheço aquela garota, porque na época me sentia muito insegura e infeliz. Tudo isso criou uma espécie de tempestade. Eu me sentia oprimida e triste, mas não sabia como lidar com aquelas emoções. Falar a respeito não estava funcionando. E contar aos meus pais também não ajudou — só serviu para que também ficassem tristes. Então, comecei a descontar na comida. Uma noite, fiquei tão abalada que levei um saco de Doritos tamanho grande para a parte de trás do ônibus da tour e comi inteiro. Tudo na minha vida era controlado por alguém. Eu ansiava por qualquer liberação que pudesse encontrar, e a comida oferecia uma fuga temporária. Era aquela a pequena parte do meu mundo que eu podia controlar, mesmo que não mudasse mais nada. Eu só queria me sentir melhor. Sabia que não era saudável, mas havia algo de reconfortante em me entregar daquela maneira. Como minha alimentação tinha uma raiz emocional, e eu não queria reconhecer isso, tentei fingir que nada estava errado, mesmo quando comecei a ganhar peso.

Na primavera de 2016, foi difícil evitar o óbvio, já que eu tinha engordado dez quilos desde o começo do Fifth Harmony. Tenho apenas um metro e meio de altura, então, foi bem perceptível. Meus pais tentaram conversar sobre o que estava acontecendo, mas acho que entenderam que eu me acalmava com a comida porque estava infeliz com coisas que saíam do meu controle. Eles não queriam piorar tudo me envergonhando. No "timing perfeito", então, teríamos que gravar um vídeo para nosso próximo single, "Flex", e decidiram que seria na praia, em roupas de banho.

Era como se eu estivesse presa em um pesadelo. Naquele ponto, eu estava muito consciente do meu corpo. Eu teria que usar maiô na frente do mundo inteiro e estava com o maior peso que já tivera. Procurei obsessivamente por um figurino que servisse e encontrei uma opção que não fosse tão ruim. Mas eu não conseguia parar de pensar naquilo. Para piorar, havia todas as revistas e a TV encorajando a magreza. Só me deixaram ainda menos confiante. Eu não ostentava o tipo de corpo das celebridades, então ficava com a autoestima baixa.

Desde o momento em que começamos a produção do clipe, naquele dia, me senti nervosa e instável, querendo apenas cavar um buraco na areia e me esconder. Enquanto passávamos pelo cabelo e pela maquiagem e aprendíamos nossos lugares na coreografia, eu não conseguia evitar a sensação de que estava fazendo papel de boba e que logo todos estariam rindo de mim. Embora esse episódio tenha acontecido apenas alguns anos atrás, naquela época não havia um movimento *body positive* popularizado. Ainda parecia que apenas um tipo de corpo era celebrado, e eu não atendia ao padrão. Mais tarde, eu perceberia que meu corpo não era o problema, e sim os próprios padrões. Mas, na época, eu estava muito constrangida. Fiquei perguntando às pessoas, nas fotos:

— Tem certeza de que não estou feia? Por favor, diga se acha que estou. É um clipe. Não tem como fazer Photoshop em clipe.

— Não, você está incrível! — respondiam, me tranquilizando.

Mas eu não me sentia incrível, longe disso. Eu estava emocional e fisicamente exausta, e minha autoconfiança estava em baixa.

Quando chegou a minha hora, fui levada de carro até o local, uma bela praia em Zuma, Malibu. Eu me mantive coberta até o último segundo possível, enquanto retocava cabelo e maquiagem. Quando fui instruída a tirar o robe, fiquei tão nervosa que minhas mãos tremiam. Meu coração batia tão forte que tive certeza de que as pessoas perceberiam. Embora eu estivesse usando uma peça única, era muito reveladora, e eu me senti nua. Mas, mesmo me sentindo tão mal, estava determinada a dar o meu melhor. Na verdade, tive coragem de falar com o diretor. Solicitei que fizéssemos mais tomadas minhas deitada na areia, porque aquele ângulo me fazia parecer mais magra e alongada, sem me filmar de pé.

Continuei perguntando a todos ao meu redor sobre minha aparência, não conseguia evitar. Havia alguns homens no set naquele dia, e eles repetiam que eu estava incrível e que deveria me sentir assim. No final, me senti sexy e ótima, e em determinado momento fiquei bem com meu corpo, o que sempre foi muito difícil para mim. Quando assisti à reprodução no monitor, fiquei surpresa e aliviada por estar satisfeita com a forma como apareci na maioria das tomadas. Aos poucos, fui ficando mais à vontade. Claro, como sempre, eu estava tentando dar o meu melhor e me dedicando, o que também acabava me distraindo. Quando as filmagens do dia terminaram, eu me sentia muito bem comigo mesma e, definitivamente, orgulhosa por ter tirado o máximo de aproveitamento de uma situação difícil.

Então, algumas horas depois, surgiu um post nas redes sociais com fotos de paparazzi das filmagens do clipe. Algumas das minhas fotos não eram nada boas. Eu me senti tão envergonhada. Meu maior pesadelo estava se tornando realidade: ser exposta e ridicularizada em público. E estava acontecendo em uma época em que tínhamos milhões de seguidores. Fiquei com meu coração dilacerado. Comecei a chorar de tão humilhada. E ler alguns dos comentários só fez com que eu me sentisse pior:

Ally está gorda!
O corpo de Ally tem formato de geladeira!
O corpo da Ally não tem forma!
Ela não tem curvas!
O corpo dela não está bonito!

As pessoas estavam rindo de mim e dizendo palavras maldosas. Fiquei arrasada, ainda mais porque tocaram em um ponto muito delicado para mim. Minha autoestima despencou ainda mais. E sim, muitos fãs lindos saíram em minha defesa, e sou muito grata por isso. Mas, claro, eu achava que havia mais comentários negativos do que os positivos. Era nos comentários ruins que eu acreditava. Tive que me desconectar das redes sociais por alguns dias porque não conseguia lidar com aquilo. Esse tipo de maldade pode machucar alguém. E me machucou.

É incrível que, apenas quatro anos depois, estejamos vivendo em uma era em que muitos tamanhos e formas diferentes de corpos estão sendo aceitos e celebrados. Claro que quero que todos amem seus corpos como são. Mas, para mim, muito do meu constrangimento veio de saber que, por muitos motivos diferentes, eu estava me comportando de uma forma que não era saudável para mim, física ou emocionalmente. Eu não estava cuidando de mim mesma. Não estava me alimentando de forma saudável. Eu não estava tratando bem do meu corpo. Me sentir humilhada publicamente em meio a todas as turbulências pessoais pelas quais eu estava passando me enfraqueceu. Tornei-me ainda mais autodestrutiva.

Durante o final de 2016, tivemos todos esses momentos emocionantes. Viajando pelo mundo inteiro, batendo recordes, e até mesmo começando a fazer nossos próprios shows em estádios enormes, nos apresentando para milhares de fãs emocionados no México e viajando pela Europa. Mas eu dizia que a minha vida nos bastidores era "uma grande tristeza". Sentia que havia tentado tirar o melhor proveito das circunstâncias desafiadoras do grupo e, embora tivéssemos conquistado muito, e eu me orgulhasse disso, nossas circunstâncias do dia a dia continham mais estresse do que nunca. Principalmente porque tínhamos que dizer ao mundo que tudo estava ótimo, melhor do que nunca, o tempo todo.

Quando voltamos para Los Angeles, ficamos em um hotel residencial em West Hollywood pelo qual me apaixonei. Ficamos lá por tanto tempo que se tornou um lar fora de casa para mim. Eu adorei, e a equipe de lá me tratou como alguém da família.

Mas, nessa época, dentro de mim, tudo estava sombrio, porque havia situações injustas acontecendo nos bastidores. Era um problema após o outro, e eu estava cada vez mais instável.

Uma noite, entrei no meu quarto de hotel, sozinha, e do nada comecei a chorar muito. Embora eu nunca tenha recorrido a nada em busca de conforto além da família e da fé, eu estava tão infeliz que só queria fugir.

Pedi uma taça de vinho ao serviço de quarto. Pedi uma segunda e, então, uma terceira. Para uma pessoa pequena que não bebe muito, isso significava muito álcool. Eu estava tão alterada que não atendia meu telefone. Não queria falar com ninguém. Então, saindo da minha névoa de embriaguez, ouvi um barulho e ergui a cabeça. Minha porta se abriu, e nosso antigo gerente da turnê, Will, estava lá, preocupado. Will cuidava de nós quando estávamos em turnê havia anos, e eu sabia que ele sempre quis o melhor para mim. Aparentemente, ele tinha tentado me ligar por horas e, quando não atendi nem respondi as mensagens, ficou tão preocupado que correu e pegou uma chave na recepção. Como Will me contou mais tarde, ele ficou chocado ao me ver tão arrasada.

— Ally, o que você está fazendo? — perguntou. — O que houve?

— Por que isto está acontecendo comigo? — respondi, sufocando as palavras entre os soluços. — Por que, Deus? Por quê?

— Ally, você vai superar isso. Está tudo bem. Estou aqui com você. Você não está sozinha. Deus está com você.

Eu vomitei. Foi horrível, constrangedor e assustador. Depois, adormeci na minha cama, em uma poça de lágrimas.

Na manhã seguinte, quando acordei, estava péssima. Mas também estava um pouco mais leve. Talvez tenha sido um alívio admitir para mim mesma — e para uma pessoa próxima a mim — que havia um limite do quanto eu conseguia suportar. E também por alguém ter me lembrado que, mesmo em um momento tão sombrio, Deus estava comigo. Eu poderia sentir Sua presença se apenas mantivesse meu coração aberto a Ele. Acredito que minha fé foi o que me manteve firme durante aqueles tempos mais difíceis.

É por isso que estou contando sobre isso agora. Acredite em mim, sei o quão difícil pode ser. Mas você consegue superar. Eu consegui. Por pouco, mas consegui. Quando vejo o quão longe cheguei desde então, fico impressionada com o potencial que temos para ser fortes, mesmo quando nos sentimos incapazes. Sei do que estou falando quando digo que não importa o quão terrível as coisas possam parecer agora, tudo vai melhorar. Pode levar um ano, dois ou quatro. Mas você pode superar até mesmo seus momentos mais difíceis, aprender com eles e, sim, ficar ainda mais forte.

Foi preciso muita força para passar por tudo aquilo na hora e não falar nada para os fãs, para o público, para a mídia. Houve alguns momentos em que quase desisti. Mas fui em frente. Eu orava todos os dias. Deus me deu a força necessária para vencer. Além disso, eu sabia que tinha meus anjos da guarda, como meu avô Paul, comigo o tempo todo, me protegendo.

No final daquele ano, passamos por uma mudança. No lugar de cinco, passamos a ser quatro integrantes: Normani, Lauren, Dinah Jane e eu. Mas ainda acreditávamos que tínhamos muito a realizar como grupo.

Fui a San Antonio para passar o Natal com minha família, como de costume. Eu estava pronta para o Texas quando voltei para casa. Adorei o lembrete instantâneo de que ainda era a mesma garota que cresceu lá. Eu não era uma artista ou uma celebridade, nem uma integrante do Fifth Harmony em San Antonio, embora minha cidade natal tivesse orgulho de mim. Era apenas a Ally. Eu mal podia esperar para vestir meu moletom, ficar sem maquiagem e assistir a filmes de Natal com minha amada gata, Bobbi, especialmente depois de um ano longo, louco e agitado.

Mas, quando cheguei em casa, minha mãe me deu uma notícia horrível. Eu sabia que Bobbi, minha melhor amiga nos últimos oito anos, tinha passado por alguns problemas de saúde naquele outono e que meus pais a levavam ao veterinário uma vez por mês. Mas eu achava que as visitas ao veterinário estariam ajudando e não estava preparada para a real situação da saúde dela.

— *Mama*, está sendo difícil para ela. Bobbi está diferente — avisou minha mãe, tentando me preparar antes que eu visse como a gata havia perdido peso.

Não havia preparação suficiente para uma realidade tão devastadora. Eu tinha voltado para casa animada para receber aquele forte amor perfeito da minha doce gatinha, mas descobri que Bobbi estava muito mais doente do que eu imaginava.

Quando entrei, ela correu até mim. Minha mãe ficou impressionada.

— Ela não corre há semanas — contou ela.

Naquele momento, vi a prova de quão especial e extraordinário era nosso vínculo. É algo difícil de explicar. Mesmo que ela mal pudesse caminhar, Bobbi correu até mim em sua última noite de vida. Embora eu não soubesse, naquele momento, que aquela seria minha última noite com ela, caí no choro.

Fiquei surpresa ao notar como ela estava fraca, como mal conseguia se mover. Fiz de tudo para confortá-la. Nada era mais importante. Bobbi tornou-se minha única preocupação — tudo o mais parecia desimportante. De muitas maneiras, os animais de estimação nos trazem uma lealdade e um afeto que os humanos não podem fornecer. Eles dão esse amor doce e inocente que exige tão pouco em troca. Eu não conseguia imaginar ficar sem ela.

Ela sempre se enrolava na minha cama comigo à noite, mas, como naquele dia só conseguia colocar seu corpo frágil no sofá, dormi com ela lá. Ela não saiu do meu lado em nenhum momento, e tivemos nossa última noite juntas. De manhã, fomos à veterinária. Eu ainda acreditava que conseguiríamos salvá-la.

— Eu sinto muito, mas não podemos fazer mais nada pela Bobbi — disse a veterinária. — Esta é uma situação que afetará sua qualidade de vida, porque ela vai sentir muita dor o tempo todo.

Fiquei chocada. Eu não estava nem um pouco pronta para aquilo. Implorei à veterinária, que também tinha lágrimas nos olhos.

Finalmente, quando entendi que não havia mais o que pudessem fazer pela minha gatinha, meu coração se partiu em milhões de pedaços. Eu teria que dizer adeus para aquela que tinha sido minha bebê, minha melhor amiga. Não estava preparada. Eu estava usando brincos de árvore de Natal e dei um a ela como presente de despedida. Eu ainda tenho o outro guardado em um lugar especial e seguro em casa.

Quando a presenteei com o brinco, disse o quanto ela significava para mim e o quanto a amava. Eu a abracei pela última vez.

Senti uma dor que nunca havia sentido. E então, poucos dias antes do Natal, em 22 de dezembro, tive que me despedir de Bobbi. E uma parte de mim partiu com ela. Embora aquela experiência tenha sido muito diferente da perda do vovô Paul, fiquei inconsolável. Foi um baque enorme. Eu tinha passado por tanta coisa nos últimos meses e agora perdia minha melhor amiga, com quem estava ansiosa para me reunir, porque sentia sua falta a cada segundo quando estava longe de casa.

Todos enfrentamos dificuldades na vida. Todos vamos passar por perdas e por momentos de dor. Mas, na época, eu não estava preparada para aquilo. Tentei aproveitar o tempo com a minha família, dizendo a mim mesma que, nessa vida, nada nem ninguém dura para sempre e que fui abençoada por muitos anos com minha preciosa gatinha. Ela me deu um amor incondicional diferente de qualquer outro que já experimentei. O sentimento é diferente quando se trata de animais de estimação. Decidi sentir gratidão pela sua vida, mas, ainda assim, vivi o luto nas férias de fim de ano. Até hoje é difícil para mim falar sobre o assunto, e choro só de pensar nela. Sempre vou sentir sua falta. Bobbi estará sempre no meu coração.

Depois de passar algumas semanas com nossas famílias, nós nos reagrupamos como Fifth Harmony. Estávamos determinadas a seguir em frente após a partida de Camila. Eu acreditava no grupo, acreditava que ainda tínhamos músicas para cantar e mais objetivos a alcançar. Não era o nosso fim. Eu esperava que o resto do mundo soubesse disso também.

Conforme planejávamos os próximos passos com nossa gravadora e a nova gestão, que tínhamos desde o *7/27*, passamos por várias possibilidades e ideias. Foi considerada a realização de um *reality show* centrado na busca por uma nova integrante, em escala global. Também havia ideias sobre várias jovens artistas e celebridades conhecidas que poderiam se juntar a nós, e conversamos sobre como isso poderia funcionar. Mas sentimos que seria estranho adicionar uma nova pessoa. E acreditávamos que nossos fãs seriam o quinto membro, então decidimos manter apenas as quatro integrantes. Havia alguma incerteza sobre o que deveríamos fazer, mas senti que Deus estava trabalhando por nós, em meio a tudo aquilo. Eu não sentia medo, estava animada. Parecia um poderoso momento de renascimento para nós, e eu estava pronta para dar tudo de mim.

Nós nos ajustamos, e eu sabia, no fundo, que poderíamos mostrar ao mundo que éramos incríveis. Porque éramos. Chegamos ao início de 2017 com nossa primeira aparição pública como grupo de quatro integrantes, uma performance de destaque no 43º People's Choice Awards em meados de janeiro.

As especulações e apostas eram altíssimas, com pessoas ansiosas para ver o que faríamos. Foi um momento crucial. Tínhamos que arrasar, não havia outra opção. E devo admitir que, mesmo com toda a nossa experiência, estávamos nervosas. Parecia um momento decisivo.

Chegamos ao local com uma grande comitiva: a nova equipe de gestão, coreógrafo até os cabeleireiros, maquiadores, estilistas e nossas famílias. Tudo estava acontecendo em um ritmo acelerado, mas era inspirador estar cercada por um grupo tão grande de pessoas que acreditavam em nós. Lembro que eu e as meninas nos dedicamos muito. Nos divertimos nos ensaios e sonhamos juntas com nosso novo futuro. Quando chegou a hora, nós nos reunimos nos bastidores. Estávamos tão nervosas que pulávamos o tempo todo, tentando nos livrar do nervosismo. Tive a honra de liderar a oração em grupo naquela noite.

— Querido Deus, por favor, nos proteja, nos dê paz. Não deixe nada dar errado. Por favor, permita que nossa aparição seja vista de forma positiva, que todos nos amem e nos aceitem. Faça com que possamos nos divertir com a nossa apresentação e que tenhamos a chance de absorver tudo até o fim.

Depois que dissemos amém, todos falamos juntas: "Boa sorte! Vamos lá!"

— Vocês vão arrasar! — gritavam nossos familiares e nossa equipe, para nos incentivar.

Fomos para o palco. Pela primeira vez como um grupo com quatro garotas. Tínhamos planejado muito para que o mundo nos visse naquela nova formação, incluindo um visual renovado que parecia sexy, sofisticado e poderoso. Enquanto dançávamos e cantávamos "Work from Home", a multidão ia à loucura. Eles nos amaram e nos aplaudiram de pé! E, melhor ainda, recebemos o prêmio de Grupo Favorito das mãos do DJ Khaled. No discurso de recebimento do prêmio, fizemos questão de expressar o amor que sentíamos pelos nossos fãs.

Depois, voltamos para o nosso camarim e todo o nosso time nos aplaudiu. Estávamos seguindo em frente, e a reação geral, desde a mídia até os nossos fãs, foi bombástica. Tínhamos conseguido! Sobrevivemos e até triunfamos. Estávamos fortalecidas.

Então, enquanto estávamos nos bastidores, Dwayne Johnson veio nos dar os parabéns.

— Vocês foram fantásticas! — disse.

O quê? Não podíamos acreditar. Estávamos tão empolgadas! Até fizemos um vídeo com ele, começando 2017 com muita energia e risos, e postamos nas nossas redes. Essa é uma das minhas memórias favoritas, porque ele é uma das minhas maiores inspirações como alguém que trabalhou duro para chegar onde está. E lá estava ele, que atualmente é uma das maiores estrelas de cinema do mundo, dizendo como nos achava incríveis. Meu pai o conheceu. Naquele momento pedi, e até hoje peço, que Deus abençoasse aquele homem.

Que noite linda. Parecia um renascimento. Eu estava muito esperançosa quanto ao nosso futuro.

Sentimos que nossas chances eram muito boas. Sabíamos do que éramos capazes, que tínhamos o talento, a paixão e a motivação para criar algo especial. Isso sem contar os fãs, tão leais, sempre nos apoiando. Nossos empresários também acreditaram em nós de todo o coração e lutaram para obter reconhecimento e novas oportunidades tanto na gravadora quanto internacionalmente. Não íamos deixar nada nos impedir. Finalmente, depois de negociar por meses, fomos informadas de que lançaríamos outro álbum.

Durante o processo, fomos apresentadas a Chris Anokute, nosso novo executivo artístico e de repertório. Ele esteve nos bastidores do álbum *7/27*. Foi ele quem ouviu "Work from Home" pela primeira vez e sugeriu que gravássemos a música. Chris tinha um bom ouvido. Mas tínhamos outra pessoa no mesmo cargo na época. Na nossa nova formação, com quatro integrantes, ele foi designado como nosso novo representante artístico.

Chris tinha muita energia e entusiasmo e fez um discurso incrível sobre como acreditava em nós. Ele deixou claro que lutaria com unhas e dentes para nos dar as melhores músicas, escritores e tratamento que pudesse. Não conseguíamos expressar o quanto estávamos gratas.

Passávamos os dias inteiros em estúdio, trabalhando para encontrar as músicas certas. Dessa vez, Chris nos deu uma oportunidade que esperávamos há muito tempo: fazer nossas próprias composições. Ficamos muito felizes pela oportunidade de nos expressar. Mergulhamos em nossas letras, nos aprofundando em muitas delas. Gostei de voltar a usar aquele meu lado criativo e estava animada para ter mais informações sobre todos os aspectos do nosso grupo.

Após semanas de gravações, chegou a hora de voltar à estrada para finalizar alguns shows. Então, em março, eu estava em um avião para a *7/27 Tour* na Ásia. Os fãs foram muito gentis e respeitosos. Algumas das minhas memórias favoritas no grupo são de passear por Tóquio, visitar os templos de artes marciais, andar pelas ruas, fazer compras, comer lámen e sorvete e viver muitas aventuras. Pela primeira vez, comi Wagyu, a melhor carne da minha vida. Também comprei sushi, que era incrível e muito fresco. E fui a um café que proporcionava interação com gatinhos, claro, porque eu adoro gatos!

Então, tive que viajar para meu destino favorito de todos os tempos: minha cidade natal. Em 20 de fevereiro, fomos convidadas a nos apresentar no lendário San Antonio Stock Show & Rodeo, no AT&T Center, que é um grande evento no Texas, com dois milhões de visitantes por ano. Todos, de Tim McGraw a John Legend, de Rascal Flatts a Brad Paisley, já tinham se apresentado lá. Cresci indo ao AT&T Center para assistir a shows e jogos do Spurs e sempre quis fazer parte das atividades. Agora estava acontecendo para valer.

Amigos de longa data e toda a minha família vieram assistir, e a sensação de estarmos juntas, como grupo, naquele palco enorme na frente da multidão da minha cidade era inigualável. Depois disso, minha família me deu muito amor, e fomos comer comida mexicana, é claro. Comemos em um dos meus lugares favoritos, o Mi Tierra. Se você tiver a chance de visitar San Antonio, vá a este restaurante, que é um marco na minha cidade. O interior é espetacular, com decorações coloridas e muito orgulho da cultura latina. E a comida é deliciosa!

Nossa agenda começou a ficar lotada de novo. Depois de finalizarmos a temporada de shows, terminamos a gravação do nosso álbum. Escrevemos juntas todos os dias por semanas, às vezes com duas ou três salas de composição funcionando ao mesmo tempo, e sempre trocando os parceiros de escrita. Estávamos na nova busca por *aquele single*, a música que mostraria ao mundo quem éramos como um quarteto. Após meses de gravação, com a ajuda de Chris, nosso empresário, anunciamos nosso novo single em maio de 2017, "Down", com Gucci Mane. Trabalhar com o Gucci também foi um ponto alto da nossa carreira, e ele mergulhou com tudo no projeto.

Lançamos a música no *Good Morning America*, que imediatamente explodiu em todo o mundo, tendo uma recepção incrível. Mesmo no primeiro dia de lançamento, "Down" já estava no topo das paradas do iTunes. Naquele momento, chorei, sabendo que havíamos conseguido. Tínhamos conquistado algo novo e marcante. Depois de muito trabalho, estávamos mais fortes do que nunca. Após nossa apresentação ao vivo na TV, ficamos radiantes e nos abraçamos.

Em junho de 2017, alcançamos nosso auge como quarteto. Eu também estava me sentindo melhor comigo mesma. Era maravilhoso saber que minha mãe havia melhorado muito desde a cirurgia. Eu estava me sentindo mais capaz de falar sobre o que eu queria, no estúdio e com o grupo, como se estivesse em uma posição melhor. No geral, foi um momento com muita energia e otimismo, e senti que aquilo irradiava de todas nós.

No início do mês, apresentamos "Down" em um evento da iHeartRadio em Miami, Flórida. Era um grande evento ao ar livre, com transmissão ao vivo. Enquanto cuidava do cabelo e da maquiagem, um processo que já tinha feito mil vezes, tudo parecia normal. Então, cerca de vinte minutos antes do show, senti uma dor aguda no estômago. Comecei a passar mal.

Decidimos que eu deveria deitar enquanto as outras garotas faziam fila para colocar os microfones. Elas estavam preparadas para o caso de eu não conseguir me apresentar, mas eu ainda esperava conseguir.

Naquele momento, nosso gerente de turnê, Will, apareceu e disse que Mark Burnett estava lá com a esposa, Roma Downey. Eles queriam orar conosco antes de entrarmos no palco. Aquela era uma notícia impressionante. Eu conhecia Mark Burnett como o respeitado e bem-

-sucedido produtor de TV que ajudou a criar alguns dos *reality shows* mais populares de todos os tempos, que eu assistia por anos, incluindo *Survivor, O aprendiz, The Voice* e *Shark Tank*. Ele foi responsável por moldar a cultura pop contemporânea. Eu estava honrada em conhecê-lo. Fiquei animada também em conhecer a sua esposa, Roma Downey, que não é apenas uma atriz e produtora famosa, mas também uma pessoa rara em Hollywood, muito aberta sobre sua fé cristã. Cresci amando sua participação em séries como *O toque de um anjo*. Eu os admirava não apenas por desempenharem um papel ativo no mundo do entretenimento, mas também por serem as luzes da nossa fé naquela indústria. Sonhava em conhecer os dois havia muitos anos.

Até hoje não sei por que Mark e Roma foram naquele evento. Talvez a empresa de Mark estivesse produzindo a transmissão on-line do show, ou talvez estivessem lá para uma reunião. Mas o gesto deles de pedirem para orar conosco antes de subirmos no palco foi de grande generosidade. Como soube mais tarde, quando Mark e Roma se aproximaram das meninas, nosso gerente os informou sobre as circunstâncias que enfrentávamos naquele momento.

— Ei, Mark, antes da oração, uma de nossas garotas está sentindo uma dor horrível — comentou nosso empresário.

— Então vamos orar com ela — disse Mark, sem hesitar.

Enquanto isso, eu estava numa salinha ao lado do palco, sem saber que tudo aquilo estava acontecendo. Eu me sentia mal de um jeito bizarro. E quase nunca passava mal.

De repente, a porta se abriu, e uma multidão inundou a sala. Antes que eu entendesse o que tudo aquilo significava, vi esse casal ao meu redor e, em um canto da minha consciência, senti como se conhecesse seus rostos de algum lugar.

— Olá, Ally, se não se importa, vamos orar por você, ok? — avisou Roma, com aquela voz calma e seu adorável sotaque irlandês.

Concordei com a cabeça. Eles impuseram as mãos sobre mim e começaram a orar. Naquele exato momento da oração, senti o Espírito Santo vir sobre mim. De um jeito incrível, paz e força me encheram enquanto eles continuavam orando. Quando abri os olhos, ao fim da oração, eu estava chocada. Minha dor tinha sumido. Depois de ver quão mal eu tinha me sentido, todos olharam para mim enquanto testemunhavam aquela mudança milagrosa. Foi um momento tão surreal, especialmente porque Roma interpretou um anjo na TV, e lá estava ela, orando por mim, como se fosse um anjo de verdade.

— Agora vamos todos lá para fora — disse alguém.

De repente, me senti bem, e não apenas bem, mas excepcional. Acabei tendo muita energia para o show, como se nada tivesse acontecido.

Desde aquele dia, Roma e Mark se tornaram pessoas importantes na minha vida. São um casal lindo e temente a Deus que acabou me acolhendo. Roma tem sido uma amiga especial e querida, quase como uma mãe fora de casa. Com um coração maravilhoso, ela representa uma verdadeira mentora para mim, tanto na indústria quanto como exemplo espiritual. A amizade deles me proporcionou inúmeras experiências abençoadas e bastante tempo orando e falando sobre o Senhor.

Como se o dia já não tivesse sido bom o suficiente, quando voltei para o quarto de hotel depois daquele show, me vi comemorando mais uma emocionante estreia em minha carreira. No início do dia, uma participação que fiz para a dupla de DJs Lost Kings, em uma música chamada "Look at Us Now", que também tinha a participação do rapper A$AP Ferg, foi lançada para o mundo. Para marcar o quão especial era a ocasião, fiz uma transmissão ao vivo com meus fãs, e foi muito emocionante ver o quão orgulhosos e ao meu lado eles estavam. Saber que me amavam como eu era e pelo meu jeito próprio de me expressar, além do que eu estava fazendo com Fifth Harmony, era a melhor sensação do mundo.

Embora todas nós estivéssemos começando a lançar participações solo, ainda tínhamos muitas conquistas do Fifth Harmony para nos manter ocupadas. Naquele verão, "Down" foi a música mais comentada no

Twitter (de acordo com a revista *Time*). Seguimos com uma apresentação ao vivo no *The Tonight Show Starring Jimmy Fallon* e anunciamos a data de lançamento de nosso álbum, intitulado *Fifth Harmony*. Havia anos que eu era fã de Jimmy Fallon e tinha esperanças de algum dia estar no programa. Agradeci a ele por nos receber e disse o quanto o admirava. Jimmy era tão legal quanto parecia na TV, e isso se tornou outro ponto alto para mim em todos os anos no grupo.

Nós quase não saímos do estúdio naquele ano, tentando encontrar as músicas certas, o som certo, as letras certas. Estávamos escrevendo canções incansavelmente, dia e noite. E foi incrível experimentar o culminar de todo esse esforço quando nosso novo álbum foi lançado, em agosto, e estreou em 4º lugar na Billboard 200. Foi uma conquista linda para compartilharmos. Estávamos muito orgulhosas. Você já esteve tão feliz que não conseguia encontrar palavras para expressar? Foi como me senti. E aquela agitação continuava. Em todos os lugares que íamos, os fãs se reuniam e nos apoiavam. Ganhamos vários prêmios incríveis, desde o People's Choice Awards ao Teen Choice Awards.

Tocamos duas músicas no *Total Request Live*, da MTV. Então, para minha alegria, gravamos outra música de Natal, chamada "Can You See?", para um filme de animação, *A estrela de Belém*. Era nossa primeira canção de Natal original, uma música mágica sobre a Estrela de Belém e o significado do nascimento de Jesus. "Por Favor", nossa colaboração com Pitbull, era uma música com sonoridade pop latina, viva e cativante em espanglês. Foi divertido quando nos apresentamos com ele no *Dancing with the Stars*.

Em novembro, nosso empresário veio até nós e disse:

— Adivinhem, meninas?! Vocês foram convidadas para cantar na Disney!

Dizer que fiquei muito feliz é um eufemismo. Liguei para os meus pais, que ficaram em êxtase. Imediatamente aquela se tornou uma viagem em família. Aqui estavam todas as minhas coisas favoritas no universo: cantar uma música natalina, na Disney, em uma viagem com minha família, na época do Natal! Eu não conseguia imaginar nada mais mágico. Meus pais estavam lá, junto com meu irmão e a namorada, e meu primo BJ, com a esposa e as três filhas. Era a primeira vez dos meus primos na Disney, e poder dar esse presente a eles não tinha preço.

Acabamos passando não um, mas dois dias e meio no parque com acesso VIP, o que significava que podíamos ir aos brinquedos sem precisar entrar na fila. Nós nos divertimos muito. Nada, absolutamente nada, em minha carreira, que teve alguns destaques incríveis, jamais se comparou àquela viagem à Disney. Ver os rostos dos meus primos quando eles viram o castelo pela primeira vez e conheceram suas princesas favoritas, Anna e Elsa, e também o Mickey, foi algo que me marcou para sempre. Eu só podia agradecer a Deus por momentos como aquele, ainda mais porque Ele me ajudou a enfrentar provações tão difíceis nos anos anteriores. A parte bonita nisso é que todos estávamos nos sentindo da mesma maneira, como se estivéssemos no paraíso na terra. Vou me lembrar para sempre de cada risada, cada sorriso, cada pedacinho de pura magia que foi sentida naquela viagem.

Para a apresentação do Fifth Harmony, o ambiente foi decorado para parecer que vivíamos dentro de um globo de neve de Natal. Cantamos "Sleigh Ride" durante o dia e, à noite, "Can You See" e "The Christmas Song". Trabalhamos duro para aperfeiçoar nossas interpretações com nosso talentoso treinador vocal, e nossas vozes estavam em ótima forma.

Cantar em frente ao Castelo da Disney me fez sentir como se estivesse em um conto de fadas da vida real. Olhei para as outras garotas enquanto nos apresentávamos e soube que, com empenho e muito trabalho, tínhamos sobrevivido a um ano com as maiores mudanças imagináveis. E aquilo era maravilhoso.

Fizemos mais alguns shows antes de voltarmos para casa, para outra temporada de férias com nossas famílias. Eu não pude deixar de me perguntar o que o novo ano poderia trazer. Nunca imaginei que uma mudança ainda maior estava me aguardando, quer eu me sentisse pronta ou não.

CATORZE

Novas harmonias

Eu fiz um pedido na noite de 1º de janeiro de 2018: que o ano fosse repleto de esperança, alegria e belas oportunidades. Janeiro foi um ótimo mês para mim. Eu estava em San Antonio, de volta onde tudo começou, graças ao apoio de uma agente de talentos local, Annette, que conheço desde pequena. Ela acreditava em mim como cantora e *performer*, quando eu era muito jovem e desconhecida, e sempre que podia me colocava em apresentações na cidade. Ela estava tão orgulhosa de quão longe eu tinha chegado! Tê-la em minha vida tinha sido uma bênção. Foi muito especial ter amigos ao meu redor, amigos que estavam comigo antes e depois do meu sucesso no Fifth Harmony.

Significou muito quando soube que ela conseguiu uma apresentação para mim como parte da celebração do Tricentenário da cidade. Eu cantaria com o renomado cantor de ópera Plácido Domingo, conhecido por seu papel ao lado de Luciano Pavarotti e José Carreras no supergrupo de música clássica Os Três Tenores, além de uma orquestra de 64 músicos. Minha família e eu não podíamos acreditar que tudo isso estava acontecendo na minha cidade natal, tornando tudo ainda melhor. Parecia um ciclo se completando em minha jornada, mais uma vez.

Eu tinha que me preparar, e rápido. Não havia muito tempo antes da apresentação. Eu estava na Cidade do México com o grupo em uma turnê promocional. O sr. Domingo me pediu para cantar "Bésame Mucho" com ele e, embora conhecesse a música, não sabia a letra de cor. Então, primeiro escutei repetidamente até decorar. Na noite anterior ao meu voo para San Antonio, fiz uma prova de figurino com o nosso estilista, que me ajudou a encontrar o vestido certo. Experimentei várias opções até colocar um lindo vestido branco com uma longa cauda e brilhos costurados no tecido. Não havia dúvidas de que aquele era o figurino perfeito.

Eu não podia deixar o grupo por muito tempo, então voei para San Antonio um dia antes do meu dueto com o sr. Domingo. Sempre ficava feliz por passar algum tempo com a família, e meu pai me levou para comer em um dos meus lugares favoritos antes do ensaio, em uma das igrejas mais bonitas da cidade. Eu estava tão nervosa. Tinha cantado um pouco de ópera pela cidade quando era mais nova, adorava as músicas de *O Fantasma da Ópera*, assim como Luciano Pavarotti e Andrea Bocelli. Seria uma honra cantar com o sr. Domingo.

Depois de praticar com ele, ensaiei a segunda música, que cantaria só com a orquestra. Sempre foi um sonho cantar acompanhada por músicos clássicos, mas nunca havia tido a chance. Amei perceber que era diferente de toda a minha experiência, o som ficava tão amplo e bonito. Eu podia ver meu pai explodindo de felicidade de onde ele estava assistindo e, quando terminamos, o maestro foi muito gentil.

— Muito obrigado — disse ele. — Foi incrível. Estamos honrados em ter você como convidada. Até amanhã.

Enquanto me levava para casa, meu pai fez questão de me dizer que estava orgulhoso de mim e que meu ensaio tinha sido incrível. Ele mal podia esperar que mamãe me ouvisse. Todos estávamos ansiosos.

No dia seguinte, quando cheguei ao lindo Lila Cockrell Theatre, estava animada e cheia de expectativa. Pressentia que aquela seria uma bela noite.

Minha equipe local de cabelo e maquiagem começou a me arrumar (eu amo minhas garotas de San Antonio) e ensaiei mais uma vez no palco. De repente, eu não estava mais tão nervosa. Enquanto voltava para o camarim, apenas absorvi aquela atmosfera e me diverti. Coloquei meu vestido branco brilhante, que me fez sentir como uma princesa, e recebi um último abraço dos meus pais e meu irmão nos bastidores. Por fim, fiz uma oração simples, mas sincera, para que Deus abençoasse meu desempenho naquela noite.

Então chegou a hora do show. Fiquei na coxia, ouvindo o farfalhar da multidão lá fora, tão diferente dos gritos animados que saudavam o início de um show do Fifth Harmony. Ao tomar meu lugar na frente da orquestra e começar a cantar, a alegria tomou conta de mim. Agora que tinha mais poder para moldar minha produção musical, voltei a um dos meus primeiros grandes amores: Selena. Foi com enorme orgulho que cantei uma das minhas canções favoritas dela, "No Me Queda Más", antes de cantar "Bésame Mucho" com o sr. Domingo. Usei até um grande coque no cabelo, em mais uma homenagem a ela.

Depois que cantamos a nota final, a multidão gritou, e pude ver minha avó de pé na plateia. Foi tão doce da parte dela! Ao captar sua expressão de amor e orgulho, sorri, porque ela é meu coração. Ao lado dela, meu pai e meu irmão usavam ternos, e minha mãe parecia uma estrela de cinema em seu lindo vestido. Houve uma recepção, e foi maravilhoso poder comemorar aquela noite especial com meus pais. Claro, havia muitos fãs de ópera lá, e eles foram amáveis comigo, me parabenizando por ser uma jovem estrela pop que também estava disposta a cantar música clássica e me dizendo como ficaram impressionados com meu talento e minha versatilidade. Que maneira maravilhosa de começar o Ano-Novo! Mudar de elemento foi uma lufada de ar fresco. Adorei a elegância, a classe e a beleza da ópera. O mais importante era que eu era apaixonada por aquele tipo de música e canto. Sempre que podia, gostava de mostrar os diferentes lados das minhas paixões, e estava feliz naquela noite.

Também estava me preparando para lançar, dentro de apenas dois dias, minha segunda colaboração. A música, "Perfect", foi uma parceria com um DJ e produtor europeu chamado Topic. Eu estava muito orgulhosa. A letra continha uma mensagem de amor-próprio que era o que eu queria enviar a todos os meninos e meninas naquele momento. Eu adorava ter músicas com mensagens positivas e edificantes para meus fãs. Tendo enfrentado tantos golpes na autoestima nos últimos anos e lutado para voltar a me sentir melhor comigo mesma, eu tinha muito a dizer sobre o assunto. E a minha forma favorita de me expressar sempre foi com música. Todos podemos nos sentir vulneráveis ou não bons o suficiente, mas é importante perceber nosso valor e nos recompor. Somos incríveis em nossos próprios caminhos.

A resposta da mídia e dos fãs foi imediata e muito bonita. E para mim, foi a confirmação de que, quando nos permitimos ser vulneráveis e honestos, podemos nos conectar uns com os outros. Não devemos ficar isolados na solidão, na dor, nem em nossas inseguranças. Eu tinha dificuldade de ser vulnerável, por medo de parecer fraca. Sempre era vista como a luz do grupo, o tipo positivo de irmã mais velha, então não queria decepcionar ninguém. Mas percebi que se mostrar vulnerável é um dos maiores sinais de força. A vulnerabilidade é um poder. Eu estava sendo honesta, compartilhando meu coração por meio dessas letras e, consequentemente, ajudando outras pessoas. Podemos permanecer juntos na luta e celebrar nossa força pessoal.

Recebi algumas mensagens de fãs, que disseram que se conectaram imediatamente com a letra. A questão é que sei como eles se sentiram. Eu também me conectei à música dessa forma. Houve dias em que eu chorava na cama, pensando que não era bonita ou nunca seria isso ou aquilo. Mas ser capaz de me encontrar dentro de mim e criar força e segurança, ser capaz de me dar o amor do qual preciso, sabendo que sou o suficiente aos olhos de Deus, é uma coisa poderosa. Igualmente poderoso foi ter encontrado a coragem de ser honesta e fazer com que as pessoas que ouvissem a música se conectassem com ela.

Uma mensagem que recebi de um fã resumiu as minhas batalhas e tudo o que sempre quis alcançar. Esta é a verdadeira razão de eu cantar: *É uma batalha difícil, amar a si mesmo. E, às vezes, nada ao seu redor ajuda. Mas você não pode desistir, não importa o quão difícil seja. Obriga-*

do por ser minha força e por me ensinar a me amar a cada dia que passa. Obrigado por ser tão positiva.

Adoro me conectar com meus fãs pelas redes sociais, mas conhecê-los pessoalmente é ainda melhor. Topic e eu fizemos uma apresentação simples no dia em que a música foi lançada. Foi tudo organizado no último minuto, em uma boate em Los Angeles chamada Bootsy Bellows. Convidamos nossos seguidores pelas redes sociais dois dias antes do evento. Eu me preocupei que talvez não desse tempo para as pessoas comparecerem, e poderíamos não ter uma plateia muito cheia. Mas, quando cheguei à boate, um pouco antes do show, fiquei emocionada ao ver que o espaço estava lotado. A capacidade máxima era de duzentas pessoas, e havia muitos fãs ansiosos espremidos em cada centímetro do lugar.

Eu havia conquistado muito com o Fifth Harmony, mas este era um tipo diferente e especial de momento, do qual eu também estava orgulhosa. Era algo pessoal, porque tinha vindo do meu coração e estava sendo lançado ao mundo com muita boa vontade. Pude ver alguns fãs que conheci nos shows do Fifth Harmony ao longo dos anos, mas muitos novos ouvintes também apareceram. A música tinha acabado de ser lançada à meia-noite, mas os fãs cantaram cada palavra conosco. Eles já haviam memorizado a letra! Foi incrível ouvi-los cantando comigo, suas vozes junto com a minha enquanto Topic tocava piano.

Após a apresentação, fizemos uma sessão de perguntas e respostas e um encontro com fãs. Repetidamente, ouvi o quanto a mensagem da música significava para as pessoas, e o amor dos fãs por ela me deixou muito feliz. Alguns tinham dirigido um número absurdo de horas apenas para estar ali. Uma garota disse que estava tentando me conhecer havia seis anos! Eu não conseguia acreditar. Eles estavam todos lá por mim.

A boate estava aberta ao público para a programação normal após nosso show. Por isso, os seguranças tiveram que expulsar todos nós para abrir espaço para a multidão habitual de sexta-feira à noite, mas ninguém queria ir embora. Todos se encontraram do lado de fora e passamos mais tempo juntos, literalmente na calçada ao lado do clube.

Estávamos tirando fotos, rindo, brincando e contando histórias. Fiquei até conhecer pessoalmente todos os fãs. Nós nos divertimos tanto. Foi um momento incrível!

Estávamos em chamas, conquistando o mundo. E ainda tínhamos planos em andamento para o Fifth Harmony em 2018. Deveríamos fazer uma turnê de verão e depois uma turnê europeia. Parecia que tínhamos agenda cheia até o outono. Mas os planos começaram a mudar. Logo me vi conversando sobre o futuro do Fifth Harmony. Todos os sinais que recebíamos de nossa equipe eram de que nossa gravadora não apoiaria outro álbum. Depois de várias conversas difíceis, decidiu-se que era hora de deixar o Fifth Harmony e seguir carreira-solo. Sinceramente, fiquei desapontada e me senti a última a bordo. Eu não queria o fim e demorei muito para processar aquilo. No entanto, tive que respeitar a decisão geral.

Quando orei, como sempre, senti clareza e paz tomarem conta de mim. Eu sabia que precisava confiar no que Deus estava fazendo. Àquela altura, eu havia passado por uma longa lista de experiências nas quais Deus havia me mostrado Sua fidelidade infinita. Lembrei-me de como não queria fazer um teste para o *The X Factor*, e minha mãe me incentivou a tentar. Enviei minha inscrição apenas para deixá-la feliz. Orei antes de fazer isso, até mesmo dizendo a Deus que não queria, mas que confiaria Nele independentemente do que acontecesse. Aquela atitude me trouxe seis anos com o Fifth Harmony. Durante esse tempo, Deus me ajudou a ficar mais forte e mais confiante sobre quem eu era e a encontrar minha voz para falar e cantar. Ele sabia o que era melhor para mim, muito mais do que eu mesma. Os seis anos com o Fifth Harmony foram surreais. Fiz amigos para a vida toda. Descobri minha força interior e minha feminilidade. Compartilhei memórias que durariam para sempre com aquelas lindas garotas. Eu era parte de algo maior do que eu. Dominamos o mundo da música, mesmo com tantas probabilidades contra nós. Construímos uma história de sucesso do zero.

Quebramos recordes. Impactamos milhões de vidas. Reunimos fãs. Foi incrível tudo o que conquistamos.

O anúncio oficial foi feito na conta do Fifth Harmony no Twitter, em 19 de março de 2018.

Refletindo sobre os últimos seis anos desde que começamos no *The X Factor*, percebemos o quão longe chegamos e somos muito gratas por todas as conquistas, hoje mais do que nunca. Tivemos uma jornada inesquecível juntas, e não dá para mensurar nossa gratidão a todos por terem embarcado conosco nessa história insana!

Depois de seis anos trabalhando muito, sem parar, também percebemos que, para permanecermos autênticas conosco e com vocês, precisamos reservar algum tempo por enquanto para fazer um hiato do Fifth Harmony e seguir nossos projetos solo.

Estamos muito entusiasmadas e gratas por aproveitar este momento para aprender e crescer de forma criativa e encontrar o nosso lugar como pessoas. Ao fazer isso, estamos nos permitindo ganhar novas experiências, pontos fortes e perspectivas que podemos retribuir à nossa família Fifth Harmony.

Aos nossos *Harmonizers*, obrigada por tudo o que fomos capazes de construir como Fifth Harmony. Com o seu amor e incentivo, continuaremos a crescer, a apoiar umas às outras em tudo o que fazemos e a deixar vocês e a nós mesmas orgulhosos.

Temos alguns shows programados até o final do ano que acontecerão conforme planejado, e mal podemos esperar!

Com todo o nosso amor, do fundo dos nossos corações,
Dinah Jane, Lauren, Normani e Ally. xoxoxo

Sim, ainda fizemos mais alguns shows e mantivemos compromissos, também gravamos um clipe para nossa música "Don't Say You Love Me". Foi nosso último clipe como grupo. Choramos no final da filmagem. Foi estranho e difícil nos prepararmos para o fim do que havia sido uma grande parte de nossa vida. Estávamos dizendo adeus ao Fifth Harmony.

Nosso encerramento foi em maio daquele ano, em Hollywood, Flórida, no Hard Rock Live. O primeiro show foi público para nossos fãs; o segundo, em uma propriedade da Disney, era particular. Como nosso grupo foi formado originalmente em 27 de julho de 2012, em Miami, de alguma forma pareceu apropriado encerrar este capítulo na Flórida, como se estivéssemos fechando um ciclo.

Nós quatro nos reunimos. Oramos pelo nosso futuro e pelo nosso último show. Aquela parceria estava acabando para todas nós, e cada uma enfrentaria novos desafios dali para a frente. Durante as últimas semanas com o Fifth Harmony, eu estava analisando a possibilidade de ter meu próprio *reality show* na TV e filmando um piloto, mas acabei decidindo que não era a melhor opção para mim na época. Em algum lugar por aí, no entanto, há a filmagem de nosso último show e dos últimos momentos juntos como um grupo.

Ficamos paradas sob as luzes, na frente de nossos fãs e amigos que se tornaram uma família, e nos despedimos. Foi um ótimo show. Lembro-me de pensar, durante cada música: *Esta é a última vez que cantaremos essa música juntas.* Foi uma sensação tão estranha. Mas, no geral, me senti muito orgulhosa. Mesmo com todas as inseguranças e frustrações que vivi no grupo, sempre cumpria os horários, seguia minhas marcas, buscava as notas altas e cantava com o coração, dando tudo de mim. Eu me mantive fiel a quem eu era e não perdi minha integridade. Tentei ser o mais altruísta possível. Tentei ajudar quando pude, assim como meus pais me ensinaram e me lembraram de continuar fazendo, mesmo nos momentos mais difíceis. Sempre defendi o grupo. Não perdi minha fé. Mesmo com a nossa agenda louca, tive apenas um ou dois dias de licença médica em seis anos e meio. Estava terminando forte, honrando meu compromisso com as meninas. Dei tudo de mim pelo Fifth Harmony. E foi uma honra fazer parte do grupo.

Sempre serei grata ao Fifth Harmony, porque me trouxe ao lugar onde estou hoje. É uma plataforma incrível para ajudar a mudar e, às vezes, até a salvar a vida das pessoas. Sempre carreguei esse papel importante em minha mente até o fim. Compartilhamos alguns momentos maravilhosos ao longo dos anos e crescemos juntas de muitas maneiras.

Depois que terminamos a última música do nosso último show juntas, saímos do palco pela última vez. Trocamos nossas roupas no camarim e devolvemos os figurinos ao estilista. Então, seguimos caminhos separados. Houve alguns momentos difíceis no Fifth Harmony, mas optei por me concentrar nas partes positivas. E uma coisa é verdade: sempre terei amor pelas outras meninas. Quem sabe, talvez um dia, estaremos em um grande evento mundial juntas como grupo novamente.

Após a apresentação, percebi que a vida que tive nos últimos seis anos estava terminando. Mas um novo dia estava surgindo. Eu estava pronta para fazer minha própria música. Era hora de um novo capítulo, e eu iria perseguir o sonho pelo qual havia trabalhado minha vida inteira. Finalmente, eu seria uma artista-solo que teria a liberdade de criar algo próprio, algo que fosse todo meu. Sentei na cama e constatei: *Minha vida está prestes a começar.*

QUINZE

Em busca da minha harmonia

Passei os meses seguintes colocando a minha cabeça no lugar, processando tudo o que tinha acontecido e fortalecendo a minha fé em Deus. Na verdade, consegui respirar e voltar a ser eu mesma. Tentei me reconectar e aprofundar o meu relacionamento com os meus amigos. Foi uma época linda, porque pude me redescobrir, e mal podia esperar para ver o que Deus estava preparando para mim.

Por mais que eu precisasse de um tempo para me reorganizar, havia certa urgência para iniciar a minha carreira-solo. E eu não era a única que pensava assim. Mesmo quando ainda estávamos juntas, o nosso empresário, que também administrava as carreiras-solo de várias de nós, disse que seria uma boa ideia todas nós começarmos a procurar as nossas próprias gravadoras. Eu concordava. Algumas das meninas já tinham assinado seus contratos. Como havia um número limitado de gravadoras com as quais poderíamos trabalhar, e eram quatro de nós correndo atrás para conseguir uma, a pressão era real. Teria sido bom poder escolher entre todas as gravadoras possíveis, mas essa não era a realidade. Portanto, tentei ser otimista sobre o que poderia fazer acontecer naquele momento.

Um dos primeiros e grandes pontos positivos desse momento foi o fato de que eu, pela primeira vez em anos, fui capaz de me concentrar em mim mesma e no meu bem-estar. Sempre fui muito ativa e, quando era pequena, costumava caminhar pela vizinhança com o meu pai. Antes do *The X Factor*, eu malhava todos os dias e estava na melhor forma da minha vida.

E então, durante o período em que estive no Fifth Harmony, tantas coisas aconteciam que esqueci de priorizar a minha saúde. Com o meu ganho de peso e toda a humilhação on-line que veio com isso, acabei adquirindo comportamentos autodestrutivos que potencializaram o problema.

Depois que o grupo terminou, consegui focar em mim. Foi incrível me priorizar dessa forma depois de tanto tempo. Amo comer e não me privo das minhas comidas favoritas, como tacos e pizza, mas consegui encontrar um equilíbrio na minha alimentação.

Desde que iniciei a minha carreira-solo, perdi quase dez quilos. Mas a questão não é o que vejo quando subo na balança, é como me sinto. Quando malho, me sinto forte, além da onda de energia que me faz acreditar que sou poderosa e que ninguém pode me deter. Voltar a malhar fez maravilhas para a minha mente e o meu espírito. Sinto-me bem e saudável comigo mesma. Adoro desafios e dar o meu melhor cada vez mais, então exercícios aeróbicos são os meus favoritos. A endorfina que nosso corpo produz é incrível. Como resultado, senti que estava me afastando de alguns dos padrões autodestrutivos e tratando o meu corpo com o amor e o respeito que ele merecia. Senti que estava voltando ao meu verdadeiro eu, com ainda mais amor-próprio do que no passado, e isso foi muito positivo.

Também comecei a me avaliar como pessoa e percebi o quanto tinha crescido nos últimos anos. Eu me conhecia muito melhor agora do que em qualquer outro momento.

Muitas vezes, as pessoas se sentem como eu me sentia: deslocadas, sozinhas, autoconscientes e desconfortáveis na própria pele. Nos sentimos excluídos. E não conseguimos nos defender porque não queremos enfrentar conflitos ou rejeição. Espero que, ao compartilhar minha jornada para encontrar minha identidade e autoconfiança, eu consiga influenciar você a descobrir o seu verdadeiro eu e a celebrar essa pessoa, sem fingimento ou desculpas por ser quem é. Cada um de nós é único e valioso e, se nos conhecermos, podemos ser as nossas melhores versões e prosperar enquanto realizamos os nossos sonhos.

Meu principal foco profissional era assinar com uma gravadora. Também me reuni com a 1500 or Nothin' e trabalhei em algumas músicas com eles, que estavam muito orgulhosos e felizes por eu finalmente estar cuidando da minha carreira. Foi lindo voltar a trabalhar com esse pessoal, e gravamos juntos até hoje.

Meu empresário na época estava confiante de que uma gravadora me contrataria. Ele achou que essa parte do processo seria fácil e que eu poderia escolher qual selo seria o mais adequado para mim e minha música.

Em uma sexta-feira daquela primavera, tive o meu primeiro encontro com uma gravadora como artista-solo. Conversei com os meus pais na noite anterior, e eles oraram por mim. Minha mãe me mandou uma mensagem: "Vamos orar. Deus vai te inspirar. Peça por um sinal."

Acordei muito animada naquela manhã. Olhei em todo o meu armário, procurando a roupa e os sapatos perfeitos. Tentei algumas opções diferentes, e peguei um dos meus favoritos, um minivestido de chiffon rosa. Quando o vesti, soube que era o certo. Arrumei o cabelo e fiz a maquiagem, tudo com bastante cuidado. Queria estar com a aparência certa para aquela reunião, que poderia transformar tudo.

Eu estava montando uma equipe de primeira linha para me auxiliar, e isso ajudou bastante. Will Bracey foi o gerente de turnê do Fifth Harmony por vários anos. Como já mencionei, foi ele quem me encontrou e cuidou de mim na minha pior noite no final do grupo. Eu sabia que Will pensaria no que era melhor para mim e que podia confiar nele não apenas em relação à minha visão e arte mas também quanto ao meu bem-estar e à minha felicidade. Durante a primavera de 2018, tive a sorte de ele ser um membro da minha equipe em tempo integral.

Eu estava nervosa quando nós três — meu empresário, Will e eu — chegamos na recepção, recebemos crachás e pegamos o elevador. Embora tenha conquistado muita coisa durante o período em Los Angeles antes do *The X Factor*, nunca tive uma reunião com uma gravadora como artista-solo. Era um momento importante para mim. Pensei em todos os anos que meus pais me ajudaram a buscar um contrato com uma gravadora quando eu era mais jovem, e, depois, em tudo o que fiz com o Fifth Harmony. E lá estava eu, vivendo aquilo. Meu empresário estava otimista de que todos iriam me querer.

— Você é uma integrante do maior grupo feminino do mundo. Vai ser ótimo!

Então, com base no seu otimismo, eu estava esperançosa.

Meu empresário trouxe o próprio laptop para tocar as músicas nas quais eu vinha trabalhando nas últimas semanas, para demonstrar o que esperávamos da minha carreira-solo. Eu não tinha tido tempo para encontrar uma direção, mas estava orgulhosa das músicas, que eram fortes o suficiente para mostrar o meu potencial. Então, era mesmo uma boa demonstração da direção para a qual estava seguindo. Eu estava pronta.

O escritório era impressionante. Eu tentava assimilar tudo enquanto éramos conduzidos a uma sala. Minha equipe e eu nos sentamos em um sofá comprido. Três representantes artísticos se sentaram à nossa frente. Eu estava uma pilha de nervos. Sabia que precisava me vender, mas não tinha certeza sobre qual energia deveria passar para eles ou o que deveria dizer, especialmente por estar vivenciando aquela experiência pela primeira vez.

Todos se apresentaram. Meu empresário quebrou o gelo, primeiro conversando amenidades. Todos o conheciam por causa dos seus muitos anos na indústria da música, e foram muito legais conosco.

Mas, quase que na mesma hora, começaram a falar sobre negócios.

Os três começaram a me bombardear com perguntas rápidas.

— Então, sobre o que é a sua música?

— Com quem está trabalhando?

— Como está se tornando diferente do que era no Fifth Harmony?

— Qual é a sua visão para você?

— Você compõe?

Eu estava ficando cada vez mais nervosa. Parecia uma entrevista de emprego. Fiquei intimidada, mas tentei responder da melhor maneira possível, procurando as palavras certas para mostrar quem eu realmente era, impressioná-los e talvez até fazê-los rir. Mas, para ser sincera, a energia era empresarial. Todos ainda estavam sendo legais, mas não era tão informal e divertido quanto eu esperava. Senti que tinha que me vender e convencê-los de por que precisavam me contratar.

Quando tocamos minhas músicas, foi desesperador. Achei que iam adorar, que iam querer me contratar na hora, que entenderiam quem eu era como artista. Mas era difícil descobrir o que estavam pensando com base apenas nas suas expressões. Além disso, eu não sabia o que fazer. *Devo me levantar e começar dançar? Cantar? Sentar aqui e parecer descolada? Mexer só o pescoço?* No fim das contas, balancei a cabeça no ritmo e cantei algumas das letras. Mesmo nervosa, sempre confiei na minha arte e na minha visão.

Eles foram muito simpáticos, mas a reunião acabou em trinta minutos. Antes que eu percebesse, eles estavam se levantando para apertar a nossa mão.

— Muito prazer em conhecê-la, Ally. Você tem uma boa energia e uma grande voz. Entraremos em contato — disse um deles.

Meu empresário achou que a reunião foi ótima. Embora tenha sido tudo muito rápido e sério, acreditei que tudo tinha corrido bem. Queria ficar o mais otimista possível e ter pensamentos positivos. Imaginei que, se ele estava feliz, então devia ter sido bom. Talvez esse fosse o padrão para todas as reuniões e eu não tivesse nada com que me preocupar.

Ao longo de todo o fim de semana, eu não conseguia parar de pensar na gravadora e na resposta deles. Na segunda-feira, recebemos a notícia devastadora de que não tinham interesse. Mesmo que eu tivesse as minhas próprias opiniões sobre a reunião, o meu empresário tinha assegurado que estava tudo garantido. Eu queria tanto que ele estivesse certo e confiei que fariam uma oferta. Fiquei arrasada. Eu tinha grandes expectativas, com base no que ele tinha dito. Mas precisei aceitar que as coisas nem sempre saem como planejado.

— Você sabe por quê? — perguntei.

— Não, eles nunca contam o motivo verdadeiro — disse ele. — Mas não se preocupe, essa é apenas uma das gravadoras. Quem sabe o que estão pensando? Talvez já tenham uma tonelada de artistas. Mas eu não me preocuparia.

Algumas semanas depois, tive a segunda reunião. Eu estava mais animada com aquela. Senti muita energia positiva ao estacionarmos e nos encaminharmos para o escritório. Minha mãe me ligou e me deu uma ideia.

— Ei, *Mama*, vá lá e se divirta, seja autêntica. Por que não usar um dos seus enfeites de cabelo de flor?

Então usei, para dar um toque fofo, e, quando cheguei lá, me certifiquei de que estava no lugar certo. Eu estava com um bom pressentimento.

Foi um grande encontro com uma das maiores executivas da gravadora. Adorei que fosse uma mulher. Ela foi amigável, me disse que estava ansiosa para me conhecer e que estava feliz por eu ter procurado a empresa. Então, desde o início, fiquei feliz e me senti confortável. Tivemos uma conversa agradável, e fiquei muito satisfeita com a energia na sala. Em seguida, outro representante artístico entrou no escritório e assumiu a reunião. Senti a mudança de energia. Ele era mais profissional. Tentei conversar um pouco e ser amigável, mas ele não foi muito receptivo, indo direto ao ponto.

— O que a torna diferente das outras garotas do Fifth Harmony? Porque vocês vão competir entre si e precisam se destacar. E você não pode gaguejar ao responder a essa pergunta.

Uau! Era uma forma intensa de começar. Eu estava esperando um papo mais leve para aquecer, mas ele foi direto para a maior questão de todas. Fui pega de surpresa por aquela atitude um tanto séria.

Respirei fundo e fui em frente. Eu sabia o que queria dizer, sobre minha herança latina e minha visão de mim mesma como artista, mas estava tão nervosa que gaguejei um pouco. Tentei me acalmar e transmitir minhas ideias.

— Bem, você vai ser comparada a cada uma delas, então é melhor ter uma resposta quando as pessoas perguntarem isso — comentou ele.

Mais uma vez, fiquei um pouco surpresa com o tom. Àquela altura, eu estava tão nervosa que perdi um pouco o foco, apesar de ninguém mais perceber. Decidi me apegar à positividade.

— Ok, bem, como o seu som é diferente de todos os outros artistas por aí? Como é o seu som? E sobre o que será o seu álbum? Conte-me sobre o seu show. O que o seu show vai ter? Bailarinos, música, banda?

Respondi com confiança sobre ter um show de muita energia com dançarinos e uma banda.

Finalmente, terminei a parte das perguntas e coloquei minha música para tocar. Achei que a música me salvaria, mas logo fiquei desapontada. Quando apertei o play, a sala ficou muda. Ninguém reagiu. Para mim, a falta de resposta é, por si só, uma resposta. E não muito boa. Eu podia sentir o rosto esquentando, e fiquei muito mal, com uma mistura de constrangimento e decepção.

Me apressei em contar do que se tratava a música seguinte e a coloquei para tocar. Enquanto ouviam, eles assentiram discretamente.

No total, toquei três ou quatro músicas. Eu sabia que ainda estava aperfeiçoando a minha identidade e esperava receber contribuições da nova gravadora. Mas também estava orgulhosa das canções. Logo no final da reunião, outro membro da equipe entrou, e esse foi muito gentil. Mas, no geral, não me senti muito bem. Não achei que minhas respostas tivessem sido tão fortes quanto poderiam ser.

— Muito obrigada por ter vindo — disse a executiva. — Adoramos conhecê-la.

Enquanto eles me levavam de volta para o elevador, tive a sensação de que não tinha ido bem. E, depois do primeiro não da outra gravadora, a ideia de que eles poderiam me rejeitar também estava começando a me deixar um pouco inquieta. Quando cheguei em casa e tirei a flor do cabelo, estava me sentindo derrotada. Mas o meu empresário achou que tinha corrido muito bem, de novo, então torci para que ele estivesse certo.

Em seguida, tive mais uma reunião com outra gravadora. Dois chefões vieram ao meu encontro e foram ambos acolhedores e calorosos. Eles me contaram sobre todos os grandes artistas com quem trabalhavam. Tivemos uma conversa divertida, cheia de risos, e senti que estávamos nos conectando. Enquanto tocava as minhas músicas, tive esperança de que talvez estivesse conseguindo algo.

Dessa vez, eu estava preparada quando começaram a me fazer as mesmas perguntas que os outros tinham feito.

— O que você espera para si mesma?

— Como é o seu som?

— Como é o seu show?

— Quem são as suas inspirações?

Não só estava preparada para responder, mas também me sentia muito mais relaxada, como se pudesse ser eu mesma, o que foi um grande alívio. Quando saímos da reunião, Will e o meu empresário sentiram que não havia dúvida de que tinha corrido tudo bem e que eu tinha deixado uma ótima impressão. Eu até pensei: *Uau, isso foi mesmo um sucesso. Dois chefões de gravadora na reunião, tudo muito animado e divertido, e eles pareceram muito impressionados comigo. Eu consegui expressar exatamente como queria a minha arte.* Tínhamos certeza de que receberíamos uma oferta, porque não poderia ter ido melhor.

Embora estivesse enfrentando alguns desafios para me encontrar como artista-solo, eu já estava na indústria havia mais de uma década e, durante seis anos e meio, tinha sido parte de uma das maiores *girlbands* na história da música pop. E tinha feito meus contatos ao longo dos anos, no Fifth Harmony, com compositores a produtores. Por exemplo: o DJ Flict, um produtor com quem trabalhamos no Fifth Harmony, fez parte da nossa jornada e dos nossos álbuns no início da carreira. Ele é um filipino-americano hilário e otimista, muito brincalhão. Eu adorava a sua personalidade e o achava ótimo como pessoa e como produtor.

Bem, naquele verão, ele entrou em contato com Will, dizendo que tinha ouvido falar que eu estava trabalhando em algumas músicas e que adoraria trabalhar comigo. Concordei. Foi marcada uma data para irmos ao estúdio de Hollywood Hills, que ele dividia com outros produtores. Quase não consegui ir, porque tinha outro compromisso no mesmo dia, mas escolhi me encontrar com ele. E eu mal sabia que isso mudaria tudo. O estúdio era todo decorado em branco e superaconchegante, e era bom estar lá com ele.

No começo, apenas conversamos e descobrimos que ele compartilhava muitos dos meus sentimentos sobre o grupo. Ele amava a minha voz e sentia como se eu estivesse sendo subestimada. Achava que eu poderia ser a próxima grande artista pop latina e queria trabalhar comigo, mesmo que apenas para me ajudar a analisar algumas músicas e letras e tentar descobrir meu som.

Com um pouco mais de conversa e muitas risadas, entramos em sintonia. Ele tem uma grande personalidade e as melhores gargalhadas, e brincamos e nos divertimos. Ele colocou a primeira música para tocar, uma que pensou que seria perfeita para mim.

— Estava esperando a mulher certa cantar essa música. Eu não a daria para qualquer uma. Tinha que ser alguém que trouxesse verdade, que se identificasse com a letra. Espero que você goste.

Quando a música, que se chamava "Vamos", começou a tocar, Will e eu nos entreolhamos. Nós dois amamos muito. Era tão divertida. Flict sabia do meu amor por Selena, e aquela faixa fez com que eu me lembrasse dela. Era uma mistura de pop latino com trompetes de mariachi que me lembravam San Antonio. Amei a vibração. Então decidimos gravá-la.

Foi incrível ter liberdade criativa e gravar sozinha. Eu poderia cantar a música como queria. Poderia brincar com ela da forma que bem entendesse. Estava no controle das letras e do que eu queria dizer. Foi uma sensação indescritível. Trabalhar com alguém que me entendia e acreditava em mim, e com quem eu me divertia muito, significava tudo para mim.

Trabalhamos naquela música por alguns dias. Estava ficando incrível, e havia espaço para uma participação de algum artista. Pensamos nas possibilidades.

— Cara, temos que sonhar grande agora — disse Flict. — Precisamos do artista perfeito, e tem que ser latino.

Pensamos em todas as opções. Como produtor, Flict era bem relacionado, então começou a entrar em contato com algumas pessoas em busca de um bom nome. Literalmente no dia seguinte, Will estava ouvindo uma playlist do Spotify enquanto malhava e ouviu a música "Bien de To'". E não conseguiu mais parar de ouvir. Era de um rapper latino, Messiah, que tinha um timbre surreal e autêntico. O ritmo e as letras eram incríveis. Ouvimos mais algumas das suas músicas. O cara era muito bom.

— Esse cara em "Vamos" seria incrível — comentou Will.

No dia seguinte, tivemos uma reunião com Flict. Will ainda estava entusiasmado com Messiah.

— Precisamos trabalhar com o cara antes que ele exploda — disse Will. — Porque não há dúvidas de que vai explodir.

Claro que, em uma coincidência maluca, Flict conhecia o representante artístico do Messiah, Nick Ferrer. Ele ligou para Nick imediatamente. Em poucas horas, Nick veio ao estúdio, me encontrou e ouviu a música. Ele ficou interessado em ter o Messiah participando, e logo o próprio Messiah concordou. Embora more em Nova York, por incrível que pareça, ele tinha uma viagem agendada para Los Angeles dali a alguns dias. Então, marcamos uma sessão juntos.

Poucos dias depois, era hora de nos encontrarmos. Eu estava animada para trabalhar com um talento tão grande. Também foi emocionante ter minha primeira colaboração real como artista-solo. Estava ansiosa pelo que poderíamos criar juntos. Quando Messiah entrou no estúdio, trazia uma grande energia e vibração dentro de si. Ele estava com a sua equipe, incluindo um cara chamado Charles Chavez, que conseguiu um contrato para Messiah com o selo Latium, que fazia parte da Atlantic Records. Charles tem uma longa e ilustre carreira na indústria musical. Ele foi responsável pelo sucesso de Pitbull e foi seu empresário por uma década. Quando o Fifth Harmony se apresentou no especial de Ano-Novo do Pitbull, em 2014, Will teve a chance de conhecer Charles nos bastidores. Eu o tinha visto apenas uma vez, muito brevemente, mas sabia quem era.

Todos nos demos bem e ficamos à vontade, apenas conversando e colocando o papo em dia.

— Como estão as coisas, Ally? — perguntou Charles. — Engraçado, enviei uma proposta de participação para você por meio dos empresários do Fifth Harmony. Você ficou sabendo?

— Hum, não me lembro de terem me mostrado.

— Uau! — respondeu ele, absorvendo a informação. — Acabou indo para outro artista. Mas... Quer dizer que eles nunca contaram sobre isso?

— Acho que não.

— Isso é lamentável. Não está certo.

— É loucura. Poderíamos ter nos conhecido antes. E também sinto muito, porque eu teria ouvido e provavelmente teria amado a música.

Ele fez que sim com a cabeça. Mas nenhum de nós estava, de fato, surpreso. Infelizmente, coisas assim acontecem na indústria musical o tempo todo. Então, Charles começou a fazer perguntas sobre minha nova jornada.

— Como está indo a carreira-solo? Você está em alguma gravadora?

— Não, senhor, ela ainda não assinou com ninguém — disse Will. — Ally está fazendo algumas reuniões, mas aceitamos toda a ajuda que pudermos obter. Estamos vendo algumas pessoas.

A tarde inteira foi divertida. Tivemos momentos ótimos no estúdio. Eu adorava estar perto do Messiah e da sua equipe. Eles pareciam ser da minha família. Sou uma pessoa muito ligada em energia, e adorei a que preenchia a sala. Ter a minha primeira experiência de colaboração era a positividade que eu estava precisando. E me apaixonei pelos versos do Messiah. Ele arrasou.

Enquanto isso, Will teve uma conversa muito franca com Charles sobre mim e a minha carreira.

— Sabe, senhor, somos grandes fãs seus e do seu trabalho. Você é alguém que faz artistas bombarem em todo o mundo. Procuramos alguém que conheça tanto o mercado pop latino quanto o *mainstream*. Gostaria de marcar uma reunião com a Ally?

— Claro, basta trazê-la ao meu escritório e conversaremos.

Foi um grande alívio. Nós precisávamos nos encontrar com todos que nos dessem uma chance. Charles era poderoso no mundo da música latina e da música pop. Precisávamos de todas as conexões que pudéssemos conseguir. Poucos dias depois, Will e eu fomos ao estúdio dele. Já havíamos conversado sobre como fazer uma mudança na minha equipe de gestão, e por isso estávamos muito interessados em ver o que Charles teria a dizer e aonde tudo isso levaria.

Charles imediatamente me deixou à vontade. Tínhamos uma ligação, porque ele também era texano e mexicano-americano, e, além disso, tinha sido DJ de rádio em uma estação em San Antonio no início da carreira. Era alguém que entendia a minha cultura e os meus valores, e como eles se misturavam aos valores americanos. Foi incrível me sentir tão compreendida. Era como se nos conhecêssemos havia muito tempo. Não parecia apenas mais uma reunião de negócios, embora ele tenha me feito algumas das perguntas que eu já estava acostumada a ouvir. Parecia que ele se importava mesmo com as respostas.

— Conte-me sobre a sua arte, o que você espera, as suas canções — pediu.

Me preparei para falar tudo o que estava pensando.

— Eu sonho em ser uma artista que pode cantar em espanhol e em inglês. E ter músicas globais e pop, e também quero dançar e divertir as pessoas. É o que eu sou.

— Uau, consigo ver isso — disse Charles.

Quando eu estava no Fifth Harmony, tínhamos feito uma participação num programa de batalhas de dublagem e escolhi apresentar um medley de Selena e Jennifer Lopez. Eu mostrei o vídeo a ele, com um aviso.

— Obviamente, isso foi uma brincadeira, apenas para nos divertimos, mas, se você olhar para a parte de Jennifer Lopez, é mais ou menos como eu me vejo no palco. Muita energia e diversão dominando o palco.

Ele observou atentamente e percebi que ficou impressionado.

— Uau. Sei que é só brincadeira, mas posso ver o seu potencial e o que você poderia ser. E é isso que separa você de outros artistas. Há tempos não surge uma artista como você que possa cantar, e que também faça as pessoas se divertirem. E sinto que eles não deram o espaço que você merecia no Fifth Harmony.

Continuamos conversando e conversando e conversando, e parecia que ele me entendia e entendia o que eu queria.

Ele me pediu para tocar algumas das minhas músicas, e soltei o play.

— Ouça, essas músicas são muito boas — disse ele. — Sei que é apenas o ponto de partida. Você está gravando com quem puder agora. Mas acho que precisa ser um pouco mais coesa e contar um pouco mais de uma história. Gosto de poder trabalhar e colaborar com artistas.

Gostei da honestidade dele. Isso significava que, mesmo que minha música ainda não tivesse uma personalidade, ele se importava o suficiente para querer que eu acertasse, e talvez até me ajudasse a chegar lá.

— Mesmo sem a música, amo o que você representa, o que luta para defender — disse ele. — Faz um tempo que não sou empresário de alguém. Estou mais voltado para a gravadora, mas acho você incrível.

Conversamos um pouco mais, e era óbvio que ele estava avaliando tudo.

— Deixe-me pensar sobre tudo isso, depois entro em contato com vocês.

Claro, eu teria preferido um sim imediato, mas respeito que ele estava levando minha carreira a sério o suficiente para ter certeza de que, se decidíssemos trabalhar juntos, seria um bom ajuste para todos. Alguns dias depois, ele ligou para Will com novidades.

— Acho que estou disposto a levar Ally para a Atlantic. Vamos marcar uma reunião.

DEZESSEIS

A carreira-solo

Quando fui para a minha quarta reunião, minha equipe se resumia a Will. Eu confiava completamente nele, porque já havíamos passado por muitas coisas juntos, mas sentíamos que precisávamos de um jogador poderoso no time. Encontrar as pessoas certas pode ser um grande desafio, mas é essencial para alcançar uma carreira de sucesso. Minha família sempre fará parte do meu processo de tomada de decisão, mas também é importante encontrar a melhor opção quando se trata de gestão. Procurar um gerente é como namorar alguém novo ou investir em um novo relacionamento. Você conhece a pessoa e se permite ser vulnerável e, se não estiver funcionando, tem que terminar a relação. E a ideia de começar tudo de novo pode ser opressora. Mas, desde o início com Charles, eu poderia dizer que enxergávamos as coisas da mesma maneira, e tanto eu quanto Will estávamos animados para ver o que ele poderia fazer acontecer.

Um dos chefes da gravadora, o presidente e CEO Craig Kallman, que tinha o poder de contratar novos artistas, esteve na cidade por alguns dias, vindo de Nova York. Deveríamos nos encontrar no prédio da Atlantic em Los Angeles, mas ele estava com pressa, então perguntou a Charles se não nos importávamos de encontrá-lo em seu hotel em Beverly Hills. Estávamos muito animados, mas, quando chegamos lá, tudo que poderia dar errado deu. Foi uma dificuldade para conectar o Wi-Fi, para tocarmos as músicas que levamos. Quando conseguimos ficar on-line, os alto-falantes do computador não funcionavam. Craig teve um longo dia, e aquela reunião estava parecendo um contratempo.

— Então me fale sobre você — disse Craig, começando com as perguntas. — Qual é o seu som? Qual é a sua visão? Com quem está trabalhando?

Tentei o meu melhor para ser engraçada e simpática, mas aqueles problemas técnicos tinham me abalado, e eu estava ficando nervosa. Enfim consegui tocar minhas músicas. Nesse ponto, não estava muito confiante. A reunião inteira durou apenas dez minutos.

— Muito obrigada por me receber — falei, com um grande sorriso, tentando me manter otimista.

Eu sabia que ele estava ocupado e que tinha sido sorte conseguir aquela reunião, mas saímos de lá sabendo que poderia ter sido melhor. Com todas as outras reuniões difíceis que tive, eu estava me sentindo muito insegura e derrotada. *Droga, isso está sendo muito mais difícil do que eu imaginava.*

Poucos dias depois de me encontrar com a Atlantic, fiz um show privado em Bentonville, Arkansas, para o Walmart e a Coca-Cola. Foi a minha primeira apresentação solo paga. Will foi comigo como meu empresário. Eu sabia que tinha algo errado, mas não sabia o quê. Parecia que a vida dele havia sido sugada, mas eu não conseguia pensar no motivo.

— Ei, Will, você está bem? — Eu não parava de perguntar.

— Sim, tudo bem — respondia, mas não era muito convincente.

O olhar dele estava triste, e ele se mostrava mais reservado do que o normal. Ele ficou quieto durante todo o voo. Quando pousamos, eu estava mesmo preocupada.

— Will, sério, o que há de errado? Tem certeza de que está bem?

— Sim, só estou muito cansado.

— Ok — respondi, tentando dar a ele um pouco de espaço.

Para piorar as coisas, quando pousamos, a noite estava escura e tempestuosa. O céu estava nublado, e parecia que ia começar a chover a qualquer segundo. Se há uma coisa de que tenho medo, é de trovão. É por causa da minha audição sensível — quando troveja, meus ouvidos não aguentam. O som é tão alto que sinto muita dor. Sempre acabo me escondendo em algum lugar, chorando. Vendo aquelas nuvens, eu já estava ficando mal.

— Com licença, costuma trovejar muito aqui? — perguntei a um funcionário do aeroporto.

— Sim, e pode ser que chova esta noite — disse ele.

Eu tinha que cantar de manhã, e seria apenas eu com um pianista, então minha voz tinha que estar ótima. Para isso, eu precisava dormir. Durante as tempestades, fico acordada a noite toda, então estava preocupada de estar mal no dia seguinte. Quando chegamos ao hotel, subi para o meu quarto para praticar minhas canções.

Aquela seria uma das minhas primeiras apresentações solo pós-Fifth Harmony, e tive que escolher uma lista de músicas de trinta a quarenta e cinco minutos. Levei alguns dias e, quando terminei, estava tudo um pouco aleatório, devo admitir: ia de Whitney Houston a Bruno Mars, passando por Selena. Uma dessas músicas era "Jesus, Take the Wheel", que sempre ressoou em mim de uma forma semelhante a "On My Knees". Eu era muito fã de Carrie Underwood desde o *American Idol*. Eu amava a música que ela fazia, a sua voz e o que ela representava. Eu a via como um raio de luz na indústria do entretenimento. Sempre amei essa música dela em particular, mas nunca a havia cantado. Por alguma razão, fui levada a colocá-la no meu setlist para aquele show. Mal sabia eu o quanto acabaria precisando disso.

Will estava lá, cuidando das suas tarefas normais, mas ainda meio desligado. Não consegui mais aguentar.

— Will, estou vendo que algo está errado — disse eu. — E preciso saber o que é.

— Ok.

Ele soltou um longo suspiro. Eu poderia dizer que ele nem queria me olhar nos olhos.

— Ally, vai ficar tudo bem — começou.

Eu soube o que aconteceria. Era o fim da linha.

— Sinto muito, mas todas as gravadoras nos rejeitaram.

Quando aquelas palavras saíram da boca dele, fiquei em silêncio, em choque, e logo reagi, angustiada.

— Não. Não! NÃO! Não é possível. Alguém nos passou a informação errada. Isso não é verdade. É um erro. Eles vão voltar atrás.

Então, desabei.

Comecei a chorar muito, como nunca. Não havia outras opções. Eu poderia tentar ser um artista independente sem uma grande gravadora, mas esse é um caminho muito difícil para um artista pop. É preciso muito apoio para financiar o que é necessário para uma carreira. Tudo, incluindo o custo de compositores, produtores, engenheiros de som, estúdios de gravação, marketing, viagens, cabelo, maquiagem, figurino. Cada detalhe de uma carreira que precisa ser financiado, incluindo videoclipes e shows. Há um número aparentemente infinito de custos.

Senti aquela condenação penetrante, a sensação de estar me afogando.

Algum dia vou fazer música de novo? Com base em tudo o que está acontecendo, pode ser que não. Se as outras garotas já assinaram contrato, isso elimina essas gravadoras para mim. E agora, basicamente, todas as portas se fecharam.

Eu senti que aquele poderia ser o fim de um sonho que tenho desde a infância, um sonho que exigiu muito trabalho, paciência e sacrifício dos meus pais. Isso algum dia seria recompensado? Esse sonho se tornaria realidade?

Eu tinha tantas esperanças. Estava com tudo planejado na minha mente. Trabalhei tanto, colocando energia e esforço na minha nova música e nas reuniões que compareci, não importava o quão desanimada me sentisse. E, agora, todas as portas tinham se fechado na minha cara. Eu estava arrasada.

Das quatro gravadoras, nenhuma me quis. Isso é um pesadelo. Alguém me acorde.

Todos já sabiam que as outras meninas haviam encontrado suas gravadoras, e a pergunta do público permanecia: "Onde está Ally?" Claro que eu estava feliz por elas, mas isso também aumentava minha ansiedade e não me deixava esquecer do quão atrasada eu estava e que não havia um número infinito de gravadoras para escolher.

Nossos fãs me apoiaram muito, mesmo quando as coisas iam devagar para mim. Eles não tinham dúvidas de que eu seria contratada. *Ah, Ally deve ter assinado um contrato e está apenas mantendo segredo por enquanto*, era o que pensavam. Quando vi os comentários encorajadores ou perguntas empolgadas sobre o que viria a seguir, tentei me acalmar e garantir a mim mesma que em breve teria o tipo de notícia que faria jus à toda aquela empolgação: uma gravadora fantástica, uma parceria com os melhores. Mas eu estava em pânico. Mais ou menos nessa época, percebi quantas cicatrizes dos tempos de grupo eu ainda tinha. Todos aqueles comentários negativos na internet sobre o meu corpo, a minha dança, o meu talento, foram uma surra emocional. E tudo estava mais difícil de aceitar agora. A última coisa que eu queria era não conseguir uma gravadora e fazer com que as pessoas dissessem: "Pobrezinha, ela falhou nisso também."

Will estava ao meu lado, me encorajando. Ele disse não entender por que Deus estava permitindo que aquilo acontecesse, que estava arrasado, vendo tudo que enfrentei até aquele ponto. Mas também lembrou que Deus estava no controle e que cuidaria de nós. Que não era o fim. Tentei encontrar a verdade em suas palavras, mas não conseguia. Não entendia por que sempre precisava lutar por cada pequeno progresso na vida. Então, tive um pensamento pior: *Oh, meu Deus, tenho que dizer aos meus pais que fui rejeitada por todas as gravadoras. Não vou conseguir fugir disso.*

Eu não podia fazer isso. Eu não poderia desapontá-los assim.

Ter esse turbilhão de coisas me atingido de uma vez foi devastador e me deixou com muita raiva. Fiquei abaixada e continuei chorando.

Por quê, Deus? Por que estou passando por isso? Por quê? Tenho sido tão paciente. Mantive a fé. Sempre tentei seguir Você. Toda a jornada para o meu sonho foi tão difícil. Deus, pensei que você fosse cuidar de mim. Por que isso está acontecendo?

Mas tudo ainda iria piorar. O céu explodiu com um trovão alto. Eu me escondi no banheiro, apavorada. Cada parte daquele momento era o meu pior pesadelo ganhando vida. Coloquei os fones de ouvido e botei "Jesus, Take the Wheel" para tocar sem parar. Era meu único consolo. *Por favor, Deus, assuma o controle da minha vida. Não posso fazer isso sozinha.* Entreguei tudo nas mãos Dele. Foi difícil, porque estava chateada e O questionava, mas reuni uma semente de fé. Eu me enrolei em uma pilha de toalhas e chorei até dormir.

Não sei como consegui levantar e cantar no dia seguinte, mas sei que foi com a ajuda de Deus. Eu parecia um zumbi, estava muito triste e de coração partido. Me sentia como um corpo sem espírito. Mas precisava me apresentar. Então chegou o momento de cantar "Jesus, Take the Wheel". Só então a letra dessa música me atingiu mais forte do que nunca. Cantei com tudo o que me restava de forças. Eu era uma garota com o coração partido, precisava que Jesus assumisse o controle da minha vida. Mal sabiam os fãs e o público o quanto aquela música significava para mim naquele momento e por que eu a cantava. Precisei ser forte para não desabar. Cantei essas palavras para Deus e me entreguei a Ele.

Depois do show, fiz o meu melhor para continuar, mas estava muito para baixo. Agora, posso ver o quão significativo foi aquele momento. Eu não sabia que essa encruzilhada em minha vida, que parecia tão terrível, marcava não o fim, mas um novo começo. Eu passaria as próximas semanas orando e esperando, mas a resposta estava a caminho, e eu só precisava permanecer firme.

Charles estendeu a mão. Ele acreditava em mim, apesar dos "não" que tínhamos recebido.

— Vamos tentar de novo — disse ele. — Temos que arriscar. Vamos apostar as nossas fichas e torcer para que a sorte esteja ao nosso lado.

Pelo menos dessa vez tínhamos algumas informações para prosseguir. Um dos comentários que Charles recebeu de Craig foi "a música está um pouco confusa. Ally precisa de mais orientação. No entanto, ela tem potencial para ser uma superstar."

Então, Charles traçou um plano.

— Acho que, se trabalharmos juntos para encontrar um som coeso e termos um plano claro, há uma ótima chance de dizerem sim e contratarem você. Estou disposto a trabalhar por duas semanas para gravarmos o máximo possível e escolhermos as melhores músicas. Então, vamos para Nova York nos encontrar com a Atlantic novamente.

— Uau, isso significa muito para mim — comentei. — Você não desistiu de mim, tem a mesma visão que eu sobre o meu trabalho, tem os mesmos projetos, e quer tentar de novo. Muito obrigada. É muito importante para mim.

— Veja bem, não há garantias. Não sei o que vai acontecer, mas vale a tentativa.

Charles suspeitava que eu tinha sido rejeitada por não transmitir uma imagem efetiva do que eu tinha a oferecer como artista e para entreter o público. Ele sugeriu que, quando entrássemos no estúdio, fôssemos fundo e tomássemos algumas decisões cruciais sobre o meu som e a minha visão. Quem eu era e o que tinha a dizer por conta própria. Foi uma proposta arriscada. Como Charles havia assinalado, eles ainda podiam dizer não. Mas eu estava preparada para arriscar.

Ah, e como se eu já não estivesse fazendo malabarismos, naquele verão, me tornei mãe — de dois dos gatinhos mais fofos que já vi. Como forma de homenagear a doce memória de Bobbi, decidi me tornar uma embaixadora da ASPCA, a Sociedade Americana de Prevenção à Crueldade Contra Animais, e ajudar a salvar outros gatos, porque Bobbi tinha me salvado. Embora já tivesse passado quase dois anos desde a morte dela, eu ainda estava de luto e não me sentia pronta para adotar. Eu não sabia se o meu coração estava preparado para fazer aquilo. E havia toda a minha agenda de viagens. Mas, quando membros da ASPCA me enviaram um e-mail, em junho, perguntando se eu poderia adotar, meu coração me disse que eu tinha que ajudar aqueles pobres gatinhos sem-teto em homenagem a Bobbi.

O e-mail dizia: "Esses gatinhos estão procurando um lar... Um deles, uma fêmea, nasceu com a cauda deformada, mas não se preocupe, ela é saudável e tão bonita como todos os outros." Assim que li, comecei a chorar. Bobbi também tinha uma deformação na cauda, e eu sabia que ela os enviara para mim. Não era uma coincidência. Foi um sinal de que eu deveria dizer sim.

Oh, minha bebê. Sei que essa é a minha bebê.

Acredito que foi Deus quem orquestrou tudo, então soube, naquele exato momento, que havia tomado uma decisão muito linda.

— Sim, pode contar comigo — disse, antes mesmo de pensar na logística.

Ocorreu-me que eu nunca tinha criado um gatinho, muito menos dois, e não sabia quanto trabalho teria. E que, quando tive meus outros animais de estimação, ainda morava com a minha família, então todos cuidávamos deles juntos. Além disso, os meus pais estavam lá para tomar conta de tudo quando eu estava fora, viajando pelo mundo. A minha vida era muito diferente agora, eu tinha o meu próprio apartamento em Los Angeles, e não fazia ideia de como seriam os próximos meses, pois eu esperava assinar um contrato de gravação e lançar a minha carreira-solo. Quando comecei a me preocupar com a ideia de ter assumido responsabilidade demais e de deixar os gatinhos negligenciados, me assegurei de que ofereceria lar temporário por quatro dias.

Mas, quando eles foram trazidos para minha casa no veículo ASPCA e os vi agachados juntos na caixa, esses preciosos anjinhos que tinham apenas quatro semanas de vida me fizeram chorar. Eu sabia que esses eram os meus bebês e que eu ia cuidar deles. Para ser honesta, eu não tinha ideia de onde estava me metendo. Seria muito mais desafiador e emocional do que eu esperava que fosse e tinha me preparado, mas o meu coração se transformou naquele exato momento. Era algo de Deus, embora o momento parecesse o mais errado possível. Eles eram presentes do céu. Eu sabia que nunca os devolveria. Sabia que eram meus. Nós nos escolhemos. Acabei adotando os dois, e foi uma das melhores decisões que já tomei. Eles abriram o meu coração novamente, e eu não poderia imaginar amar algo tanto quanto os amava.

Ser capaz de retribuir por meio das organizações de caridade com as quais trabalho significa muito. Nos últimos anos, também me tornei embaixadora da maravilhosa organização sem fins lucrativos March of Dimes. É muito especial para mim, porque nasci prematura e agora posso ajudar bebês que também nasceram assim, e isso é lindo. Sou muito grata por, através dos meus sonhos, ser capaz de ter uma plataforma para ajudar a organização que uma vez ajudou a minha família e outras pessoas como nós.

É difícil quando você está no meio de uma transição, mas, durante essa temporada de busca por uma gravadora, consegui me livrar de algumas preocupações e acreditar que eu estava exatamente onde deveria.

Will sempre tentava me tranquilizar.

— Não sei o que está acontecendo ou por que Deus está permitindo que isso aconteça — dizia ele. — Mas sei que Ele tem um plano.

Uma das partes mais difíceis foi que eu não conseguia conversar com os meus pais sobre as más notícias. Eu estava com tanto medo de deixá-los tristes. Claro que eles ficariam desapontados e chateados por eu ter que passar por isso. Mas, muito além disso, senti que os deixaria para baixo, como se eu tivesse decepcionado toda a nossa família. Depois de tudo o que eles investiram na minha carreira, estávamos juntos nisso, e minha derrota era algo que afetaria a todos. Eu não poderia devastá-los assim. Tão frágil como eu era, sabia que não me recuperaria disso. Normalmente, eu contava tudo aos meus pais, e esse era o pior segredo possível para se guardar. Eu me senti muita sozinha durante esse tempo.

Eu ainda conversava ou mandava mensagens para eles todos os dias. Durante algumas ligações, meu pai trazia o assunto à tona e perguntava se eu já tinha recebido uma resposta de alguma gravadora.

— Ah, sim, tive uma ótima reunião — eu sempre dizia. — Eles disseram que vão nos ligar de volta e nos avisar. Mas estou com um pressentimento ótimo.

Eu não estava mentindo de propósito. Esperava ganhar algum tempo e conseguir um contrato. Então, quando contasse a eles sobre a minha saga em busca de uma gravadora, eu já teria um grande sim maravilhoso para anunciar. Assim poderia falar sobre a rejeição de um jeito mais casual.

Mas meu pai foi direto durante uma das nossas conversas.

— *Mama*, você está escondendo algo de mim?

— Não.

Ficamos em silêncio na linha por um longo tempo.

— Pai, eu tenho que contar uma coisa... — falei, a voz tímida. Respirei fundo e me preparei para dar a notícia. — Pai, todos disseram não.

Eu estava com lágrimas nos olhos.

— Me desculpe — continuei. — Não quero decepcionar vocês. Todos nós trabalhamos muito por isso. Essa rejeição está testando a minha fé, e eu só queria que você não se preocupasse.

— Oh, *Mama*, sinto muito. Não se preocupe, Deus vai cuidar de você e, embora eu mesmo não consiga creditar que isso esteja acontecendo, sei que há um motivo. E Deus tem um plano. Vai ficar tudo bem, *Mama*. Eu sinto muito. E, Ally, você nunca precisa esconder nada ou se sentir sozinha. Estou sempre aqui, nos altos e baixos. É para isso que serve a família. Não quero que você lute sozinha nunca. E, por mais difícil que seja, temos que confiar em Deus e saber que Ele vai cuidar de você.

Só de ouvi-lo dizer aquilo e tirar o peso do meu segredo, me senti melhor.

— Podemos apenas guardar essas informações um pouco, só você e eu? — Perguntei.

— Claro, *Mama*.

Nas duas semanas seguintes, Charles, Will e eu fomos para o estúdio todos os dias. Às vezes, os dois só ficavam ali por perto, sentados e, se eu precisasse deles para alguma coisa, sempre estavam disponíveis para me ajudar. Charles me colocou em contato com vários compositores e, dia após dia, em diferentes sessões, nós apenas escrevíamos. Às vezes gravávamos duas músicas em um único dia. Ele também me ajudou a expressar o meu som. Estava disposto a me deixar tentar qualquer coisa, o que era incrivelmente libertador. Cantei músicas em espanhol, em inglês, em espanglês. O que eu queria para mim eram músicas de muita energia, com uma mistura de letras em inglês e espanhol e uma mensagem positiva. Realmente, eu queria ser livre para fazer tudo.

Ouvimos horas de músicas, escolhendo minhas canções favoritas de meus artistas favoritos. Gostaria de compartilhar o que amo em cada canção, como fui inspirada por cada uma. Agora que sabíamos para onde estávamos indo, fomos com tudo nessa direção.

Charles já tinha contratado e trabalhado com compositores incríveis, então organizou sessões para eu gravar com eles. Geralmente, eles tocavam uma música completa para mim, e eu adorava e decidia gravá-la com meu toque particular. Ou tocavam uma faixa instrumental que já havia sido escrita. Se capturasse minha imaginação, eu dizia:

— Oh, eu amo isso. Vamos escrever!

Começaríamos a trabalhar nas letras para acompanhar a música. Algumas vezes não tínhamos nada mais do que uma batida, ou criávamos uma faixa do nada.

Todo o processo era tão reconfortante, depois de tudo o que eu tinha passado. Como Charles tinha um estúdio e todos esses relacionamentos com pessoas de sucesso na indústria, me senti muito apoiada. Não precisava me preocupar com o custo do tempo de estúdio ou me esforçar para marcar reuniões. Eu poderia me concentrar na minha criatividade e em ouvir aquela voz dentro de mim que tinha ficado em silêncio durante os anos em que eu era incapaz de encontrá-la com regularidade. Eu estava voltando à vida como artista. E aquilo era fantástico.

No começo, me senti um pouco nervosa escrevendo com outros compositores. Mas Charles e Will me apoiaram e encorajaram o tempo todo. Como sempre, conversei com meus pais, e eles sempre foram os meus fãs número um.

— Sei que às vezes você fica nervosa para escrever — dizia a minha mãe. — Vá lá, mostre a eles seu talento. Não seja tímida, *Mama*, você consegue.

Não importa a idade que eu tenha, sempre vou precisar dos conselhos da minha mãe e sempre vou ouvi-la. Ela me ajudou a acreditar ainda mais na minha voz, no meu talento e no meu potencial. Independentemente de quão velho você esteja, sempre vai precisar de algo assim.

Depois de me encontrar com alguns dos compositores conhecidos de Charles, todos talentosos, com grandes personalidades e que criaram um ambiente sem pressão e sem estresse para mim, ganhei mais confiança. Demorou algumas sessões para me sentir totalmente confortável, mas logo percebi que estava livre para dizer o que desejava, o que não gostava, sobre o que queria cantar e o que não queria.

Uma das melhores partes foi trabalhar com o próprio Charles. Ele é conhecido por ser honesto. Significa muito o fato de ele me respeitar o suficiente para me dizer a verdade, mesmo quando precisa dizer que algo não está funcionando. Adoro receber um feedback consistente. Para falar a verdade, neste setor, esse tipo de sinceridade é difícil de encontrar. Isso pode fazer toda a diferença na criação de uma carreira vibrante e duradoura. Mas ele é sempre engraçado e otimista, mesmo dando notícias ruins ou quando acena com a cabeça depois que algo surreal aconteceu.

— Quem faz algo assim? — pergunta, sempre que não entende algo ou quando alguém faz alguma maluquice.

Quando estávamos trabalhando no estúdio juntos, ele me deu os melhores conselhos.

— Acho que você está tentando soar como o cantor da demo aqui — disse, várias vezes. — E sugiro que você tenha o seu próprio tempero, tenha o seu próprio talento. Seja você mesma.

Percebi que ele estava certo. Como eu sempre estive me dedicando e esperando por um bom espaço no Fifth Harmony, muitas vezes tentei soar como o cantor da demo que o compositor escolheu, pensando que isso poderia me dar mais destaque. Mas é claro que meu caminho agora era soar cada vez mais como eu mesma. Charles também me dava dicas úteis sobre isso.

— Acho que nessa gravação você pode ficar mais relaxada no seu timbre.

Agora que eu estava livre para pensar por mim mesma e explorar a minha criatividade, levava um tempo para considerar o que ele tinha dito e avaliar se parecia verdadeiro para mim e para o que eu queria na música. Mas, toda vez que eu ouvia a gravação, percebia que ele sempre estava certo.

Antes que eu percebesse, tínhamos várias músicas com as quais eu estava muito feliz.

Terminamos uma versão preliminar de uma nova música, "Lonely", que todos nós adoramos. Era baseado na música "Lonely No More", de Rob Thomas, que sempre achei ótima. Colocamos minha voz na base e criamos um sample, no qual pegamos a melodia do refrão, *I don't have to be lonely no more*, e a partir daí criamos algo original. Soou novo e era uma ótima vitrine para a minha voz. Precisávamos de apenas três ou quatro músicas para levar de volta à gravadora. Conseguimos juntar algumas músicas que me agradavam muito e que pareciam representativas do meu novo som. Eu estava tão grata por Charles estar disposto a enfrentar aquilo de novo. Sinceramente, de todos os selos, eu amava a Atlantic. Era minha gravadora dos sonhos. Cresci como fã de Bruno Mars, e meu pai também adorava o som dele. Sempre tive orgulho de Bruno também ser um Hernandez, assim como eu. Ele era uma das minhas maiores inspirações, e seria um sonho estar na mesma gravadora que ele. Seria o máximo. Além disso, a gravadora tinha a maior das maiores, Aretha Franklin. E os artistas mais poderosos, relevantes e bem-sucedidos, de Cardi B a Ed Sheeran. Então, meus pais e eu estávamos apenas orando: "Por favor, Deus, que seja a Atlantic."

Mas, se eu estava nervosa antes, as apostas eram ainda maiores agora. Não havia *realmente* para onde ir a partir dali. Tudo dependia daquela reunião. Era hora de apostar todas as fichas e ver o que poderíamos fazer. Eu ainda estava sentindo a pressão de alcançar as outras garotas, e anunciar com quem eu iria assinar, lançar uma música, começar uma carreira-solo.

Charles marcou uma reunião no escritório da Atlantic em Nova York para 20 de junho de 2018. Reservamos nossas passagens e voamos para lá. No dia anterior, eu havia colocado "Amazing Grace", cantada por Chris Tomlin, para tocar e a escutado o dia todo. Naquela noite, eu a defini como a música do meu despertador na manhã seguinte, porque era o que eu precisava ouvir. Eu só precisava daquele lembrete da graça e do amor de Deus — de como Ele pode transformar qualquer coisa —, de Seu poder e de Seu plano para mim. A letra era muito reconfortante e me ajudou em um momento em que eu estava muito assustada. Aquela seria minha última reunião possível com uma gravadora, e eu precisava acordar não com medo, mas com a paz do Senhor no coração. E foi isso que aquela música me deu. Ouvi-la enquanto eu me arrumava me tranquilizou.

Você está vendo um padrão aqui? Eu vejo. Muitas vezes, Deus usou outros artistas e suas canções para me encorajar e me fortalecer. Esse é o verdadeiro poder da música.

Por causa da posição de Charles na Atlantic, ele conhecia o selo por dentro e por fora e estava se sentindo em casa no prédio, mas Will e eu estávamos nervosos. Começamos o dia com uma oração, e ela ficou em minha mente o dia todo. *Por favor, Deus, abençoe esta reunião. Que seja dessa vez.*

Quando chegamos ao escritório, nos preparamos para colocar o plano de Charles em ação: encontraríamos com o seu amigo, Inigo, chefe latino/internacional da gravadora, tocaríamos as músicas e torceríamos para que ele as amasse. Então, se gostasse, ele levaria para seu chefe, Craig, uma avaliação entusiasmada sobre mim e sobre o meu trabalho. Com fé, Craig também amaria e me contrataria. Fomos para a sala de conferências com Inigo, e me senti em casa na sua presença. Ele é um homem muito gentil e ficou animado ao saber no que Charles, com quem tinha um bom relacionamento, vinha trabalhando.

— Ally, como você está? — perguntou Inigo. — É tão maravilhoso conhecê-la.

Sua voz era calorosa. Também ajudou o fato de ele ter dedicado alguns minutos para se apresentar, contar a sua história e o seu papel na gravadora. Eu não tinha sido jogada aos leões imediatamente.

Então era hora de mostrar a ele o que eu poderia fazer. Charles apertou o play.

— Uau — disse Inigo após a primeira música. — Sua voz é bonita. E essa música é incrível, tão vibrante!

Eu estava radiante quando tocamos a próxima faixa para ele, e depois a próxima.

— Essa música é muito boa — disse ele. — Não temos um artista pop latino de verdade por aqui. E você é incrível, tão pessoal, adorável e amável. Adorei a sua música.

Tudo indicava que aquela reunião seria incrível. Por mais nervosa que eu estivesse, Inigo era uma alma tão gentil que me senti confortável e capaz de ser eu mesma, relaxando o suficiente para sorrir. Não porque estava tentando causar alguma impressão, mas porque estava feliz, e era aquilo que queria. Quando chegou a hora de contar sobre mim, percebi que as palavras vinham com facilidade. Falei de coração sobre minhas origens, como me dediquei, quais eram meus sonhos e objetivos, e o quanto significava para mim ele ter reservado um tempo para me conhecer e ouvir.

Mais uma vez, quando estávamos concluindo, ele resumiu o que estava pensando de maneira muito encorajadora.

— Sem você, estamos perdendo o seu público e a sua arte.

Enquanto ainda estávamos no prédio, Inigo saiu para se encontrar com Craig. Poucos minutos depois, Craig entrou na sala. Ele era muito convidativo e abriu um grande sorriso.

— Bem-vinda à Atlantic Records — anunciou. — Estamos muito animados em tê-la como parte da nossa família.

Eu não entendi o que ele estava dizendo.

Espere, isso foi um sim? Eu ouvi direito? Ele acabou de...

Olhei ao meu redor, e Charles e Will estavam explodindo de alegria. Finalmente tinha acontecido. Lágrimas inundaram os meus olhos, mas eu as segurei.

Espere, preciso ter a confirmação de que ele acabou de dizer isso. Por favor, Deus, permita que eu tenha entendido direito.

— Muito obrigada, senhor, isso significa muito para mim — disse eu.

— Estamos muito animados — comentou Craig.

— Muito obrigada — continuei, exultante. Embora eu ainda não acreditasse, estava sorrindo de orelha a orelha. — Estou mais animada ainda.

A reunião terminou cheia de felicidade. Eu ainda estava tentando absorver tudo, mas, aos poucos, comecei a me permitir confiar que estava acontecendo. Em seguida, me apresentaram a Julie Greenwald, diretora da Atlantic Records. Há muito tempo eu ouvia sobre Julie, uma mulher incrível e forte. Foi maravilhoso para mim que ela fosse a mulher que dirigia uma das maiores gravadoras do mundo. Ela era o tipo de chefe que todo mundo gostava de ter. Fiquei muito animada em conhecê-la, mas também um pouco intimidada, porque ela tem uma presença muito poderosa.

— Oh, estamos tão felizes em ter você, parabéns! — disse ela. — Está pronta?

— Sim, estou!

— Dê o seu melhor, garota. Você precisa estar entre os melhores, porque não podemos nos dar o luxo de ter apenas um bom desempenho. Precisamos quebrar tudo, especialmente vindo de alguém do Fifth Harmony. Você tem que se destacar.

— Sim, senhora, vou fazer isso. Vou quebrar tudo por vocês.

— Ok, então arrase.

Enquanto descíamos de elevador para a rua, quase joguei tudo para o alto, mas sabia que precisava me controlar na frente das pessoas. Estava olhando ao meu redor de um jeito atordoado, me perguntando se eu tinha sonhado tudo aquilo e pedindo a Deus que não.

— Isso acabou de acontecer? — perguntei.

— Eles amaram você — disse Charles.

— O que isto significa? Eles vão me contratar?
— Sim, vão — disse Charles. — Eles vão fazer uma oferta.
— Você está falando sério? Tem certeza? Este não é apenas o caso de você achar que eles vão fazer uma oferta, não é?
— Acabei de falar com eles — respondeu ele, rindo. — Vai acontecer!

Eu estava praticamente saltando pela rua em direção ao restaurante japonês onde íamos almoçar. Pouco antes de nos sentarmos, Charles recebeu um telefonema e pediu licença. Quando ele voltou, estava radiante.

— Acabei de receber um telefonema da Atlantic Records, vão nos oferecer oficialmente um contrato.

Comecei a chorar. Abracei Charles e Will com muita força. *Conseguimos! Depois de tudo que passamos.*

Eu precisava ligar para meu pai. Corri para a calçada, no meio de pessoas andando para lá e para cá. Algumas delas ficaram olhando para mim porque eu estava chorando, mas não me importei, porque tinha a melhor notícia do mundo para contar ao meu pai.

— Pai!

Eu estava tão animada para contar a novidade que estava tropeçando nas palavras. Fiquei lá na calçada, gritando ao celular, chorando. As pessoas olhavam, mas não me importei. Eu tinha conseguido. Nós tínhamos conseguido. Aquele foi um dos momentos mais felizes da minha vida, tornado ainda mais doce por conta de todo o meu desânimo de algumas semanas antes.

Claro que o meu pai ficou incrivelmente orgulhoso e muito feliz por mim. Em seguida, liguei para a minha mãe. Ela também estava em êxtase e começou a chorar. Mais tarde, ela me enviou uma mensagem que resumia tudo:

Pode acreditar, Mama, *porque está acontecendo. Desfrute do início de uma longa carreira de sucesso. A viagem está prestes a começar. Deus a levará a ótimos lugares. Ele a abençoou e encontrou graça em você. Tudo isso está acontecendo por causa da graça e da misericórdia de Deus. Amo muito você. Estou muito feliz.*

Mais tarde naquele dia, meus pais foram ao nosso mercado local favorito, o H-E-B. Eles compravam lá quase todos os dias e, naquele dia, por acaso viram um disco de vinil de Bruno Mars em uma das prateleiras. Eles nunca tinham visto a loja vendendo discos antes, e Bruno Mars era o artista da Atlantic favorito da nossa família. Se isso não é um sinal direto dos céus, então não sei o que mais pode ser. Todos concordamos que parecia o melhor sinal.

Finalmente, toda a minha dedicação — sangue, suor e lágrimas — tinha valido a pena. Serei eternamente grata por aquela reunião que mudou minha vida. A lição que aprendi é que nunca devemos desistir. Como sempre acontece, tive que aprender tal lição mais de uma vez. Veja bem, às vezes um não significa apenas que você precisa de uma estratégia diferente. Não significa que deva desistir. Um "não" é um sinal de que é hora de fazer alguns ajustes e tentar novamente.

Meu conselho é: caso tenha sonhos, lute por eles. Não tenha medo. A vida é muito curta. Se quer apostar tudo, aposte. Nem todo mundo vai acreditar em você, mas tudo bem. Se quiser escrever canções, escreva. Se quiser postar um cover no YouTube, poste. Se sonha começar seu próprio negócio, comece. Experimente coisas novas e não tenha medo de falhar, porque isso sempre levará a um novo caminho. Pode levar até um lugar que você nunca teria imaginado.

Meu contrato com a gravadora Atlantic aconteceria, e muitas das peças da minha nova carreira-solo estavam se encaixando. Eu me sentia mais feliz do que nunca. Meu sonho de uma vida inteira tinha se realizado. Agora, o verdadeiro trabalho ia começar, e eu mal podia esperar.

DEZESSETE

A música perfeita

Alguns meses se passaram desde que eu tinha assinado o meu contrato com a Atlantic, e eu ia para o estúdio quase todos os dias. Minha equipe e eu estávamos focados em construir um grande impulso para mim como artista-solo, e isso significava encontrar um single de estreia incrível.

Em agosto de 2018, no meio das minhas sessões iniciais de gravação como uma artista-solo contratada, compareci ao tapete vermelho para o Teen Choice Awards. Era uma das minhas primeiras aparições públicas desde o último show do Fifth Harmony, e foi ali que anunciei meu novo selo. Eu me senti maravilhosa, com a confiança renovada por estar seguindo o meu próprio caminho. E as pessoas notaram a diferença. Isso apenas reforçou o meu desejo de continuar trabalhando em mim mesma e de permanecer saudável. Na mesma época, fui abordada pelos produtores do *Dancing with the Stars*, um programa de TV em que famosos estrelavam uma competição de dança, para fazer parte do elenco na temporada seguinte. Eles deixaram claro que me queriam. Eu assistia com a minha mãe desde que era uma garotinha e era uma grande fã. E experimentei a alegria de me apresentar no programa várias vezes com o Fifth Harmony — e eram algumas das minhas memórias favoritas do grupo.

Foi muita honra ser convidada, especialmente porque os produtores chegaram a me telefonar várias vezes para tentar me convencer. Mas o momento não era o melhor. Minha carreira-solo ainda estava começando. Eu tinha acabado de assinar com a Atlantic e não tinha nenhuma música nova. E ainda buscava meu primeiro single. Por causa de todos esses fatores, senti que não era o momento.

Além disso, seria um grande compromisso, dependendo de quanto tempo eu durasse na competição. Teria consumido toda a minha disponibilidade, quando poderia estar trabalhando em uma nova música ou viajando para divulgar o meu trabalho. O futuro era imprevisível, então eu precisava manter a agenda aberta, apenas para o caso de surgir um compromisso. Tinha uma desculpa fácil para dizer não.

Eu precisava de tempo para me reorganizar. Mas a verdade é que eu me sentia muito nervosa em dançar, especialmente em um programa que era sobre isso. Eu não queria passar vergonha. Já tinha sido ridicularizada por causa da minha dança quando estava no Fifth Harmony. Pessoas horríveis faziam vídeos destacando o que consideravam uma performance de dança ruim da minha parte, e esses vídeos acabavam viralizando, mas não no bom sentido. Todo mundo zombava de mim e parecia que muitos dos nossos fãs pensavam que eu era a dançarina mais fraca do grupo. Essa era uma grande ferida que eu ainda estava tentando curar e superar.

Charles e Will acharam que o programa seria ótimo para mim naquela temporada. Ser apresentada a um novo público em uma plataforma tão grande e amada, que me permitiria mostrar ao mundo o meu verdadeiro eu. Além disso, eu teria a chance de trabalhar na minha dança e de ficar ainda mais em forma. Ambos me encorajaram a aceitar. Eles tinham bons argumentos, mas esta era uma daquelas ocasiões em que eu não me sentia muito confiante. Eu estava firme na minha resposta, não importava o que os outros dissessem. Os produtores me procuraram mais algumas vezes para tentar me convencer, mas eu tinha certeza de que deveria recusar.

No final do verão de 2018, voei para Londres para a minha primeira apresentação solo no Reino Unido desde o fim do grupo. A principal estação de rádio do país estava transmitindo o Fusion Festival, em Liverpool, e eu tinha sido convidada para participar. Eu estava em êxtase por poder viajar para Londres e vivenciar aquele incrível momento na minha nova aventura solo. Tudo na viagem foi emocionante, até mesmo fazer as malas e ficar horas no avião. Eu estava ansiosa pelo que aconteceria no show, cheia de expectativa e alegria.

Nos meses que antecederam a apresentação, pensamos que tínhamos tudo programado. Eu tinha agendado o show para a primavera, depois que soube que o Fifth Harmony teria encerrado todos os nossos compromissos naquela época. E minha equipe e eu pensamos, sem dúvida, que teríamos lançado novas músicas até o dia 2 de setembro, data do festival de Liverpool. Mas o tempo passou e, antes que percebêssemos, para a nossa surpresa, estávamos nos preparando para Londres, e eu não tinha nada para tocar no show.

No entanto, estávamos entusiasmados com uma participação que gravei com uma equipe de produtores, a Kris Kross Amsterdam, da Holanda. A música se chamava "Vámonos". Agora, em uma reviravolta louca, Messiah também estava na música, depois de já ter participado da minha música anterior, "Vamos". Embora os nomes das canções parecessem semelhantes, não eram nada iguais. Quando Charles me enviou "Vámonos", reconheceu as semelhanças com a música que eu já havia gravado, mas decidiu ir nessa direção porque tinha uma vibração mais energética e um ritmo mais para o reggaeton. Eu amei as duas, mas na época decidimos lançar "Vámonos". Era muito otimista e vivaz e passava uma sensação de estar numa ilha paradisíaca. Também era em espanhol e tinha letras de empoderamento feminino. Eu amava todos esses elementos.

Como Messiah era contratado da gravadora de Charles, conseguimos trazê-lo a bordo. Quando terminamos, amei a música. Estava animada por pelo menos ter essa canção para estrear ao vivo. Mas, quatro dias antes do festival, a equipe de Kris Kross Amsterdam nos informou de que não poderíamos tocá-la. Uma música anterior deles estava indo muito bem, e não queriam trabalhar em outra faixa nova naquele momento. Então, decidiram adiar a data de lançamento. Foi tão decepcionante! Eu estava animada para conhecê-los, porque ainda não havíamos nos encontrado. E era importante tocar uma música nova em Liverpool. Com aquela negativa, eu não tinha nada além das minhas antigas participações e dos antigos covers. Comecei a entrar em pânico.

Eu também estava preocupada com dinheiro. Quando eles desistiram, fiquei em uma situação difícil. A equipe da Kris Kross Amsterdam tinha planejado dividir algumas das despesas, e agora pagar pela viagem e a responsabilidade da apresentação cairia sobre mim. Foi estressante. Mais uma vez, orei muito e entreguei tudo a Deus.

Bem, como Deus faz tantas vezes, Ele resolveu todos os detalhes. Pouco antes de partirmos para Londres, o time da Kris Kross Amsterdam ligou e disse que poderíamos estrear a música lá, no fim das contas. Eles ainda não iriam lançá-la oficialmente, mas os caras concordaram em tocar comigo. Fiquei tão aliviada! Bem a tempo, recebi uma graça salvadora.

Will ligou para a equipe de produção em Londres para avisá-los sobre a mudança de última hora no setlist, para que os dançarinos pudessem aprender uma coreografia específica para a música. Eles já tinham tão pouco tempo para se preparar, queríamos dar a eles todos os minutos possíveis para ensaiarem. Eu estava animada por ter dançarinos e toda uma produção me apoiando para uma performance tão significativa.

Quando voei para Londres, parecia surreal estar lá pelo meu próprio mérito, começando aquela nova aventura. Will estava comigo como meu empresário e, quando pousamos, nos olhamos e sorrimos. Ele sabia o quanto aquele momento significava. Estivemos juntos em Londres quando fui pela primeira vez com o Fifth Harmony, anos antes e, agora, depois de tudo que tinha acontecido, lá estava eu como artista-solo. Ele tem me acompanhado durante tudo isso, e sou eternamente grata por ter alguém especial para compartilhar o impacto daquele momento.

Meu amor por Londres foi imediato assim que aterrissei lá com o Fifth Harmony. Eu amo a cultura, as pessoas e o sotaque. Eles sempre me pareceram os mais legais e estão sempre na moda. Adoro os restaurantes e, acima de tudo, adoro poder acordar e tomar um café da manhã inglês, com bolinhos scones e um chá inglês clássico (meu favorito). Eu amo a vibe de Londres. Sempre desejei voltar. E era uma sensação incrível estar de volta, porque eu tinha muitas lembranças de quando estive com o grupo. Eu não estava apenas fazendo uma apresentação solo, mas uma apresentação em um país diferente, em um continente diferente. Aquilo me deixava em êxtase.

Cheguei a Londres em uma sexta-feira e estava agendada para me apresentar em Liverpool no domingo. Tive dois dias para ensaiar. O ritmo foi frenético, uma loucura. Fui ao hotel deixar a bagagem e tomar um banho (tinha dez minutos antes de ir para os ensaios). Tomada pela falta de sono e pelo jetlag, estava cheia de adrenalina, determinada a dar o meu melhor, não importa o quão cansada estivesse. Eu me encontrei com os coreógrafos, a equipe criativa e os dançarinos. Todo mundo era incrível. Eles me mostraram as coreografias que haviam criado para acompanhar a música, e, ao vê-los, caí no choro. Me lembrei da minha vida antes do *The X Factor*, quando lutava para conseguir que alguém ouvisse minhas canções, me apresentando em escolas, cantando com o meu coração para qualquer um que quisesse ouvir. Então pensei sobre a audição do *The X Factor* e tudo o que eu tinha feito desde então, cavando fundo para superar um começo tão difícil. As memórias me inundaram. Percebi como, a cada passo do caminho, cresci profissional e pessoalmente e aprendi muito. Me senti muito grata por tudo o que tinha me levado até ali.

Pude ver como aquele grupo de dançarinos e coreógrafos tinha se dedicado para me fazer feliz. Meu setlist era as duas músicas com participações, "Perfect" e "Look at us now". Além de um cover que refiz em uma nova música chamada "Cupid", e a última música seria "Vámonos". Eles me mostraram todo o set, com as músicas em sequência, e fiquei emocionada. Mas eu tinha muito a fazer, e tínhamos pouco tempo para colocar tudo nos trilhos. De alguma forma, conseguimos. Eles eram o time dos sonhos. Se eu pudesse dizer o meu eu de 12 anos que esse dia aconteceria, nunca teria acreditado.

Era como se eu estivesse me preparando para aquele momento no palco em Liverpool durante toda a minha vida, por causa de tudo que passei para chegar lá. Sei que pode parecer como se fosse apenas mais um show na minha carreira, mas significava muito para mim. Não pude deixar de pensar em todas as lutas e provações que passei quando estava me tornando quem sou como artista. E foi incrível sentir tudo se encaixar bem a tempo da minha primeira apresentação solo, ali mesmo naquele festival. Senti uma emoção poderosa que parecia ganhar vida própria. Aquele era o início de uma nova vida e uma nova carreira para mim. O peso disso me atingiu de uma só vez durante nossos dias de preparação em Londres, e foi lindo.

Nós ensaiamos muito. Eu não me importava com o quão cansada estava ou o quanto tinha que me dedicar. Queria que o show fosse impecável. Eu queria fazer o meu melhor. Durante aqueles dois dias, ensaiei longas horas com toda a equipe de produção para tornar tudo perfeito.

Na noite anterior à apresentação, liguei para os meus pais. Era noite em Londres, mas dia em San Antonio, por conta do fuso horário. Conversamos. Agradeci por tudo que tinham feito por mim. Eles queriam estar lá, mas não puderam porque minha mãe estava com alguns problemas de saúde. Meu pai tinha que ficar com ela. Eu entendia e queria que minha mãe melhorasse e que meu pai ficasse em casa, dando apoio.

— Mãe, pai, vou mostrar ao mundo quem sou como artista — avisei. — Vocês sempre enxergaram isso, mesmo quando eu era uma garotinha. Sacrificaram tudo e acreditaram em mim. Sou muito grata a vocês dois.

Eles disseram que sempre acreditariam no meu talento e que ainda viam tudo o que havia de especial em mim. Meus pais me lembraram de que eu me dedicara muito para conquistar aquilo, mas Deus também me abençoou com o meu dom e com essa oportunidade e estava me abençoando com aquele momento. Eles me disseram que estavam orgulhosos de mim e me lembraram de que tudo o que eu precisava fazer era seguir em frente confiando em Deus.

Foi uma conversa maravilhosa e sincera, e fui para a cama me sentindo bem. Quando me deitei, repassei a coreografia na cabeça e até sonhei com ela.

Na manhã seguinte, eu estava nervosa, é claro, mas minha empolgação era mais forte. Eu tinha que tomar meu café da manhã e meu chá inglês. Aproveitei cada gole enquanto dedicava tempo para refletir, orar e me preparar para o longo e importante dia que viria. Eu, Will, a equipe local de cabeleireiro e maquiagem que contratei e algumas pessoas da minha gravadora nos amontoamos em uma grande van para fazer o trajeto de quatro horas até Liverpool.

Quando chegamos ao local, minha equipe se espalhou para se preparar para a minha apresentação, e eu me aproximei e olhei para o palco. Era grande e uma multidão estava começando a se formar. Embora eu estivesse acostumada a fazer uma passagem de som antes das apresentações ao vivo, não fiz naquele dia, o que foi um pouco estressante. Mas sabia que estava o mais preparada possível. Enquanto cuidavam do meu cabelo e da minha maquiagem, o tempo estava passando e eu ficava cada vez mais ansiosa.

Finalmente, fui chamada para me apresentar. Era a hora do show. Eu já estava supernervosa. Havia muita coisa acontecendo ao mesmo tempo. Eu queria fazer um ótimo trabalho, não esquecer de nada, especialmente porque tive pouquíssimo tempo para me preparar. Esperava que o público gostasse de mim e estava muito ansiosa para ver as reações on-line dos fãs, porque eu estaria apresentando uma nova Ally ao mundo e esperava que gostassem dela. Eu estava animada, ainda mais quando reuni meus dançarinos e minha equipe para que pudéssemos fazer uma oração juntos. Aquilo parecia familiar e seguro. Eu sabia fazer aquilo!

A música de introdução começou a tocar, e era hora. Quando fui anunciada, um grito pesado ecoou da multidão. Meu coração estava batendo freneticamente no peito. Fiz uma última oração rápida para mim mesma e, antes de entrar no palco, respirei fundo. Apenas nos últimos dias percebi que estava entrando na minha própria identidade como artista. Era a minha vez e parecia libertador e fenomenal. O palco era ao ar livre e, ao tomar meu lugar, observei aquela bela cena.

Eu tinha vinte minutos para conquistar a multidão. Ainda estava nervosa, mas podia sentir a empolgação das pessoas. Quando comecei a falar com eles e a cantar, responderam com gritos e aplausos, alguns até cantaram de volta para mim.

Quando chegou a hora de estrear "Vámonos", eu estava pronta. Como as pessoas reagiriam? Ah, sim, "Vámonos" tinha acabado de vazar on-line. Não era para ser lançada ainda, mas de alguma forma vazou. Então, esse foi mais um golpe contra nós naquele período agitado. Mas, na verdade, acabou deixando os fãs muito animados, então, de certa forma, acabou sendo uma coisa boa.

Nem o público nem meus fãs sabiam que eu tocaria "Vámonos" no festival, mas levei a Kris Kross Amsterdam e eles fizeram a apresentação. É uma música de empoderamento feminino muito ardente e atrevida, toda em espanhol. Então, a multidão começava a ver uma nova Ally cantando. Acho que ficaram meio chocados. Cheguei lá como se aquela fosse a performance da minha vida. Dei tudo que tinha naquele momento e também lembrei de me divertir. Foi incrível, e pude sentir que o público estava adorando. A energia no palco era elétrica. A plateia foi muito gentil e entusiasmada. Eu não poderia ficar mais feliz.

Pessoas tinham vindo da Escócia, da Irlanda e de todo o Reino Unido para me ver, o que significava muito para mim. Após o show, apresentadores de várias rádios e até mesmo alguns artistas vieram até mim e disseram coisas como:

"Uau, isso foi incrível. Mal posso esperar para ver o que o futuro reserva para você."

"Mal podemos esperar até que você lance novas músicas."

"Podemos ver uma nova Ally. Você foi fantástica naquele palco."

Tivemos um meet-and-greet, e pude passar um tempo com alguns fãs, alguns dos quais estavam esperando para me conhecer há anos, e foi muito divertido. Uma garota me deu um livro que ela havia feito, incluindo mensagens sobre por que ela me amava, mensagens de outros fãs e fotos minhas. Seu carinho foi muito importante para mim.

A reação nas redes sociais foi o que eu esperava e muito mais. "Ally voltou e não está para brincadeira!", disse um fã.

Outro comentário foi: "Quem é essa garota? Uau, Ally deixou o palco em chamas!"

Naquela época, esse feedback positivo significava muito, porque me dediquei bastante para chegar ali. Fui um azarão e sempre me senti assim. Tive que lutar por tudo o que conquistei. Algumas pessoas duvidaram de mim. Não me deram crédito. Pensei que não sabia dançar, que não seria boa cantora. Mas olhe! Eu tinha me sacrificado e enfrentado obstáculos. Parece que valeu a pena. Foi recompensador. Eu estava cheia de esperança e alegria, e isso me fez querer continuar e trabalhar ainda mais. Percebi que havia me contido quando estava no Fifth Harmony, mas aprendi com a experiência. Agora eu me sentia confiante. Uma Ally totalmente nova estava dentro de mim, e eu tinha um pressentimento promissor.

Acabei entrando para os trends no Twitter, número 2 no mundo por aquela música e performance, e muitos meios de comunicação também estavam adorando. Eu estava feliz. Aquilo era muito maior do que eu.

Mal sabia que estava prestes a atingir alguns marcos de desempenho ainda maiores. Mas primeiro eu precisava encontrar meu single de estreia. Acertar o momento era essencial.

Assim que voltei do Reino Unido para Los Angeles, Charles, Will e eu nos encontramos para discutir o que faríamos para encontrar a música perfeita. Por mais que eu ame "Vámonos" e me orgulhe da canção, era apenas uma participação. Eu precisava definir o meu próprio som. Por melhor que eu me sentisse sobre como as coisas estavam indo, percebi que sempre que dava entrevistas, me perguntavam:

— Ally, as outras garotas têm seus singles. Onde está o seu?

Não pude deixar de ver os artigos na mídia que diziam a mesma coisa. Eu sabia que não estavam sendo maldosos, apenas curiosos. Era o mesmo com os fãs. De certa forma, senti que estava para trás.

— Ah, meu single está chegando — continuei respondendo.

Mas ainda não tinha encontrado a música. Então era difícil.

Por meses, fui ao estúdio diariamente, às vezes gravando três músicas por dia. Charles me reuniu com muitos escritores talentosos diferentes, desde alguns dos maiores compositores do mundo, como as equipes de Max Martin, Rihanna e Cardi B, como a alguns compositores menos conhecidos, mas ainda assim incríveis. Trabalhei com todos eles.

Dia após dia, eu entrava, adorava uma música e ficava muito animada. Eu a ouvia de novo, trabalhava nela e tinha que admitir que não era o meu single. Já que seria o cartão de visita para lançar minha carreira-solo, tinha que ser perfeita.

Então, em agosto de 2018, Charles me apresentou a um representante artístico externo da APG, um selo da Atlantic, para que pudéssemos nos encontrar e falar sobre música. Ele tocou várias músicas, incluindo uma que se chamava "Lips Don't Lie". Poucos segundos depois de ouvi-la, eu estava entregue.

— Meu Deus, preciso dessa música — disse eu. — Essa é a minha música.

— Sim, é uma faixa incrível — comentou o representante. — Vou marcar uma data para gravarmos.

Quando toquei a música para Charles, ele amou tanto quanto eu. Eu mal podia esperar para entrar no estúdio e colocar minha marca nela, mas houve atrasos que nos impediram de gravá-la. Quando finalmente chegou o dia mágico, Will e eu fomos para o estúdio de gravação da APG. Até chegarmos lá, eu estava muito animada.

— Amei essa música — falei. — Quero muito que seja meu primeiro single. Não posso acreditar que encontrei a música perfeita, depois de tanto tempo.

Quando o representante se aproximou do nosso carro, abaixei a janela e tentei mostrar como estava alegre.

— Oi!

Mas percebi que algo estava errado só de olhar para ele.

— Ah, não... O que aconteceu? — perguntei.

— Escute, sinto muito, mas os compositores e produtores não vão gravar a música ainda porque pode ir para outra artista pop — respondeu ele. — Eu sinto muito. Não podemos gravar hoje.

Esperamos tanto para encontrar a música certa, e também para gravá-la. E ela pode ir para outra artista. Consegue imaginar como fiquei frustrada e desapontada? Segurei as lágrimas até chegar em casa. Eu me senti tão derrotada! *Isso é tão desafiador! Tudo o que faço é tão desafiador! Já estou muito atrasada, e agora isso está acontecendo. Por quê?*

Não tive escolha a não ser seguir em frente. Nos meses seguintes, continuei gravando músicas, porque precisava encontrar o single. Mas eu sabia que nenhuma delas seria perfeita. Até que não consegui mais fingir. Estava tão deprimida que me refugiei na minha cama e chorei no travesseiro. Decidi ligar para Charles e ser sincera. Quando ele atendeu, eu ainda estava chorando.

— Charles, ouça, para ser honesta, estou ficando frustrada e desanimada. Tudo que quero é me apresentar. Quero lançar minha música. Quero mostrar às pessoas quem eu sou como artista. Quero que as pessoas saibam como é o meu som, o que tenho a oferecer. Só quero lançar algo, de uma vez por todas.

— Ei, Ally — disse ele. — Ouça, sei que isso é muito frustrante. E entendo você. Sei que está trabalhando todos os dias. Sei que você sempre tem uma atitude positiva, nunca reclama. Você sempre trabalha, não importa o que aconteça. E não importa com quem, seja o melhor ou os mais novos escritores ou produtores, você está lá com um sorriso. Entendo o quão frustrante é ter a mídia e as pessoas pressionando. Sei que é muita coisa. Acredite, quero a mesma coisa para você, porque vejo seu potencial e o que você pode trazer para o mundo da música. Mas respire. Quando encontrar a música certa, você saberá, todos nós saberemos. É apenas uma questão de tempo. Não importa quando, assim que você tiver a música certa, tudo vai se encaixar.

— Ok — respondi, já me sentindo melhor. Aquela era a conversa estimulante de que eu estava precisando.

— Você só precisa ser paciente e confiar no processo. Saiba que estou aqui e só quero o melhor para você — continuou ele. — Não quero que você lance uma música antiga, uma música que não seja a certa. Eu a valorizo como artista. Acredito que você é boa demais para lançar qualquer música como primeiro single. Só se pode causar uma primeira impressão uma vez. Acredite em mim, vai dar tudo certo. Vamos encontrar essa música em breve. Sei disso. Mantenha a cabeça erguida.

Aquela era a dose de perspectiva de que eu precisava. Mesmo sentindo a pressão, não podia deixar que o ruído externo me afetasse como artista ou influenciasse o meu caminho. Charles tinha me lembrado de me valorizar o suficiente para não apressar esse processo por ninguém, mas esperar até que eu encontrasse a melhor música, a que eu acreditasse ser o meu primeiro single, mesmo que demorasse semanas ou meses. Nesse momento, minha inquietação e ansiedade interiores começaram a desaparecer. A partir desse dia, ganhei uma energia pacífica e otimista.

Com todas as gravações que tinha feito, acumulei um trabalho incrível. Na verdade, havia uma música, "If You Want to Be Mine", que chegou muito perto de ser o meu single. Sim, todos nós adoramos. Confiei na minha equipe e na minha gravadora, e eles acharam que era aquela. Continuaram avançando com o processo, e a música estava programada para sair em outubro ou novembro de 2018. Ao mesmo tempo, não conseguíamos acertar o ponto e continuamos gravando e gravando, até termos feito literalmente dez versões. Estávamos frustrados. Charles e Will queriam uma música quase tanto quanto eu, mas Charles tem um instinto musical incrível e sempre nos fazia parar.

Como a música tinha um sample — ou seja, usamos uma melodia de uma música existente como base para aquela nova, não obtivemos autorização do artista original, então não poderíamos lançar a música. Voltei a ficar chateada ao saber que haveria mais um atraso. Ao mesmo tempo, tentei me concentrar nas palavras de Charles.

Não muito depois disso, eu estava filmando para um evento promocional numa empresa quando Charles apareceu do nada. Às vezes ele aparecia em meus eventos, mas nem sempre, porque é muito ocupado com reuniões e gerenciando tudo. Mas ele estava tão animado para falar comigo que mal podia esperar. Charles me puxou para o lado no meio da filmagem.

— Ei, então, tenho um som que quero tocar para você — anunciou.

Isso parecia diferente, especial, e eu já fui me animando.

— A música se chama "Low Key", e eu adorei — contou ele. — Muitos compositores e produtores grandes e de grande impacto trabalharam nela. Acho a melodia incrível. Quero que seja seu primeiro single. Para você ver o quanto adorei. Espero que você goste também. Então, quero tocar para você. Está preparada?

— Sim! — respondi, com meu coração batendo forte de ansiedade.

Entramos no carro dele, e Charles deu play na música.

— Estou nervoso — disse ele, rindo. — Espero que você goste.

Nos primeiros dez segundos, eu me apaixonei. Era diferente de qualquer música que eu tinha ouvido, e me deu uma sensação diferente de qualquer demo que já tinham me mandado. Tinha um toque latino que me lembrava de casa e do tipo de música que cresci ouvindo, mas também tinha um som urbano legal. Quando o refrão veio, eu senti: *Esta é a música perfeita, e parece comigo.* Além disso, a letra, "Low key, low key, you should really get to know me", que dizia às pessoas para me conhecerem de verdade, não poderia ser mais perfeita, porque era exatamente o que eu queria que os meus fãs e novos ouvintes fizessem. Amei o duplo significado.

— Uau, esse é meu primeiro single! Eu adorei, Charles. Estou muito animada. Vamos garantir logo essa música, por favor.

Finalmente, depois de meses e meses trabalhando muito, depois de passar tanto tempo no estúdio dia após dia, gravando quarenta ou cinquenta músicas, eu havia encontrado o meu single. Mas, como sempre, desafios me aguardavam. Quando Charles tentou garantir a música para mim, os produtores disseram que me amavam, mas queriam ver como ficava na minha voz antes de concordarem em lançá-la. A música foi escrita originalmente com um artista masculino em mente. Acharam que era um grande hit em potencial, e ela quase foi para um artista masculino. Então orei: "Senhor, ajude-me a garantir esta música e que ela fique incrível na minha voz. Eu oro para que seja minha." Havia muito em jogo. Eu estava determinada a arrasar e me apoderar dela, para que todos que a ouvissem soubessem: *Esta é a Ally*. Durante todo o processo de gravação, ficamos nervosos por não termos conseguido garantir a música. E, por ter sido escrita para uma voz masculina, tive que subir dois tons. Mas, quando os produtores ouviram minha versão, acabaram adorando, então ficamos com a música. Eu tinha conseguido, e aquela era a melhor sensação.

Ainda precisávamos obter a aprovação da gravadora antes de seguirmos em frente. Charles estava convencido de que a música poderia chegar no topo das paradas, então voou para Nova York para se encontrar com os chefes da Atlantic, Craig Kallman e Julie Greenwald, esperando receber autorização para torná-la o meu primeiro single e garantir um orçamento para o marketing, a promoção e o videoclipe. Na semana seguintes, a minha família e eu oramos todos os dias para que o resultado daquela reunião fosse favorável a mim.

Quando Charles me ligou, mal pude aguentar o suspense. Bem, eles não apenas adoraram, mas acreditaram tanto quanto nós. As palavras de Julie foram: "Eu queria que fosse a melhor música. E vai ser a melhor. Vamos nessa."

Finalmente, depois de tudo que passei, de todos os obstáculos e desafios, tínhamos o meu primeiro single. Agora, íamos torná-lo ainda melhor. Craig é um gênio quando o assunto é música. Ele trabalhou na música "I Like It", da Cardi B, que foi a música de maior sucesso do mundo naquele ano e passou a ser a minha favorita. E, agora, queria me ajudar em "Low Key".

Craig voou para Los Angeles para entrar no estúdio comigo. Ele queria melhorar alguns elementos da música que achava que poderiam ficar ainda mais legais. Ele é um cara incrível. E eu sabia que trabalhar com ele significava estar fazendo algo certo. Craig exigiu muito de mim, mas também foi muito gentil e encorajador a cada passo do caminho. No final, ele conseguiu evidenciar o meu melhor e levou a música exatamente onde precisava estar. Foi um longo processo, mas não desisti — nem Charles, Will ou Craig. Continuamos aprimorando aquela música até que ficasse o mais perfeita possível.

Eu estava muito animada, queria que o mundo inteiro ouvisse meu novo trabalho imediatamente. Mas é claro que ter a música era apenas o primeiro passo. Há todo um processo para lançar um single. Minha gravadora começou a trabalhar estabelecendo as bases promocionais. Nesse período, parecia que estávamos vencendo pequenos desafios quase todas as semanas. No início de novembro, fui convidada a apresentar "Vámonos" no ALMA Awards, minha primeira apresentação solo em uma premiação de TV. Também foi uma grande honra fazer parte de uma cerimônia em homenagem a outros artistas latinos, incluindo atores, atrizes e artistas de nossa comunidade.

Eu tive apenas dois dias para ensaiar e fiquei nervosa com os ensaios. Estávamos procurando o coreógrafo perfeito, e Charles conhecia Aníbal Marrero, que havia trabalhado com Pitbull e Shakira, fazendo a coreografia de "Hips Don't Lie". É óbvio que eu queria trabalhar com ele. Eu queria que ele ficasse impressionado e notasse que eu poderia dançar, especialmente porque eu ainda estava me curando das velhas feridas da época do Fifth Harmony.

Assim que nos conhecemos, ele e sua coreógrafa assistente, Susie, foram muito calorosos e animados comigo, e ele até hoje é meu diretor criativo e coreógrafo principal. Aníbal Marrero entrou para a nossa família e me entendeu como artista. Viu algo especial em mim e acreditou no meu talento. Fomos direto ao trabalho. Foi tão divertido! Acabei pegando os passos de dança muito rápido e impressionei a todos. A vibração da sala era incrível e divertida, e foi maravilhoso ter os seis dançarinos e a equipe comigo, e ainda estar me preparando para meu primeiro show em uma premiação.

No dia seguinte, fizemos as marcações com as câmeras, e tive que trabalhar com um novo palco não convencional. Além disso, precisei me lembrar de toda a coreografia e de cantar, então me dediquei muito, e estava animada. Charles estava lá para assistir.

— O que você achou? — perguntei a ele.

— Para ser sincero, eu daria um sete de dez — disse ele, com um sorriso.

Levei aquilo a sério e estava determinada a fazer ainda melhor. Gostei do feedback dele, me levou a ir mais longe. Naquela noite, ensaiei mais, sozinha no meu quarto. Quando apareci no show no dia seguinte, para as últimas marcações, mergulhei no trabalho e me concentrei o máximo possível. Após os ensaios, comecei a me arrumar. O que me deixou ainda mais nervosa foi o fato de o meu figurino só chegar no último minuto. É uma loucura o que nós artistas passamos! Mas eu não mudaria isso, porque torna o negócio e a recompensa muito mais interessantes. Finalmente, como sempre, tudo deu certo e eu estava pronta. O apresentador do programa, o ator Wilmer Valderrama da série *That '70s Show*, foi maravilhoso, doce e encorajador sobre a minha carreira-solo quando nos conhecemos no ensaio, e fez uma bela introdução:

— Eu amo essa garota. Estou tão animado para seus próximos passos, Ally. Ally Brooke! "Vámonos".

Então, entrei no palco e liberei tudo de dentro de mim.

Depois que saímos do palco, eu, os dançarinos, Aníbal, Susie, Charles e Will nos reunimos para um grande abraço, e fomos tomados por essa energia eletrizante. Todos sentimos que tínhamos dado o nosso melhor, e foi uma sensação espetacular. Esta continua sendo uma das minhas apresentações favoritas. Dá para ver que aceitei quem eu sou, ganhei vida para minha primeira apresentação solo na TV. Eu tinha essa confiança forte dentro de mim. Dá para ver no meu rosto, no vídeo da apresentação. Eu estava me divertindo muito. Foi o momento de mostrar ao mundo o que eu podia fazer.

Quando vi Charles, depois, ele estava sorrindo para mim.

— Dez de dez! — disse, me dando um grande abraço. — Foi incrível. Estou tão orgulhoso de você. Uau, nem sei o que dizer, porque estou muito orgulhoso e impressionado.

Depois do show, Wilmer também tuitou uma mensagem legal, o que significou muito para mim: "Não poderia estar mais orgulhoso de ver você triunfar, você merece tudo Ally... Eu amo você! Me sinto abençoado por ter te conhecido e emocionado em ver você viver o seu sonho! *Un abrazo!*"

Toda essa positividade estava me alimentando e me dando mais confiança para o meu primeiro single como artista-solo, que ainda era meu maior sonho de todos. Também tive a honra de tocar a música de Natal que havia gravado, um cover de "Last Christmas", do Wham!, no histórico desfile do Dia de Ação de Graças da Macy's! O Fifth Harmony havia se apresentado no desfile durante o nosso primeiro ano, em 2013. Desde então, era um item na minha lista de desejos fazer aquilo na carreira-solo. Quando recebi o convite para fazer parte do desfile de 2018, fiquei boba como uma criança. E uma curiosidade: quando estava no meu carro alegórico, literalmente quase congelei. Estava um frio cortante, e eu estava usando um lindo vestido branco sem costura, com um elegante casaco de pele falsa branca e protetores de ouvido da mesma cor, mas a roupa não tinha camadas suficientes. Cada minuto naquele carro alegórico, eu absorvia tudo, com olhos arregalados e alegria infinita. Quando terminei de me apresentar, porém, meu corpo tremia incontrolavelmente de tanto frio. Mas postei um vídeo engraçado on-line sobre como estava "congelada", que acabou viralizando. Cardi B comentou no meu Instagram, dizendo: "Eu vi a sua apresentação quando estava no aeroporto, e eu sabia que você estava morrendo de frio. Mas você arrasou!" Minha experiência de quase hipotermia valeu a pena! Além disso, logo voltei ao normal e comemorei com o meu pai. Foi um momento mágico.

DEZOITO

Dada

Era dezembro de 2018, e eu estava me preparando para o lançamento do meu primeiro single, "Low Key". As coisas finalmente começaram a acontecer. Então recebi uma ligação da minha mãe.

— *Mama*, preciso contar uma coisa. Meu pai está muito doente. Sei que você está trabalhando muito e lamento ter que dizer isso.

O meu coração se partiu. Minha mãe não era próxima dele, por motivos que ela não gosta de falar, mas, nas vezes em que o vi em reuniões de família, sempre senti respeito e amor por ele. Meu avô tinha uma forte presença masculina, distribuindo sorrisos para todos, e costumava me dizer o quanto amava a minha voz.

Eu não conseguia acreditar que aqueles poderiam ser os seus últimos dias, e fiquei arrasada por não estar em casa. Imediatamente, eu não queria nada mais do que estar com a minha família, mas tinha que estar em Los Angeles a fim de me preparar para tudo que estávamos planejando para "Low Key". Minha mãe e as minhas tias me garantiram que queriam que eu ficasse em Los Angeles.

— Estamos todos no hospital, fazendo uma visita, e ele quer falar com você — disse a minha mãe.

Quando ele atendeu ao telefone, os meus olhos se encheram de lágrimas.

— *Mija*, oh, *mija*, amo muito você — disse ele, chorando. — Você é minha neta. Sempre amei você.

Me ajoelhei ao lado da cama e desabei.

— Também amo você de todo o coração, vovô — respondi. — O meu Dada. Eu gostaria de poder estar aí para abraçar você.

Dada é como nossa família o chamava.

Minha mãe me avisou que os médicos tinham que entrar e ver como ele estava. Naquele momento, nos reconciliamos com Dada. Foi um dia que mudou quem eu era. Saber que a minha mãe estava com o pai dela, que o amor entre eles havia sido recuperado, foi lindo.

Naquela noite, agradeci a Deus por atender a um pedido que eu fazia a minha vida toda: para que a minha mãe se reconciliasse com o meu avô. Então, adormeci, chorando muito de tanta agonia por não poder estar lá. Orei para que Deus desse a ele forças para sobreviver até que eu chegasse em casa para o Natal.

Foi insuportável equilibrar a minha dor com as alegrias de "Low Key". Um dia depois de falar com o meu avô ao telefone foi a manhã em que me encontrei com Craig no estúdio para trabalhar no single. Tentei ser profissional e me concentrar, mas é claro que por dentro estava sofrendo e lidando com um grande peso. Pela força onipotente de Deus, consegui aproveitar o tempo de estúdio com Craig, bem como a preparação para as filmagens do clipe.

Decidimos nos esforçar para filmar antes das férias. Nós nos encontramos com o meu incrível diretor, Mike Ho, algumas semanas antes das nossas filmagens para começar a planejar. Queríamos algo que fosse marcante, para me apresentar ao mundo como uma artista-solo. Primeiro, tivemos que nos estabelecer em um de nossos cinco conceitos possíveis. Queríamos que o clipe contasse uma história. Sempre fui inspirada por filmes e, portanto, queria que meu vídeo fosse como um minifilme. Me inspirei em uma sequência de dança do musical *A Chorus Line*, assim como em uma antiga cena de dança de Hollywood entre uma mulher e um homem. Depois de escolhermos nossa história, tínhamos apenas cinco dias para nos preparar. Todos os aspectos se resumiram às demandas que iam desde o conceito que escolhemos, que revisamos até o dia da filmagem, até o dançarino com quem eu ia contracenar, que teve que ser substituído no último minuto, e o break dance que tive dois dias para aprender e ensaiar. No final, conseguimos fazer cinco sequências de dança diferentes em apenas 48 horas. Resolvi ousar no figurino, que ainda não havia sido decidido até a noite anterior à sessão, passando pelas prateleiras de roupas que tínhamos em mãos. A letra de "Low Key" fala em conhecer alguém de verdade, então eu queria mostrar quem eu era como artista através de roupas ousadas e bonitas. Não ia mais questionar a mim mesma ou ao meu corpo. Não ia mais me esconder. Eu estava orgulhosa de quem eu era e iria mostrar isso para o mundo. Estava abandonando a minha velha faceta e me transformando na artista que sempre quis ser. Sim, aquela era a chance de as pessoas me conhecerem.

Nos últimos dias, antes de gravarmos o clipe, ainda estávamos pensando em quem seria a participação perfeita para a música. Eu estava escrevendo em uma conversa em um grupo de mensagem com Charles e Will quando Charles escreveu: "Ei, Craig acha que pode conseguir o Tyga." Na hora, eu soube que seria maravilhoso. Ele é incrível, e eu amava a sua música "Taste", que tenho ouvido muito nos últimos meses. Fiquei muito animada.

Enviei um SIM gigante e orei para que acontecesse. No dia seguinte, Charles me enviou o verso de Tyga para "Low Key" e fiquei viciada. Ouvi várias vezes, umas vinte, na minha cozinha. Eu não podia acreditar. Ele era incrível. E tinha arrasado naquela letra. Seus versos eram perfeitos. Então, depois que Tyga foi confirmado, perguntamos se ele poderia estar no videoclipe. Achamos que seria um tiro no escuro, porque a filmagem seria em menos de uma semana, mas, por incrível que pareça, ele conseguiu participar. Os astros estavam se alinhando perfeitamente.

Na verdade, tínhamos feito uma música com ele, "Like Mariah", quando eu estava no Fifth Harmony, e foi ótimo. Essa música era uma das favoritas dos fãs. Mas tê-lo na minha própria música era uma história diferente. Em 2018, ele se tornou o maior rapper daquele ano, com canções de sucesso nas rádios e em todo o mundo. Tê-lo no meu primeiro single foi incrível. Eu mal conseguia acreditar.

Em 19 de dezembro, chegou a hora de gravar meu primeiro clipe desde que assinei com uma grande gravadora. Foi uma doce vitória ver esse dia surgir, depois de tantos anos junto dos meus pais, perseguindo os meus sonhos musicais. Eu queria aproveitar cada segundo. Meu pai fez questão de estar presente no meu dia especial.

— Uau, *Mama*, não consigo expressar o quanto estou feliz em ver este dia — disse papai, com lágrimas nos olhos. — Você está gravando o seu primeiro clipe. Estou tão orgulhoso.

O set foi em um teatro de Los Angeles, o mesmo onde Mariah Carey havia filmado o videoclipe de "Heartbreaker", e que também foi usado como locação para muitos filmes. O lugar era majestoso, com glamour que remontava à década de 1930, incluindo salão de baile com teto de vidro, escadaria central, fonte de cristal e vários lustres deslumbrantes.

Estávamos correndo para filmar tudo dentro de algumas horas. Eu estava ansiosa porque seria minha primeira vez dançando sozinha em um vídeo. Trabalhei incansavelmente com o coreógrafo, mas não tive muito tempo de ensaio no geral. Fiquei preocupada em não conseguir me lembrar de todas as sequências. E, agora, não havia ninguém além de mim. Era hora de provar o meu valor. Isso significaria a diferença entre confirmar que as pessoas estavam certas sobre eu não saber dançar ou destruir todas as noções preconcebidas e mostrar a elas tudo o que eu poderia fazer. Na verdade, errei algumas vezes nas primeiras tomadas, porque estava preocupada demais. Mas, então, foi como um interruptor de luz acendendo. Senti a energia jorrar de dentro mim, e ficou perceptível no vídeo. Todos no set ficaram maravilhados. Eu estava muito orgulhosa.

A roupa para a minha sequência de dança principal era um body com short de cintura alta e botas de cano alto pelas quais eu havia me apaixonado, tudo na cor preta. No entanto, aquele figurino estava um pouco apagado. Meu estilista e eu tivemos menos de sete minutos para chegar à roupa que acabei vestindo, um body nude brilhante, com cristais, e short de couro de cintura alta e botas deslumbrantes. Outra mudança de guarda-roupa inicial foi que o body dourado que eu usava seria, antes, um top e uma saia verde que tínhamos transformado em vestido. Mas, como eu ficaria deitada no chão naquela cena, não ia funcionar. Mais uma vez, tivemos cinco minutos para mudar o visual e chegamos ao body, que acabei adorando. Ficava incrível na tela.

Depois de fazer várias mudanças de penteado e figurino em um piscar de olhos, tive menos de dez minutos para filmar a cena final. Nós a adicionamos na hora, como o diretor havia feito com várias tomadas adicionadas na manhã da filmagem, como a cena do chão e a final. Tive que escolher o vestido, então me trocar e refazer o penteado o mais rápido possível. Não consegui voltar para o camarim porque não tínhamos tempo, então corri para uma sala próxima. A luz não estava funcionando, então me troquei, junto do estilista, à luz de uma lanterna de celular. Em seguida, meu cabeleireiro, Preston, arrumou o meu cabelo. Ele está comigo desde o início da minha carreira-solo, e é tão próximo que é como se fosse da família. Eu o adoro. Ele é a pessoa mais engraçada de todos os tempos e tem a melhor personalidade. No final, conseguimos. Dou crédito do sucesso daquele dia à minha incrível equipe. Todos, do diretor e o coreógrafo aos dançarinos e estilistas. Todo mundo deu o melhor de si. A energia naquele set era eufórica, de pura felicidade. Consegui gravar o clipe dos meus sonhos e estava muito orgulhosa.

Ainda assim, a minha família e o meu avô não saíram dos meus pensamentos. A cada dia que passava, orava com todas as minhas forças. Em 21 de dezembro, voei para a minha amada cidade natal. Depois que pousei, esperei o meu pai me buscar. Quando o vi, dei-lhe um grande abraço. Nada significa mais para mim do que a família, especialmente nessa época. Assim que entrei no carro, liguei para a minha mãe. Ela estava angustiada.

— Mãe! O que aconteceu?

— Sua tia acabou de ligar e me disse que ele talvez não aguente até você chegar lá.

Comecei a soluçar.

— Pai, temos que nos apressar, por favor!

Corremos para pegar a minha mãe e depois ir de carro até a casa da minha tia. Orei cada segundo dessa viagem, chorando, implorando. *Deus, por favor, deixe-me ter um momento com o meu avô antes de ele partir. Esse tempo seria inestimável, significaria o mundo para mim.*

— Ally, precisamos prepará-la — disse meu pai suavemente. — Seu avô está muito mal e bastante irreconhecível. Ele não é o mesmo.

— Como assim? — Meu coração estava disparado.

— Só queremos avisá-la para que não fique chocada quando chegarmos lá.

Falei com a minha tia pelo telefone, buscando algum conforto, e ela me disse a mesma coisa.

— Oh, *Mama*, não se preocupe, fale com ele normalmente e diga tudo o que o seu coração quiser — disse ela. — Ele só quer ver você e ter um último Natal em família.

Nenhum de nós conseguiu conter as lágrimas.

Meu pai parou o carro na casa da minha tia, saltamos e corremos para a porta. Eu tinha me preparado para o pior, mas, quando entramos, não acreditamos no que vimos. Vovô não estava na cama. Ele estava de pé, andando com a ajuda de um andador. Ficamos chocados com aquela incrível reviravolta.

— Vovô! — exclamei, indo direto até ele.

— *Mija* — disse ele, e estendeu a mão para me abraçar.

Eu não conseguia acreditar no que os meus olhos estavam vendo. Era um milagre. Meu avô estava caminhando, e não se parecia em nada com todos aqueles avisos.

Minha tia explicou que ele melhorou de repente e queria sair da cama. Seu rosto mostrava o quão milagroso aquilo era. Eu estava tão preocupada de não chegar a tempo, e o meu avô parecia ter se recuperado e poderia até estar melhorando.

Tivemos um dia incrível em família. Senti Deus tão fortemente lá conosco! Observei enquanto a minha mãe falava com o pai. Era evidente que havia paz entre eles, depois de tantos anos. Dada disse a ela o quanto a amava. Estávamos todos chorando. Aquele foi um dos momentos mais lindos que já tivemos em família. Eu só sei que havia anjos naquela sala. Deus estava ali. Era um milagre.

Ver este momento de profundo perdão e amor mudou minha perspectiva de vida e de Deus. Isso expandiu o meu senso do que é possível por meio de Jesus. Que Dada havia se recuperado quando todos pensaram que ele estava para morrer. Mas, ainda mais, vê-lo contando à minha mãe coisas que foram tão significativas para ela... Não sei se consigo encontrar palavras para descrever a importância disso. Palavras de Deus vieram aos lábios do vovô, palavras de afirmação, palavras que foram muito curativas para a minha mãe e para todos nós. Nunca vi tanto amor irradiando de alguém como do vovô naquele dia. Ele tinha uma graça infantil em seus olhos.

Antes de sairmos, a minha mãe e o meu avô se abraçaram, e ela beijou sua bochecha. Sabendo quantas décadas de tristeza estavam se dissolvendo, tive certeza de que estava testemunhando o verdadeiro significado do Natal bem diante dos meus olhos. Nova vida por meio de Jesus, graça, misericórdia, amor, maravilha e milagres.

No carro, todos tentamos absorver o que acabara de acontecer.

— Ally, ele não estava assim há alguns dias — disse minha mãe.
— Ele estava acamado. Não conseguia falar muito, não conseguia se mover. Ele não conseguia abrir os olhos. Agora, está andando e falando. É um milagre! Obrigada, Jesus.

No dia seguinte, voltamos para a casa da minha tia. Vovô anunciou que lutaria para viver. Ele também tinha um pedido especial.

— Quero comer as tortas do Jerry no Natal.

Todos rimos. Meu pai, Jerry, realmente faz tortas incríveis, e nos emocionou saber que era isso que o vovô queria como presente de Natal.

Eu estava gostando de conhecê-lo dessa maneira linda. Era como se o seu verdadeiro eu estivesse se libertando. Pude ver que, embora estivesse doente, ele também era um homem muito forte, cheio de amor. Ele tinha alegria no coração e havia descoberto um imenso amor por Jesus, ainda mais do que antes.

— Deus ama você — disse ele. — Ama muito. Você nem imagina o quanto.

Foi uma reviravolta notável, e agradecemos muito a Deus por este tempo extra com ele. De repente, tive esperança de que ele pudesse vencer a infecção e voltar à saúde plena. Imaginei passar mais tempo com ele, vendo a minha mãe e o pai criarem novas memórias juntos.

O plano era voltar para a casa da minha tia no dia de Natal, quando o lado da família da minha mãe estaria todo reunido. Queríamos estar com o vovô para celebrar um Natal maravilhoso com ele e criar uma linda memória para todos nós.

Na véspera de Natal, eu estava em casa com o meu irmão, que tinha acabado de pedir a namorada em casamento! Foi uma noite especial. Como de costume, o meu pai tinha feito tudo para decorar o exterior da nossa casa, e a minha mãe enchia o interior com toda a magia natalina. Mas não conseguíamos aproveitar o feriado, pois nossos pensamentos continuavam voltados para a saúde do vovô. Ao mesmo tempo, éramos gratos pelo que Deus estava realizando na nossa família: reconciliação, cura e paz. Durante este tempo, nossa grande família por parte da minha mãe se tornou muito mais próxima. Meus pais, meu irmão e eu sempre fomos próximos, mas isso nos lembrou mais ainda de que a família vem em primeiro lugar.

Eu estava assistindo ao filme *A felicidade não se compra* e embrulhando presentes de Natal quando o meu pai recebeu um telefonema da minha tia. Vovô não estava bem. Minha mãe perguntou se deveríamos ir até lá, mas a minha tia disse para esperar até o dia seguinte, como havíamos planejado.

Ficamos acordados até meia-noite, ajudando o meu pai a assar as tortas, aceitando que aquele poderia ser nosso último Natal com o meu avô. Tivemos uma linda manhã de Natal juntos na casa dos meus pais. Em seguida, voltamos para a casa da minha tia com as tortas. Toda a família estava lá, como o vovô desejava. Ele não estava de pé, em seu andador. Minha tia estava certa. Ele não estava bem. Ele tinha tomado muitos remédios, então estava dormindo. Mas, mesmo estando muito fraco, sabia que estávamos todos ali, cercando-o de amor.

Toda a família tentou tornar aquele momento especial. Dada reuniu a família no Natal, como queria. Mas, ao mesmo tempo, ficamos com o coração partido por ele ter piorado tão depressa. Durante aquela noite, seu filme favorito, *O poderoso chefão*, estava passando ao fundo. Vi a cena de um bebê sendo batizado e, quando me virei para meu avô, percebi que a sua vida logo chegaria ao fim. E aquilo era um grande pesar.

Sentei-me na beira da cama e cantei para ele pela última vez o mais docemente que pude.

"Noite feliz, noite feliz
Oh, senhor, Deus de amor
Pobrezinho, nasceu em Belém
Eis na lapa Jesus, nosso bem
Dorme em paz, ó, Jesus
Dorme em paz, ó, Jesus."

— Amo você, vovô — falei, com lágrimas escorrendo pelo rosto. Eu o senti apertar a minha mão. Inclinei-me para lhe dar um beijo e orei por ele. A essa altura, estávamos todos chorando.

Vovô não estava podendo comer ou beber naquele momento, e, mais tarde naquela noite, conseguimos lhe dar pelo menos um pedacinho da torta do meu pai. A família se reuniu ao redor da sua cama. Todos choramos por ele, oramos e cantamos as suas canções favoritas. Tudo, desde a música tema de *Rocky* a "My Way", de Elvis Presley. Compartilhamos muitos momentos especiais naquele Natal.

Dois dias depois, em 27 de dezembro, o meu avô foi ficar com Jesus. O dia de Natal foi o último dia em que o vi vivo. Desde o primeiro telefonema da minha mãe sobre seu declínio até seu falecimento, foram apenas duas semanas. Tudo aconteceu tão rápido! Foi esmagador mudar toda a relação dele com a nossa família para melhor e, depois de experimentar essa reconciliação de paz, perdê-lo imediatamente.

Minha mãe ficou arrasada. Ela queria o tempo que nunca teve com o pai. E ficamos muito gratos pela transformação que Deus fez no coração do vovô e em todos os nossos corações e vidas. O Natal nunca mais seria o mesmo. Sei agora o verdadeiro significado daquela data, que carregarei comigo para sempre. Jamais esquecerei aquele dia, enquanto eu viver. Sempre serei grata por termos passado esse tempo precioso com ele.

O funeral foi na primeira semana de janeiro. Estávamos muito tristes. Foi um processo muito difícil de dar as boas-vindas a um novo ano, o que meus pais e eu fizemos em silêncio, e ficar animada e esperançosa com tudo o que estava no horizonte para mim enquanto também estava de luto. Pelo menos, pudemos sentir paz porque o vovô não estava mais sentindo dor. E esse é o pensamento mais lindo do mundo. Um dia, estaremos juntos de novo. *Sempre vou amar você e levá-lo em meu coração, Dada.*

Claro, como sempre acontece quando você está de luto, demorei várias semanas para voltar a ser eu mesma. Eu tinha que estar de volta em Los Angeles no dia seguinte ao funeral do meu avô, mas ainda estava processando tudo. Foi tão doloroso, tudo que eu queria fazer era ficar em casa. Desejei de todo o coração ter mais tempo com ele, mas estava grata pelo tempo que tive. Foi uma experiência pessoal não apenas para mim mas também para a minha mãe e o seu pai, e isso mudou todos nós para sempre.

Decidi compartilhar a história com vocês para encorajá-los a acreditar com mais afinco na graça de Deus, na Sua reconciliação e nos Seus milagres. Eu os vi com meus próprios olhos. Não consigo descrever, vai além das palavras. Fortaleceu a minha fé ainda mais. Mudou o meu coração, e espero que de alguma forma possa mudar o seu também.

DEZENOVE

"Low Key"

Enquanto eu vislumbrava o ano que estava para chegar, aproveitei para refletir sobre quão longe tinha ido. Parada no meu apartamento em Hollywood, respirei fundo e olhei para a lua, desejando, sonhando e me perguntando o que me aguardava no futuro. Tinha sido um feriado difícil, e eu ainda estava de luto, mas também estava pronta para ir em frente, com esperança e alegria, fazendo músicas incríveis. Naquele ponto da minha carreira, este era o maior momento da minha vida: o lançamento do meu single de estreia, "Low Key", que havíamos adiado no início do mês para 31 de janeiro de 2019.

Eu sabia que o meu avô teria desejado que eu vivesse a minha vida e continuasse em busca dos meus sonhos. Ele sorria quando falava comigo sobre a minha música. Me perguntou como eu me sentia tendo tantos fãs pelo mundo. Ele estava indescritivelmente orgulhoso de mim. E isso foi o combustível para me fazer trabalhar ainda mais e me doar mais do que nunca. É a minha missão viver em sua honra.

Embora eu ainda estivesse triste, parecia que as coisas estavam mudando na minha vida profissional. Fui convidada para me apresentar na reunião internacional de vendas da Warner Music (da qual a Atlantic fazia parte). Foi incrível voar de primeira classe para Estocolmo, na Suécia, onde aconteceria o evento da gravadora. Montei uma equipe de dançarinos e ensaiei para esta incrível chance de mostrar tudo o que eu poderia fazer para os escritórios da gravadora no mundo todo, do Brasil e do México à Austrália e Japão. Eu estava um pouco nervosa com a possibilidade de uma das minhas músicas vazar, especialmente "Low Key", para a qual faríamos um grande lançamento, mas o show não poderia ter sido melhor. A sala estava com muita energia, e todos estavam superentusiasmados com o meu desempenho e com como me saí bem por conta própria. Foi incrível ouvir que, literalmente, o mundo inteiro apoiava minha libertação e estava pronto para me ajudar a ter sucesso. Havia um entusiasmo genuíno sobre a minha arte. Foi incrível sentir esse apoio dentro da minha gravadora. Não consegui acreditar. Eu estava voando alto, animada com o futuro. Claro, nunca há qualquer garantia de que uma nova música será um sucesso, mas receber esse feedback positivo em um momento crucial e com entusiasmo genuíno de especialistas da indústria que viram tantos artistas ir e vir me deu a confiança necessária naquele momento.

Parecia que tinha demorado uma eternidade, mas de repente era 30 de janeiro, a noite anterior ao meu grande lançamento. Gravei uma mensagem especial para os meus fãs, dizendo-lhes o quão animada eu estava de ter novas músicas para eles e o quanto significava para mim ter o meu bebê finalmente ganhando o mundo, depois de eles terem esperado, leais, por mais de seis meses. Eu sabia que eles tinham grandes expectativas para o meu primeiro single, assim como eu, e estava muito grata pelo apoio contínuo.

Naquela noite, olhei pela janela do hotel onde estava hospedada na cidade de Nova York. Estava frio, quieto e tranquilo.

— Por favor, Deus, permita que as pessoas me conheçam de verdade por meio do meu primeiro single. E permita que amem. Por favor. E o clipe. Por favor, deixe as pessoas receberem da forma como deve ser recebido. Deixe que elas vejam a minha jornada, a minha evolução, o quão longe cheguei. Deixe-os ver uma nova Ally.

Depois da oração, entreguei tudo a Deus.

Na manhã seguinte, pouco antes das oito, quando o single e o clipe seriam lançados, a energia no meu quarto de hotel estava bem alta. Todo mundo estava lá: meu pai, Will e toda a minha equipe, incluindo o meu publicitário, o meu cabeleireiro e o meu maquiador. Já fazia muito tempo que eu não via meu pai tão nervoso, mas também vi que ele estava mais animado do que nunca. Nós nos reunimos, oramos e, com o maior frio na barriga, vimos a contagem regressiva da estreia no YouTube começar. Estava acontecendo!

10, 9, 8, 7, 6, 5, 4, 3, 2, 1!

Então, "Low Key" conheceu o mundo. Toda a dedicação valeu a pena, e agora era hora de ver o que o público acharia. Mas, na verdade, apenas o ato de lançar algo de que eu estava tão orgulhosa já era um grande sucesso.

Meu pai e eu começamos a ler os comentários on-line, e ambos ficamos maravilhados com as respostas positivas. Ele chorou quando leu um comentário de um fã que dizia basicamente: "Uau, essa é a Ally que foi ridicularizada. Esta é a Ally de quem as pessoas duvidaram. E agora olhe para ela, provando que todos estavam errados." A resposta da imprensa foi igualmente brilhante. Fiz entrevistas com todos, da *Harper's Bazaar* à *People*, onde destacaram a minha seguinte fala: "Por muito tempo estive nesta caixa, e agora estou fora dela. Posso ser quem eu quero ser." Fiquei muito orgulhosa quando li os elogios. "As cordas vocais de Brooke nunca estiveram em questão, mas com 'Low Key' ela está fincando lugar em seu território ao dizer [...] 'Você deveria me conhecer', que ela canta várias vezes e, bem, isso parece um pedido justo para uma estrela que está conquistando um novo espaço para si mesma enquanto segue sua carreira-solo", da *Time*. "Com um refrão cativante, um clipe atraente e o poder de estrela adicionado por Tyga, Brooke tem tudo o que é necessário para 'Low Key' ser um sucesso", da MTV.

Foi tão emocionante percorrer a cidade de Nova York, filmar a divulgação e dar entrevistas em todos os lugares, da MTV ao programa

Entertainment Tonight. Meu clipe foi reproduzido em uma daquelas telas gigantes na Times Square, onde também havia um enorme outdoor digital do Spotify, divulgando "Low Key". Claro que fiquei emocionada, só de ver aquela grande prova do meu feito. Depois, naquela noite, fizemos uma festa para os meus fãs. A chefe da minha gravadora, Julie Greenwald, até parou para me parabenizar. A melhor parte foi que, assim que viram o clipe, o entusiasmo dos fãs disparou. Eles estavam gritando, chorando, dando boas-vindas a uma Ally nova e elogiando todos os aspectos do vídeo, incluindo a minha dança, o que significava muito para mim. Foi incrível comemorar esse momento com o maior número de fãs possível no meet-and-greet na minha festa, que teve até uma cabine de fotos. A reação deles foi além de qualquer coisa que eu poderia ter esperado e orado.

E foi tudo muito mais especial porque o meu pai estava comigo e senti meu avô ao meu lado também. Eu só conseguia imaginar como seria esse momento se o meu avô estivesse lá, mas vi sinais dele naquele dia e o senti ao meu redor. Eu sabia que ele estava orgulhoso, observando de cima.

Bem naquele momento, minha carreira-solo foi lançada! "Low Key" acabou alcançando o Top 20 das paradas pop da Billboard. Quase todo lugar a que eu ia, ouvia a minha música no rádio. Eu estava animada pela minha primeira turnê-solo de rádio promocional em todo o país, incluindo a minha cidade natal, San Antonio, onde pude agradecer com um show gratuito para os fãs locais. Eu estava agendada para ir para Corpus Christi, também no Texas, durante a campanha promocional. A cidade tem um espaço especial no meu coração porque é onde Selena viveu. Também cresci com os meus pais nos levando para a praia lá, então parecia uma segunda casa.

Um dia, recebi uma ligação do meu representante da gravadora, que iria me levar pelo Texas para promover minha música, de Dallas a San Antonio, de Austin a Houston.

— Ally, oh, meu Deus, você está pronta para ouvir isso? Você está sentada?

— Sim! — respondi, prendendo a respiração. Estava supercuriosa.

— Suzette Quintanilla soube que você estava vindo para a cidade e quer conhecê-la.

Eu gritei. Não podia acreditar. Eu nem fazia ideia de que ela sabia da minha existência, e foi incrível. Ela, é claro, teve um impacto tremendo em toda a minha vida. Se não fosse pela família dela (a irmã, Selena, e ela) perseguindo os seus sonhos, eu não teria me inspirado a perseguir os meus. Eu estava em choque.

Claro que contei aos meus pais imediatamente. Eles ficaram maravilhados. Eles se lembravam claramente de como eu assistia ao filme dela tantas vezes e de como eu cantava e dançava com a sua música.

— *Mama*, não acredito que ela quer conhecer você — disse a minha mãe. — Que honra. Uau.

Eu não conseguia parar de pensar na minha viagem para Corpus Christi. Eu finalmente encontraria Suzette. Parecia que toda a minha vida havia me preparado para aquele momento.

O plano era dirigir de San Antonio para Corpus. Então fiz cabelo e maquiagem com meu maquiador local de San Antonio e com meu cabeleireiro de sempre, Preston.

— Preston, tenho que fazer um penteado inspirado na Selena! — comentei.

Ele fez um lindo trabalho. Era exatamente o que eu havia imaginado. Então, fiz minha maquiagem. Eu já tinha escolhido a melhor roupa. Queria parecer perfeita para eles.

Suzette me convidou para um passeio pelo Museu Selena, onde eu nunca tinha estado. Sempre quis ir lá, mas nunca tive a chance. Não havia melhor maneira de viver aquilo do que fazer um tour oferecido pela própria irmã de Selena.

Fui para Corpus com o meu pai, Will, Preston e o meu representante da rádio Atlantic. Durante o passeio de carro, fiquei ouvindo todas as músicas da Selena e assistindo a quase todas as entrevistas que ela já dera, além de tantos videoclipes e apresentações ao vivo quanto pude encontrar no YouTube. Desde que me lembro, eu assistia a vídeos da

Selena quase todos os dias. Não estou exagerando. Eu a amo muito, e sempre amei. Para mim, era um sonho de vida conhecer a família dela, e agora estava acontecendo. Parecia que não era real, como se eu estivesse vendo tudo aquilo acontecer com outra pessoa.

Chegamos ao Museu Selena. Fiz uma oração com o meu pai, e subimos. Conheci Suzette no seu escritório, dentro do museu. Ela era ainda mais bonita pessoalmente do que na entrevista que assisti naquele dia. E era tão real, divertida, convidativa e acolhedora.

— Bem, sei o quanto você ama a minha irmã — disse ela. — E quero agradecer por tentar honrá-la sempre que pode. Significa muito para mim. Parabéns por todo o seu sucesso. Garota, estamos torcendo por você. Acompanhamos a sua carreira e estamos muito orgulhosos.

Fiquei surpresa ao ouvir aquilo. Que honra inacreditável!

Como prometido, Suzette nos levou para conhecer o museu. Enquanto caminhávamos, o sr. Quintanilla entrou, e literalmente fiquei arrepiada. O pai de Selena estava usando os seus óculos e penteado de sempre, assim como no filme. Ele parecia jovem, e era exatamente como imaginei. Meu pai começou a chorar assim que o viu caminhando na nossa direção com a sua bengala, porque não conseguia acreditar que estávamos conhecendo alguém que significava tanto para nós, para nossa família. Estávamos conhecendo uma lenda, um grande homem que mudou muitas e muitas vidas.

Foi um momento lindo. Ficamos lá por horas, conversando sobre quase tudo: minha jornada como artista e, claro, o quanto Selena significava para mim. Fiz perguntas sobre algumas das suas memórias favoritas, e eles me contaram as histórias por trás de algumas das roupas diferentes que ela usava e das músicas que cantava. Me mostraram vídeos nunca vistos. A experiência foi muito significativa para mim, porque muitos momentos da minha jornada se entrelaçavam naquele, especialmente porque o meu pai estava lá comigo.

Eles me mostraram o estúdio onde Selena gravou "Dreaming of You" e algumas das suas últimas músicas. Assim que entrei no estúdio de gravação, o meu corpo todo se arrepiou. Estar na mesma sala onde

Selena gravou as suas últimas canções era mais do que chocante. Parei um momento para saborear o peso daquilo. Lágrimas surgiram nos meus olhos. Foi muito especial e inesquecível.

A beleza de conhecê-los está ligada ao fato de eles serem muito pé no chão. Eles fizeram com que todos no nosso grupo se sentissem bem-vindos, como parte da sua família.

Logo o sr. Quintanilla teve que voltar a gravar, porque estava trabalhando com música. Ele nunca para, e aquilo era muito inspirador e comovente. Chegou a hora de eu ir, porque eu tinha outros compromissos naquele dia, mas não queria ir embora. Eu teria ficado lá o dia todo, se pudesse, mas tinha que voltar para a estrada. Antes de partirmos, Suzette me disse palavras de encorajamento:

— Estamos torcendo por você. Estamos apoiando você, Ally, e qualquer coisa que precisar, por favor, me avise. Amamos você.

Aquele foi um dos dias mais incríveis da minha vida. Embora nunca tivéssemos nos visto pessoalmente, parecia que eu os conhecia desde sempre. Eles fizeram com que nos sentíssemos muito confortáveis. E me sinto eternamente grata por o meu pai estar lá para vivenciar isso comigo. Poucos meses depois, fiz uma apresentação para uma estação de rádio em Corpus, e Suzette veio me ver cantar. Fiquei honrada por ela reservar um tempo do seu dia para ver uma apresentação minha.

Sempre homenageei Selena no Fifth Harmony e, desde que comecei a carreira-solo, faço questão de incluir um tributo especial a ela no meu set. Eu tinha um medley preparado e percebi que Suzette iria ver. *Meu Deus, vou cantar Selena na frente da irmã dela,* pensei. *Isso é loucura. Tomara que eu possa deixá-la orgulhosa.*

Depois do show, Suzette me deu um elogio que foi literalmente impagável:

— Ally, eu nunca digo isso, mas você me lembrou a minha irmã lá em cima.

— Suzette, meu Deus, isso é uma honra. Não sei o que dizer. Isso é simplesmente... Uau. Obrigada. Você não sabe o quanto isso significa para mim.

— Sabe, Ally, você é muito alegre, fofa e divertida pessoalmente. Mas, no palco, você se torna uma pessoa diferente, assim como a minha irmã.

Esse comentário nunca vai deixar o meu coração. Mesmo agora, não sei nem como colocar em palavras o quanto aquilo foi importante.

Nada poderia superar essa experiência, mas tudo parecia estar se encaixando. Meu próximo single, depois da batalha para garanti-lo, foi "Lips Don't Lie", que ganhou uma participação do A Boogie Wit da Hoodie. A música foi lançada no final de maio e também teve muito sucesso nas rádios, acabando no 38º lugar na parada pop da Billboard.

Claro, mesmo quando as coisas estavam a todo vapor, eu estava aprendendo que a indústria do entretenimento requer muita flexibilidade. Nesse caso, gravamos um clipe simples que deveria ser o *lyric video*. No último minuto, a gravadora decidiu torná-lo o clipe oficial do single, já que não queriam atrasar o lançamento para filmar o conceito mais elaborado que eu havia planejado. Minha visão para o meu segundo vídeo não ganhou vida, mas era melhor seguir o fluxo.

No entanto, em um momento em que eu estava mais ocupada do que nunca, a minha família ainda estava tentando se firmar após a repentina perda de Dada. Então, naquela primavera, enquanto eu me preparava para a minha primeira turnê europeia, com datas agendadas em Londres, Paris, Milão, Berlim e Bruxelas, a minha família foi atingida por outro golpe, enquanto ainda estávamos de luto por Dada. Meu pai estava me visitando em Los Angeles sem minha mãe, que não podia vir. Ele é muito otimista e cheio de alegria, quase um meninão. Todo mundo o ama por causa de seu grande coração. Mas ele não estava bem. E tentou esconder, mas pude perceber que algo o incomodava. Estávamos saindo de um restaurante quando toquei no assunto.

— Pai, há algo que você queira me dizer?

— Não, *Mama*, está tudo bem. Tudo bem.

— Pai, sei que algo está errado com você. Escute, sei que quer me proteger, e a mamãe também. Você tem o maior coração do mundo, e entendo que só quer proteger sua filha, especialmente enquanto estou correndo atrás dos meus sonhos. Você não quer que nada tire meu foco, mas família é mais importante, família é tudo. Agora já sou capaz de lidar com a vida, o lado bom e o mau. Tenho que ser forte por vocês. Não quero que ninguém passem por nada sozinho. Algo está errado, por favor, me diga.

Finalmente, com lágrimas nos olhos, meu pai me disse que o tio Rene estava com câncer. Tio Rene é casado com a irmã da minha mãe, Diane, a quem chamamos de Tia Nana. Éramos muito próximos. Eles nunca tiveram filhos, mas cuidavam de todas as crianças da família e estavam presentes por elas. Tia Diane era o tipo de pessoa com um coração tão bom que você quer proteger a qualquer custo. E agora isso. *Câncer? Como pode ser?* Não havia nenhum diagnóstico de câncer na família, eu não conseguia acreditar. Sentia muito frio, raiva, desamparo, medo e tristeza. Aquilo me atingiu com a força de um trem em alta velocidade.

Os meses seguintes foram difíceis para a nossa família. Tivemos que orar para que ele vencesse essa doença terrível, e os médicos não tinham certeza de que ele conseguiria, o que tornava tudo desanimador. A nossa fé foi testada. Eu acordava e ia dormir chorando e, o tempo todo, orava para que Deus curasse meu tio e estivesse com minha tia para confortá-la e trazer-lhe paz. O câncer se espalhou da garganta para os nódulos linfáticos, o que era ruim. O meu tio teria uma estrada difícil pela frente. Eu odiava estar tão longe da minha família. Várias vezes disse que queria ir para casa. Mas minha tia e meus pais me imploraram para ficar onde estava e continuar trabalhando. Eles me disseram como isso os deixava felizes e orgulhosos, sabendo como minha carreira havia se tornado incrível, e que era uma boa distração ouvir que eu estava indo tão bem. Tudo o que eles precisavam eram das minhas orações. Por isso, ajoelhei-me todos os dias e orei. Eu estava no meio de outra turnê, com a agenda lotada, mas, com esse tipo de tragédia em casa, era difícil estar presente e pensar em outra coisa. Foi muito difícil controlar minhas emoções durante todo o verão.

O meu tio estava fazendo quimio e radioterapia. Ele também precisou fazer uma cirurgia para aumentar as chances de enfraquecer o câncer. Rezamos para que ajudasse, mas o médico disse que, infelizmente, não havia garantias. Além disso, ele teria um longo caminho para se recuperar no período pós-cirurgia. Os meses seguintes foram dolorosos para todos nós. Quando voltei para casa, no meio do tratamento, foi muito difícil de ver que ele não parecia o mesmo. Orei mais do que nunca. Finalmente, em meados de outubro, recebemos notícias da minha tia. A mensagem dizia: "Temos uma consulta amanhã. Por favor, ore para que desapareça em nome de Jesus."

E nós apenas oramos sem parar, como nunca. Só de contar a história agora ainda me dá arrepios.

No dia seguinte, meu tio me ligou.

— *Mama* — disse ele.

— Tio, ai, meu Deus, como você está? Você está bem?

— Adivinha.

— O quê?

— Estou livre do câncer.

Quando ouvi aquelas palavras, perdi o controle, bem ali no chão da minha cozinha. Eu estava muito grata a Jesus.

— Tio, meu Deus. Deus abençoe você. Deus seja louvado. Deus seja louvado.

Então, falei com minha tia, que chorava. E falei com meu tio novamente, e ouvi a alegria em sua voz, algo que não acontecia havia meses. Aquilo era um milagre. E, tendo testemunhado em primeira mão, minha fé foi fortalecida mais uma vez.

É isso que quero que as pessoas que leem meu livro entendam. Se tiverem que tirar alguma coisa dessas páginas é que a fé e Deus podem mover montanhas. Deus pode mudar o coração das pessoas. Pode mudar o destino. Pode mudar laudos médicos. Deus é um Deus de milagres. Eu vi com meus próprios olhos. São coisas que não podem ser explicadas, que fazem toda a minha alma acreditar Nele. Por causa da Sua vontade, coisas que são impossíveis se tornaram possíveis.

Até hoje, tenho orgulho de dizer que meu tio continua livre do câncer. Nossa família não poderia estar mais grata a cada dia. Somos uma família de fé. Já passamos por tudo. Câncer, morte, rejeição, dor, perda, mas, em meio a tudo isso, Deus sempre apareceu. Ele está sempre presente, em meio à pior provação e à mais profunda tristeza. Ele nos salvou de tantas coisas e nos trouxe alegria e milagres indescritíveis. É por isso que sempre servirei em honra ao meu Deus e Jesus. É por isso que acredito em Deus e acredito em milagres. Acredite, acredite, acredite. Eu uso um anel todos os dias que a minha mãe me deu. Nele está inscrito "Acredite". Como eu disse antes, esta é a minha palavra, a que mantenho mais próxima do meu coração.

No meio desses milagres, também houve muitos altos na minha carreira. Para promover "Low Key", fiz minha primeira turnê na Europa, uma oportunidade incrível. Fiz paradas em Milão, Londres, Paris, Berlim e Bruxelas, e foi uma experiência estimulante, cheia de felicidade. Sou apaixonada pela Europa, e viajar para o exterior é uma das minhas coisas favoritas. Paris era um dos destinos que eu mais amava. Pude viajar para lá com o Fifth Harmony, durante nossas turnês pela Europa. Agora eu era capaz de abraçar aquela cidade extraordinária novamente, desta vez por mérito próprio. Poder viajar para a Europa no meu primeiro ano como artista-solo foi sensacional.

Também voltei ao Brasil nessa época. Os fãs brasileiros são incrivelmente apaixonados, cheios de pureza e amor no coração. Eles me trataram da mesma maneira que tratavam o Fifth Harmony, me cercando (da melhor maneira possível!) no aeroporto. Centenas de fãs ficaram do lado de fora do meu hotel e compareceram ao meu primeiro show solo, em um teatro. Foi marcado de última hora, mas eles encheram cada centímetro quadrado até o dobro da capacidade. A sala estremeceu com seus belos gritos agudos. O amor e a adrenalina que senti foram fenomenais.

Naquela primavera, eu estava indo de Los Angeles para San Diego para promover "Lips Don't Lie" com Will e Mo, um dos representantes da gravadora. A promoção do segundo single estava indo muito bem, mas eu estava de olho no Wango Tango, um dos maiores e mais cobiçados festivais de rádio do ano. Apenas os melhores artistas participavam, e o Fifth Harmony havia se apresentado nele por três anos consecutivos. Estar no Wango Tango significava que você tinha alcançado o sucesso. Conseguir um lugar nele durante meu primeiro ano como artista-solo seria um sinal incrível de que eu estava ganhando força. A chefe da rádio da Atlantic, Andrea, ligou para Mo enquanto estávamos no carro. Ela começou a gritar.

— Ok, espere, deixe-me colocar você no viva-voz! — gritou Mo. — Ok, Andrea, diga a ela.

— Ally, adivinha? Você vai tocar no Wango Tango!

Comecei a gritar! Ficamos muito chocados e felizes. Muitos artistas passam a carreira sem tocar no festival, mas consegui no meu primeiro ano. Isso significava que as coisas estavam dando certo para mim ainda mais rápido do que esperávamos. Um detalhe engraçado é que eu estava comendo uma barrinha de cereal quando recebi a notícia, e o momento foi tão empolgante e significativo que guardei a embalagem como lembrança daquele momento.

Naquele mês de junho, me apresentei no Wango Tango, dando início a um verão de muitos festivais de rádio, o que era um objetivo meu. Isso não apenas mostra que você atingiu certo nível de sucesso, mas também lhe dá a chance de alcançar novos fãs e se conectar com outros artistas incríveis e de alto nível. Mas nenhum show significou mais para mim do que aquele dia no Wango Tango. Durante a tarde, me apresentei em um dos palcos menores. Estava um dia lindo, o sol brilhava, e a multidão se divertia muito. O dia todo corri com a adrenalina, zumbindo de um lugar para outro, pressionando, brilhando e me sentindo muito orgulhosa de estar lá. Também foi incrível encontrar os meus colegas artistas nos bastidores. Halsey foi tão doce e estava animada em me ver, me dando um abraço rápido quando nos encontramos no corredor. Também vi os Jonas Brothers e conversei com eles bem rápido antes de uma entrevista. Esbarrei com Zedd, e ele ficou muito feliz por mim e por tudo que estava acontecendo. Foi incrível ser reconhecida pelos meus colegas.

Naquela noite, eu ia me apresentar no palco principal, junto com os outros grandes artistas. Foi um grande momento. Mudei o figurino para o meu segundo show: uma roupa personalizada com botas com marcas de beijos por toda parte, em homenagem ao meu novo single "Lips Don't Lie". Meu pai estava comigo nesse dia, o que tornou tudo muito mais significativo. Enquanto ele me acompanhava, apenas␣sorria. A minha equipe e eu subimos em um carrinho de golfe, pois era assim que transportavam os artistas do camarim até o palco principal. A energia no Wango Tango é sempre eletrizante.

— Você merece estar aqui, *Mama* — disse o meu pai. — Estou muito orgulhoso de você.

Quando subi naquele palco, pela primeira vez na minha carreira, fiquei impressionada por um momento, impactada com o palco enorme, as luzes brilhantes e o mar de fãs gritando, estendendo-se até onde os olhos podiam ver. *Uau*, pensei. Então me recompus. *É hora de arrasar!* Acabei sentindo uma eletricidade incrível durante o meu set de vinte minutos. Foi o maior palco em que já estive. Eu tinha uma produção enorme, uma equipe de oito dançarinos, e Tyga foi legal o suficiente para aceitar ser meu convidado surpresa e, durante minha música final, "Low Key", fogos de palco explodiram atrás de mim. Foi um momento sensacional.

Aquele mês foi uma jornada incrível. Eu estava em ascensão. Também me apresentei no AT&T Center em San Antonio. Milhares de pessoas cantaram junto comigo, me dando as boas-vindas à minha casa, e foi incrível compartilhar aquele momento espetacular com a minha família e os meus fãs da minha cidade natal.

Eu já estava no auge da minha carreira com todos aqueles triunfos tão aguardados quando, em julho, estava no escritório com Charles e Will, em um dia normal de trabalho. Por acaso, olhei para o telefone de Will em sua mão e vi o assunto de um e-mail aberto: *DWTS*.

Isso seria possível? Eles iriam me chamar de novo?

— Ally, precisamos conversar — disse Will.

VINTE

Dancing With the Stars

Meus olhos não tinham me enganado. Will tinha acabado de receber um e-mail dos produtores de *Dancing with the Stars* me pedindo para fazer parte do programa na temporada de 2019. Fiquei surpresa por terem me procurado de novo, fazendo o convite para mais uma temporada. Minha vida estava diferente, se comparada à primeira vez que me abordaram. Eu estava muito mais estabelecida e tinha uma carreira de verdade. Fiquei feliz por ter provado que sabia dançar desde o começo de minha carreira-solo, no clipe de "Low Key" e em outras apresentações. Mesmo assim, a dança ainda era uma área que podia me deixar insegura. Além disso, o programa era sobre dança de salão, o que eu nunca tinha feito.

— Vamos pensar na ideia? — sugeriu Will.

— Ok, vou pensar com carinho desta vez — respondi.

— Ei, acho que você deveria aceitar agora — ponderou Charles. — O momento é perfeito. Seria ótimo, o público vai conhecê-la mais rápido. Eles ainda não conhecem você como pessoa. Esta pode ser uma oportunidade.

— Ok, vou pensar, mas não tenho muita certeza e sinto que a resposta vai ser não.

Continuei adiando a decisão por mais três semanas, e o programa tinha nos dado um prazo para responder. Eu estava em Atlanta para o casamento da minha melhor amiga. Fui dama de honra pela primeira vez, e foi um fim de semana lindo. Eu estava em êxtase por ela. Mas ficava pensando: Dancing with the Stars, Dancing with the Stars, *você tem que dar uma resposta*.

Charles e Will queriam muito que eu aceitasse, mas eu não queria porque estava com medo. O Fifth Harmony havia se apresentado no programa algumas vezes, e amei estar naquele set. Era uma sensação maravilhosa fazer parte daquela família unida, e eu sabia que teria ainda mais daquilo como participante. Essa também era uma das principais razões que animavam Will.

— Ally, lembra de todas os bons momentos que vivemos com aquele pessoal? A família *Dancing with the Stars* é especial. E poderíamos estar juntos com ela todos os dias.

Eu estava dividida. É claro que orei a respeito e pedi conselhos aos meus pais. Eles são sempre incríveis em compartilhar sua sabedoria comigo e, no que me diz respeito, eram basicamente veteranos da indústria do entretenimento nessa época. Então, sabiam do que estavam falando. No ano anterior, concordaram comigo que não era o momento certo para o programa. Então, liguei para minha mãe, para discutir os prós e os contras.

— Tenho pensado muito nisso, o tempo todo — admiti. — Minha equipe acha que eu deveria aceitar, porque é uma oportunidade maravilhosa para as pessoas me conhecerem. É o momento perfeito. Há muitos pontos positivos, mas estou nervosa, mãe. Não quero. Por mais que eu ame o programa, estou com medo.

— Pela primeira vez, acho que você deveria aceitar — disse ela. — Acho uma boa ideia, como se fosse um desafio. Você vai ter que se esforçar e tem que estar pronta para enfrentar as dificuldades, mas acho que pode ser incrível. Isso pode ajudá-la a ganhar confiança. E, *Mama*, lembre-se, nós assistíamos ao show juntas. Pode ser especial.

Eu não esperava aquilo. Meus pais estavam me incentivando a ir? Procurei o conselho de alguns amigos próximos, incluindo minha amiga Tori Kelly, e todos disseram a mesma coisa: não deixe que os *haters* ou o medo a impeçam; nada além de aspectos positivos podem vir do show. Orei ainda mais: Estou tão nervosa, mas isso poderia ser ótimo. Por favor, Senhor, me mostre o que fazer.

Estava apavorada com a ideia de estar em um *reality show* de novo, depois de ter sido tão mal interpretada no *The X Factor*. Eu não queria ser julgada ou ridicularizada mais uma vez. Quase tive um colapso antes de me decidir. Mas eu sabia que precisava entregar esses sentimentos a Deus e confiar Nele. Sem mencionar todas as boas pessoas em quem confiava, que estavam ao meu redor. Eu sabia que deveria aceitar, então peguei o telefone e liguei para Charles.

— Minha resposta é sim!

Ele estava tão feliz! Aquele seria o início de uma nova jornada. Era real e definitivo agora, e comecei a ficar animada.

Dizer sim foi apenas o primeiro passo. Os produtores me enviaram um questionário que os ajudaria a escolher minhas músicas para o show. As perguntas incluíam:

"Qual é a sua música favorita?"
"Que música lembra a sua infância?"
"Que música ajudou você a atravessar um momento difícil?"
"Qual é a sua música favorita da Disney?"
"Qual é a sua música favorita de Halloween?"
"Sua música favorita para dançar?"
"Sua música favorita para chorar?"

Respondi tudo com cuidado. Eu sabia que ajudaria muito ter a chance de dançar as músicas que eu mais amo.

Fiquei muito nervosa e animada. Era difícil acreditar que eu seria uma concorrente em um programa que assistia e amava há anos. Imaginei a minha família no Texas orgulhosa das minhas performances e votando em mim. Imaginei os meus amigos de toda parte me vendo dançar. Imaginei receber todo aquele amor e apoio, e foi muito emocionante.

Desde o momento em que disse sim, faltava cerca de um mês para chegar a hora de voar para a cidade de Nova York para revelar ao público quem eram os competidores daquela temporada. Nesse meio-tempo, o programa lançou teasers nas redes sociais para despertar o interesse do público.

Havia rumores circulando na internet sobre quem seriam os outros competidores. Eu estava com todos em casa, tentando adivinhar. Parecia que um dos concorrentes poderia ser a superestrela da música country Lauren Alaina, que eu amava — votei muito nela no American Idol. Achei que seria incrível e que talvez até pudéssemos nos tornar amigas. Minha mãe teve o mesmo pensamento e torcia que ela estivesse no programa comigo porque também amava Lauren. Havia rumores sobre todos, de Dwyane Wade a Jessica Simpson. Tentar adivinhar os outros competidores foi um jogo divertido e a maneira perfeita de despertar minha empolgação.

Durante esse tempo, os produtores entraram em contato para me dizer o quão felizes estavam por eu participar daquela temporada, especialmente depois de terem esperado tanto pelo meu sim. Eles ainda não podiam me dizer quem seria meu parceiro de dança, mas me garantiram que tinham escolhido o melhor para mim e que eu o amaria. Depois de anos assistindo ao programa, eu era fã de todos os dançarinos profissionais que participavam. Repassei as possibilidades: poderia ser Val, de quem me tornei amiga quando ele era parceiro da Normani, na temporada em que ela estava? Poderia ser Sasha, que era pequeno, mas poderoso como eu? Eu teria que esperar para ver.

Finalmente era final de agosto, hora de voar para a cidade de Nova York, onde encontraria o resto do elenco. Naquele ano, para alimentar ainda mais o suspense, os produtores estavam tentando uma nova abordagem: nenhum de nós saberia quem eram os outros concorrentes até que os conhecêssemos em Nova York. Portanto, ficaríamos quase tão surpresos quanto os telespectadores. Em vez de sermos anunciados junto com os nossos parceiros, como um par, no *Good Morning America*, não saberíamos quem seria a nossa dupla até o primeiro dia de ensaio.

Quando aterrissei na cidade, fui direto para o escritório da minha gravadora para as reuniões e uma sessão de fotos para o meu próximo single, "Higher", que eu tinha feito com o DJ norueguês Matoma. Era para ser lançado em paralelo à minha participação no *Dancing with the Stars*, no mesmo dia da estreia do programa. De lá, corri para o hotel no qual o programa estava me hospedando, que ficava no coração da cidade, literalmente do outro lado da rua dos estúdios do *Good Morning America*. Eles colocaram os competidores lá, para que pudéssemos ficar juntos desde a manhã. Eu me encontrei com o meu publicitário, fiz uma rápida tomada para o dia seguinte e preparei penteado e maquiagem. Quando o relógio marcou a hora do nosso primeiro evento naquela noite, eu estava nervosa.

Quem são outros concorrentes? Vou gostar deles? Eles vão gostar de mim? Vamos nos dar bem? Vai ser estranho?

Desci de elevador até o andar do salão de baile, onde havia uma pequena área com um bar, mesas com velas e um clima bem casual e relaxante. Quando entrei, a primeira pessoa que vi foi Sasha, um dos dançarinos profissionais do programa, e sua esposa, Emma, também dançarina profissional. A parte legal era que Sasha e eu tínhamos o mesmo gerente de turnê, que me dissera, vários anos antes, que Sasha havia comentado: "Quero ser parceiro da Ally, se ela fizer o show." Minha resposta foi agradecer a ele. Então, no verão anterior, eu estava no The Grove, em Los Angeles, com um amigo, quando duas pessoas correram atrás de mim, animadas.

— Ally! — gritaram uma voz masculina e feminina.

Virei-me e vi Sasha e Emma, que eu conhecia e amava do programa. Fiquei muito feliz em vê-los.

— Meu Deus! — exclamou Sasha. — Ok, você tem que fazer *Dancing with the Stars*.

Ele estava tão enérgico, assim como era no show.

— Você tem que fazer isso — repetiu. — Eu adoraria ser o seu parceiro. Por favor.

— Ah, eu adoraria ser a sua parceira! Seria incrível. Vamos torcer para acontecer.

Bem, o que aconteceu foi que eu disse não naquele ano, quando me convidaram. Mas aceitei dessa vez, e era tão incrível que a primeira pessoa que vi na festa de lançamento da temporada fosse Sasha.

— Oh, meu Deus, Ally, é você!

Sasha e Emma aplaudiram juntos quando me viram pela primeira vez. Ele me levantou do chão e girou comigo, muito feliz por me ver. Estávamos animados por estarmos lá juntos, e foi uma surpresa incrível para eles, porque os dançarinos profissionais não sabiam com antecedência quem seriam os competidores naquela temporada.

— Eba, você vai participar! — comentou Emma. — Finalmente!

Foi uma das saudações mais animadas e enérgicas que já recebi, uma maneira fantástica de começar. Ainda estava nervosa, mas já começava a me sentir à vontade. Enquanto conversávamos, eu olhava em volta para ver quem seriam os outros competidores. Havia rumores de que Hannah Brown, participante do *The Bachelorette*, estaria no programa, e lá estava ela.

Continuei olhando para a porta, animada para ver quem poderia entrar em seguida. Kel Mitchell chegou! Por dentro, quase enlouqueci, porque era muito fã dele. *All That* e *Kenan & Kel* eram meus programas da Nickelodeon favoritos, e do meu irmão também. Kel fez parte dos dias de ouro da emissora e era meu ídolo de infância. Eu tinha me apresentado no reboot da sua série de comédia, *All That,* alguns meses antes. Fiquei tão feliz por poder conhecê-lo naquela ocasião, mas seria ainda mais incrível poder passar mais tempo com ele no *Dancing with the Stars*. Ele também é um companheiro de fé e mal podia esperar para que nos tornássemos amigos. Conheci cerca de metade do elenco naquela noite, incluindo Lamar Odom, que foi superlegal. Foi muito emocionante saber quais eram os outros competidores e conhecer alguns deles. O resto do elenco incluía Karamo Brown, do *Queer Eye*, o ator James Van Der Beek, a lenda da NFL Ray Lewis, Kate Flannery, do *The Office*, Mary Wilson do *Supremes*, Sean Spicer e Christie Brinkley. Assim que pude, corri escada acima para ligar para os meus pais, que esperavam ansiosamente para saber quem seriam os meus colegas de elenco. Eles estavam muito animados. "Este é um dos melhores elencos em anos!", comentaram.

— Não acredito que você vai ficar lado a lado com Christie Brinkley! Que sonho! — exclamou a minha mãe.

Mas como os meus fãs e o público em geral reagiriam quando soubessem que eu estaria dançando? Por sorte, eu estava exausta demais para me preocupar com isso naquela noite e acabei caindo no sono. Na manhã seguinte, era hora de ir. Levantei às duas da manhã, fiz um penteado e coloquei maquiagem, então desci para encontrar o resto do elenco, para que pudéssemos atravessar a rua e fazer um anúncio ao vivo no *Good Morning America*, na minha cidade favorita — depois de San Antonio, é claro.

Eu estava saindo da minha zona de conforto em grande estilo e, além disso, me submetendo ao terror de voltar a um *reality show*. Eu me sentia nervosa enquanto caminhávamos. Fora do estúdio, vi alguns dos meus fãs que tinham descoberto que eu estaria no programa por causa dos teasers e tinham vindo me apoiar. Isso foi muito importante para mim. Eu estava animada para revelar ao mundo que mergulhava em um desafio totalmente novo. Todos os competidores estavam lá, exceto Mary Wilson, do *Supremes*, que entrou na entrevista via Skype. Era incrível estar ao lado de tantas pessoas a que eu havia assistido e admirado em suas diferentes áreas, e foi muito divertido fazer tudo aquilo juntos, ao vivo, num programa como o *Good Morning America*. Para minha alegria, Lauren Alaina foi confirmada como uma das participantes. Ela pegou um voo noturno para Nova York, e eu a conheci naquela manhã. Dei um grande abraço nela e disse que tinha votado nela no *American Idol*. Eu mal podia esperar para fazer parte daquele elenco incrível.

Decidi que correria outro risco e seria vulnerável na frente do público. Durante a nossa entrevista inicial no programa matinal, um dos âncoras disse:

— Entendo que você está fazendo este show por várias razões. Você sempre foi uma grande fã do programa, mas também diz que quer vencer os *haters*.

Respondi, corajosa:

— Quando eu estava no Fifth Harmony havia muita dança, e acho que às vezes alguns movimentos eram um pouco mais difíceis e algumas pessoas faziam comentários não tão agradáveis, e isso me machucava. Então, esta é uma oportunidade de provar não apenas a eles, mas a mim mesma, que consigo dançar. Quero ser capaz de ajudar pessoas que se sentiram como eu, que também ficaram inseguras e desconfortáveis sobre qualquer coisa, e deixar claro que eles podem fazer o que quiserem.

Claro que fiquei feliz de ver meus fãs animados por eu estar no programa, já torcendo por mim. Recebi muitas mensagens de apoio de amigos, além de mensagens on-line, de pessoas que não podiam acreditar que eu havia passado por tanta crueldade e que me encorajavam agora.

Tivemos um dia louco com a imprensa. Foi superlongo. Além disso, estávamos filmando algumas imagens promocionais dos bastidores para o show. Tudo estava acontecendo!

Voei de volta para Los Angeles no final do dia, depois das entrevistas. Os produtores disseram que eu descobriria oficialmente o meu parceiro dali a alguns dias. Passou mais de um mês, e os meus pais e eu ficamos tentando adivinhar quem seria a minha dupla. Então Charles deu um palpite, e Will, outro. Meu irmão também arriscou um nome. Depois de todo aquele burburinho, eu não conseguia acreditar que o momento para a grande revelação estava quase chegando. Finalmente, recebi a notícia dos produtores de que era hora de começar os ensaios. Ficamos em um prédio lindo que tinha cinco espaços de ensaio diferentes. Era espaçoso, grandioso, muito a cara do programa. E tudo parecia tão real! Conheci o meu produtor individual, que me colocou no microfone e me preparou para o que viria a seguir: bem atrás daquelas portas estava o meu parceiro.

Eles começaram a filmar e me pediram para dizer à câmera quem eu achava que o meu parceiro seria.

— Estou tão animada — falei. — Não acredito que estou aqui. Essa jornada significa muito para mim. Não sei quem poderia ser, mas quero muito descobrir.

Eu estava tão nervosa que coloquei a mão na boca. E então, *bam*, quem passou pelas portas? Sasha! Eu estava em êxtase. Dei um grito. Contei a ele minha história sobre estar no programa para tentar superar a dor de ter sido humilhada no passado e também falei que era uma grande fã do seu trabalho. A garotinha dentro de mim que não achava que poderia fazer aquilo estava muito feliz — assim como todos meninos e meninas lá fora que já tinham sido intimidados.

Minha missão poderia ser séria, mas rimos. Ele me deu uma miniaula rápida antes do nosso primeiro ensaio de verdade, no dia seguinte, e me senti muito à vontade com ele. Cada momento era novo e animador.

No início da primeira semana, Sasha me disse que nossa primeira dança seria o cha-cha e que todos nós, concorrentes, homenagearíamos as nossas raízes. Com um floreio, ele revelou que nossa música seria nada menos que "Work from Home", do Fifth Harmony! Desde que comecei a carreira-solo, eu não tinha apresentado nenhuma das nossas músicas. Eu sabia que isso poderia ser incrível e que os fãs ficariam loucos. Por outro lado, se eu não me saísse bem, poderia ser muito ruim.

Tivemos três semanas para preparar a nossa primeira dança e pratiquei o máximo que pude com Sasha. Durante esse tempo, também filmei o clipe de "Higher". Eu estava no programa, mas minha carreira musical não podia parar. Então, enquanto eu permanecesse na competição, trabalharia nas duas frentes. Desde o início, o ritmo foi bastante frenético. Também tivemos que pensar em um nome de equipe, mas ficamos empacados até Sasha ter uma ideia.

— Ally, é o seu momento de brilhar. Então... temos que ser chamados de Time to Shine! Porque vamos brilhar toda vez que subirmos ao palco.

Adorei aquela mensagem e me senti revigorada por tudo o que tínhamos que fazer. Perto do final da terceira semana, também começamos a aprender a coreografia para a gravação da semana seguinte. Era muita coisa ao mesmo tempo. Nessa época, também fiz a minha primeira prova de figurino. Foi um sonho trabalhar com a equipe de estilistas do programa, conhecida por fazer os looks mais lindos e deslumbrantes. E, claro, adorei o que fizeram para mim. Pude usar várias roupas maravilhosas no programa, e fiquei muito feliz com a primeira, que foi feita sob medida para o meu corpo e era exatamente o que eu queria. Eu me senti incrível.

Na noite anterior ao primeiro programa ao vivo, eu tinha memorizado a coreografia de cha-cha, mas havia alguns truques que eu ainda não havia dominado. Continuei tentando e tentando, mas não conseguia. Parecia que eu sentia o relógio marcando até o fim do dia, o que foi muito estressante.

— Não se preocupe — Sasha me assegurou. — Fizemos tudo o que podíamos. Vamos nos divertir amanhã. E, se precisarmos mudar no último minuto, nós mudaremos.

A manhã seguinte era o dia do show! Quando chegamos aos portões dos estúdios da CBS, parei por um momento para absorver toda aquela energia. A jornada estava começando. Primeiro, íamos fazer um ensaio geral. E, então naquela noite, gravaríamos o show ao vivo. As segundas-

-feiras sempre eram dias longos, mas a emoção zumbindo ao meu redor sempre me fazia continuar.

Uma das coisas mais incríveis de estar no programa era o elenco. Assim que conheci os participantes, me senti muito bem. Embora todos viéssemos de origens diferentes e tivéssemos personalidades diferentes, os produtores escolheram o grupo perfeito. Havia uma galera que era comediante, e todos se dedicavam muito. Infelizmente, Christie quebrou o braço no ensaio e foi substituída pela filha, Sailor, de quem eu logo me tornei próxima.

Depois que fiz o penteado e a maquiagem, minha família e alguns amigos próximos foram ao meu trailer para orar comigo.

— É isso aí, *Mama* — disseram meus pais. — Vá lá e divirta-se.

Como eu esperava, Lauren e eu ficamos amigas, comendo na Cheesecake Factory e conversando até uma da manhã logo no nosso primeiro dia juntas. No dia do programa, nos abraçamos e nos desejamos boa-sorte. Eu estava animada para vê-la dançar. Na verdade, foi muito divertido ver cada um dos outros competidores se apresentando. Mas é claro que esperar nos bastidores só me deixou mais nervosa.

Ao entrar no salão de baile, as câmeras filmam você, e estamos ao vivo. Então, o que quer que acontecesse naquele palco, mesmo que você tenha se atrapalhado, tropeçado ou caído, seria transmitido para todo o país. Não havia como voltar atrás e fazer de novo. Além disso, foi a minha primeira vez dançando naquele salão de baile, tão diferente do estúdio de ensaio. Isso pode pregar peças na mente, no que diz respeito à direção em que você está indo.

Meu nervosismo só aumentava, mas, assim que coloquei os pés no palco, uma energia passou por mim, e algo se encaixou. Não havia nenhum outro lugar que eu preferisse estar. Amei a minha fantasia, o meu penteado e a minha maquiagem. Eu me senti incrível e poderosa. Era um pouco estranho dançar uma música do Fifth Harmony quando eu estava tão acostumado a cantar junto, mas também foi maravilhoso lembrar o meu grupo original.

Durante um momento como aquele, é incrível o quão rápido a mente humana pode girar e a quantidade de pensamentos que surge, com um milhão de detalhes atingindo você de uma vez: *Estou acertando a coreografia? Como estão as minhas expressões faciais? A fantasia está boa? Como estão os meus pés? Como estão as minhas falas? Vou ser julgada em cada aspecto técnico disso. Eu estou arrasando!*

Então, enquanto estávamos dançando, vi o rosto de um dos juízes, Len, e a sua cabeça estava abaixada, apoiada na mão. Aquela não era a reação que eu esperava, e me desconcertou.

Ah, não.

Fiquei tão abalada que me atrapalhei no final da nossa coreografia. Eu me recuperei bem, mas era óbvio que eu havia errado. Quando fiquei em frente aos juízes, não tinha ideia do que seria dito, e estava apenas orando: *Por favor, meu Deus. Que os comentários sejam bons.*

Todos os juízes me deram críticas construtivas que não foram exatamente positivas, então foi um pouco chato. Len disse algo sobre como a coreografia era Beyoncé demais. Mais tarde, as pessoas se opuseram a isso na internet. "Meu Deus, nunca dá para ser Beyoncé demais!" (O que, sim, eu concordo.) Mas a verdade é que não dei o meu melhor na primeira noite. Senti isso e não fiquei surpresa quando os comentários dos jurados refletiram esse sentimento. Mas foi difícil ouvir. Acabamos obtendo dezesseis pontos, o que não foi a pontuação mais baixa daquela noite, mas foi uma das mais baixas. Isso foi muito ruim para mim. *Uau, eu tentei. Dancei uma música do Fifth Harmony. Dei o meu melhor. Mas será que passei vergonha na TV de novo? Não me saí bem? As pessoas vão ter ainda mais munição para dizer que não sei dançar?*

Passei o resto da noite deprimida. Estava frustrada e desapontada, porque tinha me dedicado muito. E senti uma pressão extra, porque dancei uma música do grupo. Tivemos três semanas para aprender esta dança, muito mais tempo do que teríamos nas próximas. Embora eu tivesse me esforçado, e tentei mesmo, o feedback não foi ótimo. Vi tudo acontecer de forma tão diferente na minha cabeça, presumindo que a primeira noite deveria ser incrível, especialmente por ser com uma música do Fifth Harmony. Como sempre, os meus pais foram rápidos não apenas para me animar, mas para colocar tudo em perspectiva.

— É apenas uma noite. Foi só uma dança. Está tudo bem.

Não tive muito tempo para me afundar em pensamentos negativos, porque, na manhã seguinte, tínhamos que voltar ao trabalho para a nossa próxima dança, que havíamos começado a aprender na semana anterior. Sasha continuou de onde ele havia parado, me ensinando os passos. Queríamos nos dar o máximo de tempo possível para ensaiar. Eu já tinha dificuldades com o estilo, que era valsa, e agora estava preocupada com quais seriam os comentários dos juízes na segunda semana.

Mas, depois de algumas semanas, pelo menos minha ansiedade desapareceu. Depois da minha experiência com o *The X Factor*, fiquei preocupada com a maneira como editariam minha participação, especialmente porque o mesmo produtor estava encarregado do *Dancing with the Stars*. Quando disse sim para o programa, pela primeira vez, expressei minha preocupação, e eles me asseguraram de que fariam o possível para não distorcer as minhas edições e para me representar de maneira mais positiva. Mas fiquei agradavelmente surpresa, a cada semana, ao descobrir que eu estava sendo representada de forma justa e real. Talvez minha família e todos na minha equipe estivessem certos, e esse programa pudesse ajudar a mais pessoas conhecerem quem eu sou de verdade. Quando tive uma chance, fiz questão de puxar o produtor de lado e dar-lhe o elogio que achava que ele merecia.

— Tenho visto os vídeos da minha participação e estou muito feliz. Então, quero agradecer, admiro o que você está fazendo por mim.

— Oh, é um prazer, querida — disse ele, em seu adorável sotaque britânico.

Foi uma cura passar por uma experiência de *reality show* mais positiva depois do meu trauma anterior. Independentemente dos desafios que enfrentaria (e havia muitos), fiquei bastante feliz ao descobrir que eu sempre era tratada com justiça pelos produtores e em nenhum momento senti como se tivessem manipulado a edição para fazer drama. Na verdade, os produtores do dia a dia tinham uma abordagem muito colaborativa, que eu gostava. A cada semana, eles vinham até mim e Sasha e conversavam conosco sobre o que estavam pensando para a edição daquela semana. Eles sempre sugeriam pautas que me davam a oportunidade de ser sincera sobre algo que importava para mim. Como comecei como artista, como eu me sentia em relação à dança, o quanto amava Selena e por quê. Ao mesmo tempo, Sasha e eu colaborávamos à nossa maneira, tentando descobrir como contar nossa história de parceria profissional. Consideramos várias perspectivas diferentes, antes de perceber que a verdadeira história era o nosso relacionamento real, no qual ele era como um irmão para mim, às vezes bobo, às vezes duro, mas sempre se esforçando para nos ajudar a sermos o melhor possível.

Eu adorava os ensaios com Sasha. Seu objetivo número um era que nos divertíssemos, e, embora fosse bem divertido, é claro que ele queria fazer de mim a melhor dançarina que eu pudesse ser. Alguns dias eram mais frustrantes do que outros, e ele era mais sério e disciplinado, mas eu sempre ficava feliz em praticar por mais tempo e com mais afinco. Na maior parte do tempo, brincávamos e ríamos, e ele inventava pequenas travessuras hilárias que mantinham o clima leve — o que era ótimo, porque, mesmo quando tudo estava indo bem, as horas pareciam longas.

Durante o programa da segunda semana, dançamos a valsa vienense, um momento emocionante que me permitiu dançar com sentimento. Novamente, o meu desempenho não foi tão bom quanto eu esperava, apesar da dedicação nos ensaios. E os comentários dos jurados não foram positivos.

— Eu gostaria de ter visto um pouco mais de giros, e o seu trabalho com os pés... você não sabia o que estava fazendo com eles — comentou Len Goodman. — Inverteu as curvas. Escute, foi bonito, e eu gostei, e entendo a empolgação da plateia. Foi uma dança linda, mas, tecnicamente, não foi tão bom.

O público docemente veio em minha defesa, vaiando a crítica. E Bruno me deu um elogio incrível:

— Em primeiro lugar, você sabe dançar. Em segundo lugar, foi uma atuação muito convincente e sincera, e houve alguns momentos maravilhosos.

Carrie Ann se levantou para me dar um abraço.

— Você é uma dançarina — afirmou.

Mas eu sabia que ainda tinha muito trabalho pela frente. Indo para o terceiro episódio da temporada, que teve como tema músicas de filmes, recebemos notícias animadoras. Nossa dança era a rumba, e, para minha alegria, eu teria a chance de dançar uma música da Selena! Então, escolhi um dos meus filmes favoritos de todos os tempos, nada menos que *Selena*. Os produtores opinaram sobre a escolha da música e, para minha alegria, escolheram "Dreaming of You". Não apenas isso, mas, a fim de mostrar às pessoas o quanto Selena sempre significou para mim e de onde eu vim, levaram Sasha e eu para o Texas, para que pudéssemos filmar lá.

Eu estava tão animada em voltar para casa! Claro, me ocorreu que teríamos um dia a menos para ensaiar, por causa da viagem. Mas valeu muito a pena para mim, porque significou poder ver a minha família e convidar os espectadores para a nossa casa, para que o mundo inteiro pudesse conhecer as pessoas incríveis que me fizeram ser quem sou.

Primeiro, voamos de Los Angeles para Corpus Christi. De manhã, o show nos filmou indo ao Museu Selena para encontrar a irmã dela, Suzette. Sasha alugou um carro, e tínhamos uma equipe conosco, filmando tudo. Eu estava muito animada para apresentar Sasha a Suzette e mostrar a ele quem era Selena. Suzette fez um tour particular, que permitiu a Sasha e os espectadores em casa aprenderem sobre o incrível talento e alcance de Selena, que inspirou não só a mim, mas milhões de pessoas em todo o mundo.

Foi uma honra estar no museu de Selena com uma carreira de sucesso, ajudando a garantir que a sua voz e o seu espírito nunca fossem esquecidos. Durante o tour, Suzette nos levou ao estúdio onde Selena gravou muitas de suas músicas, incluindo "Dreaming of You". Voltei a sentir o significado de saber que a minha heroína havia pisado naquela sala, mas também era difícil não permitir que os pensamentos sobre a perda dela pesassem no meu coração.

Assim que paramos para respirar, Sasha e eu mostramos a Suzette um pouco da rumba. Então, fiquei emocionada quando ela me entregou um broche de Selena que tinha acabado de fazer como parte de uma nova linha de produtos.

— Eu ficaria muito honrada se você usasse isso — disse ela.

Comecei a chorar, segurando o broche e jurando que o usaria durante a minha apresentação. Como na primeira vez que nos encontramos, disse a ela o quanto Selena significava para mim.

— Ah, você vai me fazer chorar — respondeu ela.

Foi uma experiência linda do começo ao fim, e me senti muito orgulhosa do fato de que minha voz e minha dedicação me deram essa oportunidade. Embora a filmagem deste momento especial não tenha entrado no programa, estou muito feliz por termos vivido aquilo, e isso só aprofundou meu apreço por Selena e a sua família. Fiquei muito desapontada quando soube que não seria incluído, mas os produtores me informaram de que, devido às limitações de tempo, poderiam mostrar apenas o vídeo com minha família.

De lá, dirigimos para a minha doce cidade natal, San Antonio, para a casa do meu primo BJ. Antes de entrarmos, parei e tentei preparar Sasha.

— Tudo bem, Sasha, você está pronto? Porque está prestes a virar uma loucura.

— Estou pronto, Alz, manda bala.

Então nós entramos e, *BOOM*, todo mundo estava lá. Toda a área de baixo estava abarrotada com a minha família inteira. Esta era a primeira vez que eles me viam desde o anúncio do programa, então estavam me dando as boas-vindas como se eu fosse uma heroína. Assim que Sasha e eu entramos, todos começaram a aplaudir, e a minha avó apareceu e me deu um grande abraço. A casa estava quente e barulhenta. Com a minha família, é sempre louco, enérgico, hilário e cheio de muito amor e comida. Todos falavam ao mesmo tempo, recebendo os convidados, se abraçando, rindo, fazendo com que se sentissem em casa.

— Sasha! Oh, meu Deus! Prazer em conhecê-lo! Fique à vontade. Deixe-me pegar uma cadeira para você. Aqui, sente-se. Vamos comer!

Todos se atropelavam nas falas, riam e enchiam enormes pratos de comida para os nossos convidados desfrutarem, incluindo a equipe de filmagem. Foi tão lindo para mim que Sasha, que estava se tornando como meu segundo irmão, tivesse um tempo para a minha família. Sempre achei que é difícil explicar quem você é e por que é do jeito que é sem que conheçam seus entes queridos, as pessoas que significam muito para você. Para mim, claro, é só conhecer a minha família.

Eu estava cansada, mas sabia que tínhamos apenas duas horas antes de termos que voar de volta para Los Angeles. O show durava até novembro e, se tudo corresse bem, eu não voltaria para casa até depois do episódio final. Então, fiz questão de aproveitar cada segundo e absorver todo o amor e as risadas. E comer bastante da comida deliciosa que foi oferecida pelo nosso querido amigo Jay, que gerencia um de nossos restaurantes favoritos em San Antonio, o Palenque Grill. Quando eu era pequena e estava começando a me apresentar, muito antes de fazer sucesso, me apresentava em todos os lugares que podia na cidade. Eu costumava cantar com Jay em hospitais locais, e ele é amigo da minha família desde então. Quando ele descobriu sobre a gravação do programa, entrou em contato com os meus pais.

— Eu adoraria atendê-la de graça, *Mama* — disse ele. — Quero fazer isso porque amo e acredito em você.

Ele empilhou minhas comidas favoritas em mesas compridas. Feijão, tortilhas, *queso*, chips de tortilha, arroz, bife, tacos, *picadillo*, todos muito bem organizados.

Na minha família, temos uns aos outros e temos a nossa vibrante comunidade de amigos. Além disso, nos amamos muito, e isso é tudo de que precisamos. Sasha foi imediatamente recebido como membro da família. Eles o trataram como um rei. Enchemos o seu prato de comida. E ele dançou com a minha mãe e a minha tia, o que fez todos baterem palmas. Meus pais contaram histórias constrangedoras sobre mim, e todos riram, até eu. Foi uma bagunça, mas nos divertimos muito. Foi um dia perfeito, embora tenha acabado muito rápido. Antes que eu percebesse, estávamos voltando para Los Angeles.

Eu precisaria de todo o amor que pudesse receber porque tinha uma longa jornada pela frente e demoraria um pouco até poder voltar para casa para outra visita. Quando chegamos em Los Angeles, me esforcei e me dediquei mais do que nunca. Sasha estava lá, comigo, em cada passo do caminho, para me fazer seguir em frente e me ajudar a crescer.

Juntos, formamos uma dupla muito unida, então nos importamos com o resultado. Tentamos não desanimar quando não nos saíamos tão bem e, eventualmente, minha dedicação começou a dar frutos. De repente, houve uma reviravolta incrível na competição. Tudo começou com "Dreaming of You". Todos me deram nota oito naquela noite. As coisas tinham começado a mudar.

Semana após semana, continuei avançando na competição. E estava em êxtase por ter chegado à cobiçada semana da Disney! Orei muito para conseguir chegar àquela noite. Claro que este foi um dos meus momentos favoritos no show, porque fui capaz de viver meus sonhos de conto de fadas, vestida de Bela, minha princesa favorita, enquanto dançava a música tema do meu filme favorito, *A Bela e a Fera*. Naquela noite, fomos o primeiro casal da temporada a receber só notas nove. Finalmente, parecia que estávamos ganhando impulso. Na semana seguinte, quando dançamos o quick-step com "Take on Me", do A-ha, nossa pontuação de 25 não foi nem a mais baixa da noite, e ainda assim ficamos entre os dois últimos, com base nos votos dados pelos espectadores. Se os juízes não tivessem votado para nos salvar, poderíamos ter sido eliminados.

Eu sabia que estava melhorando, mas nem sempre sentia que isso se refletia na minha posição no programa. Na oitava semana, tive a incrível oportunidade de dançar o *paso doble* ao som de minha própria música, "Higher". O que tornou tudo ainda melhor foi que consegui cantar os primeiros versos. Aquela foi uma experiência muito eletrizante, e deixei sair uma força de dentro de mim. Me tornei uma Ally diferente e poderosa, e logo se tornou um dos meus momentos favoritos do show. Também consegui as primeiras notas dez da temporada! Foi fenomenal. Eu estava radiante de orgulho. Mesmo assim, estávamos novamente entre os dois últimos. Isso era horrível, porque nunca tinha acontecido. Eu tinha acabado de ter a grande alegria de cantar e dançar a minha própria música e de tirar três notas dez.

Senti que estava conquistando os juízes, e eles puderam ver a minha dedicação, o meu crescimento e, o mais importante, o meu coração.

Sempre fui uma grande fã do programa, respeitava muito Carrie Ann, Bruno e Len, e sou muito grata pelos seus comentários sobre o quanto melhorei semana após semana e como eu SABIA dançar. Na semana seguinte, ganhamos novamente dez em todas as categorias, desta vez para as nossas duas apresentações. E doeu estar entre os dois últimos novamente. Jurei trabalhar ainda mais e dar mais de mim.

O show me fez viver tantos momentos inacreditáveis. Cumprimentar o público antes de entrar no prédio toda segunda-feira. Ter dançado "Wannabe", das Spice Girls, na qual recebi um elogio especial de Emma Bunton, também conhecida como Baby Spice. Outro momento glorioso foi dançar jazz ao som de "Step by Step", do New Kids on the Block. Essa foi uma das danças mais divertidas da minha vida. Depois, Bruno me comparou a Paula Abdul, o que foi uma honra tremenda. Eu a amava. Até recebi parabéns de Paula, me dizendo o quão incrível eu tinha ido. Muitos momentos maravilhosos. Enquanto estávamos ensaiando, eu também estava animada por ser convidada a fazer parte do especial mágico de Natal no Disney World, o mesmo que eu havia cantado anos atrás com o Fifth Harmony.

Sasha e eu viajamos para Orlando, onde me desdobrei com os ensaios e as filmagens do especial de Natal, que foi apresentado naquele ano por Emma Bunton.

Não importava o que acontecesse, eu tinha que me levantar na manhã seguinte e tentar tudo de novo para aprender uma nova dança, para ser melhor do que antes. E, como minha mãe havia previsto, foi bom para minha confiança. Às vezes, fazer algo muito difícil é o melhor remédio, porque nos ajuda a acreditar mais em nós mesmos. Mas nada do que eu tinha vivido me preparou para o que aconteceu na semifinal.

VINTE E UM

De todo o coração

A essa altura, eu não sabia o que esperar do programa. Foi incrível receber pontuações altas junto com comentários incríveis dos jurados, semana após semana. E conquistar a minha redenção na dança era muito gratificante. Eu também sentia que estava me tornando a favorita dos fãs, e isso significava muito para mim. Eu estava em ascensão, mas também temia os resultados da semana seguinte. Ao mesmo tempo, sabia o quanto eu me dedicava. Tentei raciocinar comigo mesma: *Não é possível estar entre os três piores pela terceira vez.*

Durante os meses que passei com os outros concorrentes, socializei com eles por causa do buffet incrível e fiz amizades especiais com cada um. Eles eram como uma família. Uma das minhas amizades mais queridas era com o ator James Van Der Beek, que se tornou um mentor para mim. Ele tem uma alma incrível, sempre tão calmo e equilibrado no jeito de andar e falar e em tudo o que faz. Ele tinha uma presença incrível. Era um dançarino lindo e brilhante, um dos melhores daquela temporada. Desde o início, eu não era a única achar que ele iria para as finais.

Parte da sua jornada no programa tinha sido revelar a emocionante notícia de que ele e a esposa estavam esperando um bebê, que era uma grande bênção, depois de terem passado pela experiência devastadora de vários abortos espontâneos. No momento do show, a gravidez já estava avançada o suficiente para que eles se sentissem seguros em compartilhar a notícia. Todos se apaixonaram por ele e pela sua linda família e estavam torcendo por eles em todos os níveis.

Então, no fim de semana antes da gravação da noite de segunda-feira, a semana das semifinais, o impensável aconteceu, e a esposa dele sofreu mais um aborto. A esposa de Sasha, Emma, era a parceira de James no programa, então ela foi uma das primeiras pessoas a saber. Quando Sasha me viu no ensaio, ele me contou. Comecei a chorar. Senti uma dor terrível por James, a sua esposa e os seus filhos. Os outros competidores e eu tínhamos nos tornado uma família durante o show, e estávamos juntos ali.

É claro que James não foi ao estúdio no domingo, quando fizemos a marcação das câmeras para o show da noite seguinte. Todos ficamos arrasados pelo acontecido, em estado de choque. Sentimos uma tristeza intensa, e não havia um olho seco entre nós, porque o adorávamos. Ele é um homem maravilhoso, e o nosso coração estava com ele e a sua família. Não sabíamos se ele dançaria na segunda-feira.

Quando chegamos no dia seguinte, James estava lá. Todos nós nos reunimos ao redor dele, abraçando-o e chorando juntos.

— Nós sentimos muito. Estamos aqui com você — dissemos.

Ele teve a força inacreditável para falar no programa sobre a perda dolorosa e explicar como conseguiria dançar naquela noite. Fiquei comovida com sua honestidade e bravura. Eu admirava tanto a força dele!

Quando ele dançou, estávamos todos torcendo. Não pude acreditar quando vi a reação dos juízes. Foram muito duros.

Vocês estão brincando?, pensei. *Deixando a situação atual de lado, ele é incrível. E acabou de perder um bebê, mas se preocupa muito em honrar seu compromisso, está aqui.*

Naquela noite em particular, cada um de nós fez duas danças. E, em sua segunda apresentação, ele se redimiu e obteve as pontuações mais altas da rodada. Isso me fez sentir melhor, mas toda a situação me deixou com uma sensação estranha. Ainda assim, essa era uma das minhas últimas chances de dançar naquele palco, então dei mesmo tudo de mim. Minha primeira dança foi refazer a valsa, na qual não tirei boas notas na primeira vez. Nessa nova reapresentação, recebi pontuações muito mais altas, o que foi incrível. Então, na minha última dança para as semifinais, dançamos o Charleston, e recebi apenas notas dez. Eu estava no topo. Foi uma das minhas melhores noites em toda a temporada, e eu fiquei muito animada, porque senti que tinha uma boa chance de chegar à final.

Quando chegou a hora de anunciar quem seguiria em frente, todos nós subimos no palco como tínhamos feito tantas vezes antes, mas agora havia menos competidores, e as apostas eram as mais altas possíveis. Meus nervos estavam à flor da pele enquanto os ouvia chamar as pessoas que tinham chegado ao final, uma por uma. Finalmente, restavam apenas três de nós: era Kel, James e eu.

Pensei: *Não, não posso estar de jeito nenhum entre os três últimos de novo, pela terceira vez, não depois de como dancei esta noite. Além dos meus resultados e dos comentários dos jurados, nas últimas semanas me tornei cada vez melhor, evoluindo sem parar. Ah, meu Deus, de jeito nenhum.*

Ao mesmo tempo, eu me senti destruída.

Eu já tinha estado entre os dois últimos antes. E, agora, éramos apenas três. Eu tinha me apaixonado pelo programa em sua totalidade e por todos os aspectos da minha experiência lá. O participantes, os produtores, os jurados, a equipe... Era mesmo uma família, um espaço cheio de amor e positividade. Eu nunca tinha sentido nada parecido com isso em nenhum programa ou ambiente. Eu me encaixava bem ali. E tinha me dedicado muito. Sasha nunca tinha vencido, e eu queria muito isso para ele. Eu sabia que era apenas um troféu espelhado, mas simbolizava muito mais do que isso. A essa altura, eu estava tão apavorada que senti que ia vomitar.

Não havia nada que eu pudesse fazer a não ser esperar pelo meu destino. Então, Tom fez o anúncio de qual casal se juntaria a Hannah e Lauren na final: Kel e Witney.

Senti o golpe. Por mais chocante e horrível que fosse, eu tinha mesmo ficado entre os dois últimos. E não apenas pela terceira vez — dessa vez, eu estava lutando contra James para possivelmente ser salva. Era a situação mais horrível possível. Então, foi isso. Estava acabado para mim. Eu estava chorando, mas também pensando positivo, dizendo a mim mesma: *Quer saber? Meu tempo neste show pode ter acabado, mas estou orgulhosa de mim mesma por chegar às semifinais. Mesmo que eu não tenha ido até as finais, vou sair daqui de cabeça erguida.*

Fiquei desapontada por não chegar à final, mas estava fazendo o meu melhor para processar tudo aquilo, e ainda na frente das câmeras. Ao mesmo tempo, confortei Sasha. Embora não tivéssemos vencido, iríamos ficar bem, e foi uma experiência incrível! Eu o amava.

Ainda tínhamos que passar pela parte em que os juízes poderiam, cada um, salvar um dos últimos competidores da eliminação. Claro que os juízes iam salvar James, porque ele era incrível, especialmente depois da noite que teve.

— O casal que quero salvar, e sinto muito, é Ally e Sasha — disse Carrie Ann, a emoção óbvia na voz. — Eu sinto muito, James.

Eu fiquei chocada.

O segundo juiz, Bruno Tonioli, também votou para nos salvar.

— O quê? — Eu ouvi alguém dizer na plateia do estúdio.

— O que? — repeti, começando a chorar. — Não, não.

Emma começou a chorar. Então, Sasha estava chateado porque a sua esposa estava chorando, mesmo que talvez fôssemos avançar. Agora ele estava chorando. Na plateia, a filha de James, Olivia, estava chorando. Era horrível.

— Sasha, não posso fazer isso — falei. — Isto não está certo. Isto não é justo. Não posso seguir na competição assim.

Eu me senti tão indigna. Eu não merecia estar lá. Estava com o coração partido. Não era exatamente o que eu estava imaginando e sugou minha alegria de estar nas finais. Eu tinha que consertar aquilo, embora não soubesse se a minha ação seria permitida. Virei-me para o nosso apresentador, Tom Bergeron, e acho que o surpreendi, o que também me fez sentir mal.

— Posso ceder a vaga para James, por favor? — perguntei, chorando.

— Não, mas é amável da sua parte sugerir isso — disse Tom.

Tom terminou o programa, mas ainda estava tentando me confortar. Durante o show, ele sempre me apoiou e se tornou como um tio para mim.

Então, eu me virei para meu colega de elenco.

— James, posso dar minha vaga para você, por favor?

James tentou me confortar. Eu estava chorando de verdade. Ainda queria chegar à final, e eu tinha chegado, mas não queria que fosse naquelas circunstâncias. Na verdade, senti um amor tremendo dos fãs do *Dancing with the Stars*. Mas eu estava entre os dois últimos mais uma vez. Eu tinha ido em frente sendo salva, o que me deixava muito mal. E os juízes me escolheram em vez de James, ainda mais depois do que ele passou.

Eu temia ser conhecida como a garota que ocupou o lugar de James Van Der Beek. Naquele momento, comecei a me questionar. Fiquei arrasada por ele e zangada por ter sido colocada naquela posição. Não parecia justo. Eu sabia que merecia estar na final por causa da minha dedicação e do quanto minha dança havia melhorado, mas sabia que James merecia estar lá também, porque ele foi um dançarino incrível e também se dedicou muito. Aí aquilo aconteceu.

A gravação do show acabou, e voltei para o meu trailer. Eu não conseguia parar de chorar. Meus pais estavam lá para a minha grande noite, assim como Will, o meu pastor, a minha melhor amiga e alguns de seus amigos, e todos tentaram me consolar. Mas me senti muito envergonhada. Comecei a ter flashbacks de experiências anteriores quando, não importa quão positiva fosse a minha atitude e o quanto eu tivesse tentado, simplesmente não conseguia provar que era boa o suficiente.

Eu estava histérica e chocada com o que havia acontecido.

Normalmente, eu dava entrevistas após o show. Mas estava tão emocionada dessa vez que não me senti bem o suficiente para falar.

Meus pais me acalmaram e conseguiram conversar comigo.

— *Mama*, ouça, sei que você está triste, mas você merece estar aqui — disseram. — Você merece estar nas finais. Sim, James também, mas não é sua culpa. Por favor, não pense por um segundo que não merece estar aqui, porque merece.

Eu me recompus o suficiente para receber o meu amigo, um publicitário da ABC, que foi muito gentil. Ela entrou com o meu assessor pessoal, e os dois me consolaram. Eles me disseram que não estavam lá para me persuadir a dar entrevistas, mas que adorariam que eu fizesse isso como uma chance de contar a minha história. Eles também estavam firmes quanto ao assunto.

— Não pense nem por um segundo que você não merece estar aqui — disseram.

Acabei falando com alguns repórteres e, realmente, queria aproveitar esse momento para destacar James. Em vez de enterrar as minhas emoções, eu queria expressá-las, para ser honesta com o público sobre o quão mal eu me sentia em relação ao que tinha acontecido.

No final da noite, antes de ir para casa, eu precisava fazer mais uma coisa. Bati na porta do trailer de James, que por acaso era próximo ao meu. Ele estava sentado com a filha, Olivia.

— Eu só queria que você soubesse que sinto muito — disse, logo em prantos. — E como me sinto culpada, porque estou indo para as finais, e você, não. Por favor, estou implorando, quero oferecer minha vaga a você. Por favor, por favor, por favor. Não sou apenas eu tentando ser legal. É um gesto real. Por favor, fique com ela.

Foi um momento muito emocionante.

— Ally, nunca vou deixar você fazer isso. E é uma loucura que você esteja aqui fazendo isso. Isso mostra quem você é. Ally, siga em frente e saiba que não deve desculpas a ninguém.

Ele sempre me incentivou a me sentir forte o suficiente para ser eu mesma, com orgulho, e foi assim que ele se tornou um mentor para mim.

— Suba naquele palco e brilhe — continuou. — Sem desculpas. Por favor, faça isso por mim. Por favor, Ally.

Demorei mais alguns minutos chorando e ainda oferecendo a ele meu lugar. Por fim, aceitei que ele já havia se decidido e o melhor que pude fazer foi respeitar isso.

— Tudo bem, mas quero que saiba o quanto lamento. Se mudar de ideia, por favor, me avise.

Ele se virou para a filha com um brilho nos olhos.

— Ei, Olivia, quem era sua favorita, além de mim?

— Ally — respondeu ela timidamente, com um grande sorriso. Eu a abracei.

Naquele momento, senti aquele amor dela, o quão doce ela era. Por menor que ela fosse, eu precisava daquele voto de confiança. O fato de que ela me amava e eu era sua favorita além do seu pai significava muito para mim. É incrível como as crianças podem mudar nossos corações e humores em um único momento. Eu sentia que estava tudo bem estar lá e seguir em frente.

— Ally, você tem o meu apoio e a minha bênção, cem milhões por cento — disse James. — Amo você. Você vai arrasar por mim. Não chore mais. Quero ver você brilhar, ok?

Concordei com a cabeça, enxugando as lágrimas. E jurei aproveitar ao máximo esta difícil lição de vida que recebi, em homenagem a ele, à sua bondade e à sua família. Mas, no dia seguinte, eu estava muito triste e não conseguia me livrar daquela sensação. Nada me animava. Eu não queria ir aos ensaios.

Só que eu havia feito uma promessa a James. E não podia decepcionar Sasha ou os meus fãs. Então, fiz o possível para colocar um pé na frente do outro. O primeiro dia foi difícil. E o segundo também. Mas, durante todo esse tempo, recebi mensagens esmagadoras de apoio de Sasha, dos meus pais, dos outros dançarinos e concorrentes e dos produtores.

— Ally, não ouse pensar que não merece estar aqui — diziam todos. — Você merece estar aqui mais do que ninguém.

Lauren me animou de uma maneira que só ela consegue.

— Ally, você merece estar aqui. Não deixe o programa mudar você ou mudar sua crença em si mesma. Se há alguém que não merece estar aqui, sou eu. Não sei o que estou fazendo aqui.

Nós duas rimos. Então, ela me deu um grande sorriso e um abraço ainda maior.

— Você merece estar aqui mais do que ninguém — respondi. — Obrigada.

Fiquei muito feliz por James ver a minha boa intenção e por eu ter recebido tanto apoio. Porque, como eu temia, no primeiro dia após o show, recebi negatividade nas redes sociais. Muitas pessoas foram muito más comigo, tratando-me como se fosse culpa minha. Dizendo que eu não merecia estar lá. Postaram vídeos dos erros que cometi na minha última dança. Tentei me concentrar em quão longe eu havia chegado, mas entrei em uma espiral negativa e fui levada de volta àquele lugar escuro em que estive logo após a minha audição para o *The X Factor* ir ao ar e quando as pessoas me ridicularizavam na internet na época do Fifth Harmony.

Meu Deus, as pessoas me odeiam. Não sou boa o suficiente e nunca serei boa o suficiente, não importa o que eu faça.

Mas, depois disso, o amor começou a fluir em mim. Finalmente o amor triunfou contra o ódio. Senti o apoio que estava recebendo em vez da negatividade. Foi fortalecedor. Voltei mais forte do que nunca. Então, entendi. *Eu mereço estar aqui.*

O que aprendi com tudo aquilo foi que, embora não tivesse escolha sobre o que tinha acontecido comigo, ainda tinha o poder de escolher que tipo de pessoa queria ser, que tipo de valores queria para viver.

Foi incrível ter esse apoio e, lentamente, ele começou a me energizar. Comecei a ficar animada. Aquele seria o ponto culminante de tudo o que Sasha e eu tínhamos trabalhado, nossa última vez de brilhar juntos. Amei o meu tempo no *Dancing with the Stars* e me senti como se tivesse feito parte de uma família maravilhosa, assim como Will havia previsto. Eu me senti como a favorita dos fãs. E essa bela aventura estava chegando ao fim. Os últimos dias de ensaio foram cheios de saudade. Acima de tudo, aquele foi um lugar seguro para eu crescer. Da minha dança na primeira semana para a minha dança no final, parecia que eu tinha deixado de ser um filhote meigo para virar esta leoa feroz. Isso me deu a confiança de que precisava para superar as cicatrizes do Fifth Harmony, não apenas como artista, mas na minha vida. Ao olhar para a frente, eu me percebia animada para o próximo capítulo e mal podia esperar para pegar tudo o que aprendi e implementar na minha música, nos meus shows ao vivo e em todos os aspectos da minha carreira.

Mas ainda tinha mais uma dança. Quando Sasha chegou com a música, estava muito animado antes mesmo de apertar o play.

— Você vai adorar — disse ele.

Então, tocou "Conga", de Gloria Estefan, que eu disse aos produtores no meu questionário original que é uma das minhas músicas favoritas de todos os tempos. Sempre amei Gloria e Emilio Estefan e os admirava por quebrar as barreiras dos artistas latinos em todos os lugares, estando entre os primeiros a se tornarem populares. Eu teria a oportunidade de homenageá-los, e também a sua história inspiradora. Eu os admirava desde pequena, quando os via na TV. Começamos a trabalhar na coreografia imediatamente. Durante as finais, também tínhamos que repetir uma dança anterior que havia sido um destaque para nós, e decidimos refazer "Proud Mary".

Todos os dias estávamos absorvendo tudo. Tínhamos uma grande colina para escalar. Felizmente, Sasha estava em uma posição muito melhor do que eu, e ele começou a me animar desde o nosso primeiro dia de ensaio. Ele estava triste pela esposa e por James, mas percebeu nossa evolução como dupla. Estava muito orgulhoso de nós. Ele não queria que algo roubasse aquele momento.

Levei dois ou três dias para superar a tristeza, mas, depois de receber muito amor dos fãs e de uma conversa muito amorosa e incentivadora por telefone com a minha tia, comecei a me sentir melhor. No terceiro dia, eu havia transformado a minha mente. *Esta é a minha última semana no programa. Tenho que valorizar e assimilar, absorver e aproveitar cada segundo, porque vai passar muito rápido.*

Fiquei feliz por "Conga". Sasha foi construindo a coreografia enquanto ensaiávamos. Quando terminamos toda a dança, fiquei impressionada com seu talento e sua visão. A dança tinha todos os elementos que eu sempre quis em uma coreografia. Tinha ferocidade, fogo e poder, e ao mesmo tempo era bonita e mostrava meu crescimento. Eu estava mais animada com aquela apresentação do que com qualquer uma das anteriores.

Fui me animando cada vez mais. Estávamos dançando um remix incrível da música e, durante a nossa apresentação, haveria trompas e bateria ao vivo, aumentando o poder da canção. Era meu sonho de explosão latina. Resumia quem eu era: a minha cultura, a minha paixão, o meu coração e quem eu era como artista. Aquela era a verdadeira Ally, se revelando com tudo para o mundo.

Mesmo assim, queríamos que fosse perfeito — Sasha nunca tinha vencido, e eu era o azarão, então continuamos praticando. Havia tantos truques diferentes na dança que fiquei com enormes hematomas nas pernas, de tanto tentar acertá-los. Mas continuamos trabalhando. Eu não queria apenas provar às pessoas que poderia triunfar, mas também provar a mim mesma. Conforme os dias de ensaio acabavam, comecei a aproveitar melhor o meu tempo, andando pelos corredores à noite antes de sair, absorvendo tudo, assim como prometi a mim mesma que faria. E Sasha e eu começamos a nos preparar para o fim da nossa parceria.

— Nunca tive uma parceira como você e nunca terei ninguém como você de novo — disse Sasha, para mim. — Amo você, Alz. Obrigado por tudo o que fez por mim, e obrigado por ser a melhor parceira. Somos amigos para o resto da vida.

— Muito obrigada, Sasha. Também amo você. E eu não poderia ter feito isso sem você. Obrigada por mudar a minha vida. Obrigada por me dar uma confiança que eu nunca tive. Serei eternamente grata.

É claro que começamos a chorar.

Aqueles últimos dias foram emocionantes. Quando fui fazer a prova de figurino final e me arrumei para a performance de "Conga", percebi que o departamento de figurino tinha se tornado uma família para mim. Eles testemunharam meu crescimento e me viram brilhar. Eu tinha contribuído para o design daquele lindo macacão, pequeno e bem ajustado. Imaginei este design específico por anos, sempre querendo usar algo assim, mas nunca tendo a confiança para fazê-lo. Naquele momento, me sentia confiante, como se estivesse na melhor forma da minha vida. Quando experimentei, comecei a chorar.

— Nunca pensei que me amaria tanto, que amaria o meu corpo, nem que me permitiria vestir algo assim e me sentir bonita e confiante — disse aos estilistas. — Este é um momento incrível.

Eu não podia acreditar o quão longe tinha chegado, como estava muito mais confiante. Ganhando ou não o troféu, aquela tinha sido uma das melhores experiências da minha vida. Eu estava nervosa, mas havia me preparado o máximo que pude, e era a minha dança final. *Apenas se divirta*, pensei.

Enquanto estávamos na lateral do palco, pouco antes de continuarmos, Sasha e eu sorrimos um para o outro.

— É hora de brilhar, uma última vez!

Fizemos "Proud Mary" primeiro. Tive que cantar durante a abertura, com um coro me apoiando, que foi o pontapé inicial perfeito para a minha penúltima dança. A primeira vez que apresentamos aquela coreografia foi quando as minhas notas começaram a mudar, então tinha um significado para mim.

Então chegou o momento de "Conga". Era a minha chance de dizer: *Estou aqui, mundo. Veja o quão longe cheguei. Sou uma artista. Sou uma dançarina. Tenho esse fogo dentro de mim que ninguém nunca viu antes e ninguém será capaz de me tomar isso.*

Finalmente. A dança final. Sasha e eu nos abraçamos e dissemos um ao outro "Amo você".

— Estou muito orgulhoso de você — disse ele. — Brilhe muito nessa vida, Ally. Brilhe como nunca.

Subi no palco. Fui para o set, que era um enorme troféu redondo e espelhado. Eu estava dentro da bola, esperando a minha deixa. Olhei para o anel de prata que a minha mãe tinha me dado, que dizia "Acredite". Orei, pensei no meu avô. *Isto é para você*, pensei.

Assim que o set abriu e pisei no palco, senti uma força e uma velocidade que nunca havia sentido. Eu me diverti mais com aquela dança, e dei absolutamente tudo de mim. Passei a mensagem que queria para o público e para o país. Aquela foi a minha dança final.

Depois, quando nos abraçamos, Sasha e eu começamos a chorar. Então, recebemos a nossa pontuação: todas as notas mais altas. E recebi comentários incríveis.

Foi o final mais perfeito que eu poderia ter imaginado. Queríamos que "Conga" fosse uma celebração da minha evolução, no programa e na própria vida. Foi exatamente como me senti. Foi um dos momentos mais incríveis de toda a minha trajetória.

Era hora de ouvir os resultados. Estávamos tremendo, tanto Sasha quanto eu. Demos as mãos e fizemos uma oração. Em seguida, tivemos um encontro em grupo com os quatro participantes finais.

— Ei, pessoal, não importa o que aconteça, fizemos um trabalho incrível — dissemos uns aos outros. — Amamos vocês.

Então nos alinhamos no palco, e os produtores mostraram mensagens enviadas a nós pelas nossas famílias. Eu chorei. Todo mundo chorou, na verdade. E era hora de anunciar o vencedor. O primeiro anúncio foi do quarto lugar: Lauren. E, então, o terceiro lugar era eu! Claro, eu adoraria ter levado aquele troféu para casa, na verdade, mais para Sasha do que para mim, mas não poderia estar mais orgulhosa de mim mesma. Nem Sasha. Eu estava muito orgulhosa dele também. Além disso, acabei ganhando a pontuação mais alta de toda a temporada, algo de que me orgulho muito. Claro que fiquei feliz por Kel, que ficou em segundo lugar, e por Hannah, que ganhou a competição. A essa altura, já estávamos todos celebrando, muito felizes por aquela experiência. Foi uma noite incrível e alegre. Os meus pais, os meus amigos próximos e o meu primo, Nick, que me deu uma grande fotografia emoldurada de Dada como presente pela minha chegada às finais, estavam lá comigo.

Estava acabado, mas ainda não tinha terminado. Tínhamos tão pouco tempo para dar entrevistas, fazer as malas, para comemorar com a família e os amigos e, em seguida, nos despedir. Eu disse adeus ao meu lindo trailer, que era minha casa nas noites de segunda-feira. Disse adeus aos meus pais e outros entes queridos. E olhei tudo uma última vez. Então, nós, os quatro finalistas, fomos para uma van, que nos levou ao aeroporto, onde pegamos um jato particular para a cidade de Nova York, para aparecer no *Good Morning America* no dia seguinte.

Havia uma variedade incrível de bebidas e comidas. Sushi, sanduíches de filé mignon, queijos, frutas frescas e sobremesas. Foi fantástico. Todos estavam se divertindo, rindo e aproveitando depois da apresentação final. Comemoramos como loucos, falando sobre os próximos capítulos da nossa vida e o quanto sentiríamos falta um do outro. Optei por não beber, porque teria outra comemoração à minha frente, dali a apenas algumas horas. Meu novo single, "No Good", seria lançado no *Good Morning America*! Eu já estava exausta, então fiz tudo o que podia para ficar alerta e cuidar da minha voz.

Estávamos acordados, conversando, então finalmente todos tentamos cochilar um pouco antes de pousarmos. Acho que dormi apenas trinta ou quarenta e cinco minutos. Eu estava tão cansada! Quando pousamos, uma equipe de filmagem nos cumprimentou do lado de fora do jatinho, e fomos direto para o estúdio do programa para fazer o cabelo e a maquiagem. Acho que estávamos todos movidos à adrenalina. Sei que eu estava. Éramos como uma família, e fazer a entrevista foi muito divertido. Eu cantei "No Good" e, no final, todos os membros do elenco dançaram comigo. Foi muito especial.

Então, um por um, dissemos adeus. Todos tinham sido as pessoas mais incríveis. Todos me disseram o quanto me amavam e me adoravam e eram gratos pela minha presença e energia. E eu disse a cada um deles como eram especiais para mim. Fiquei muito triste por deixá-los, depois de tudo o que passamos juntos, e sentiria falta de todos. Mas ficamos felizes em passar o Dia de Ação de Graças com as nossas famílias e juramos manter contato. Eles serão meus amigos para o resto da vida.

Finalmente, éramos apenas Lauren e eu, nos bastidores do mesmo estúdio onde toda a nossa amizade havia começado, apenas alguns meses antes. Ficamos tão próximas durante o show que não queríamos nos despedir. Mas, eventualmente, chegou a hora. Fiz uma careta. E meio que olhei para ela, e ela olhou para mim, e, sem nenhuma palavra, começamos a chorar.

— Vou sentir muito a sua falta — disse ela.

— Vou sentir mais ainda. Vamos ser amigas para sempre, amo muito você. Obrigada por entrar na minha vida.

Enquanto estávamos nos abraçando e posando para uma última foto, Lauren se inclinou perto do meu ouvido.

— Eu não teria conseguido sem você — sussurrou.

Criei esse vínculo especial com uma amiga e artista que admirava tanto, enquanto nós duas passávamos por essa aventura incrível que tão poucas pessoas no mundo poderiam experimentar. Transbordei de muito amor e gratidão naquele momento.

Meu tempo no programa foi muito especial. Isso me comoveu, me mudou de muitas maneiras e me deu memórias que guardarei para sempre, junto com a minha família do *Dancing with the Stars*.

Serei eternamente grata aos produtores que decidiram me convidar para fazer parte do programa. Nunca esquecerei isso. Então, era hora de sonhar com o que viria a seguir.

VINTE E DOIS

O momento de brilhar

As pessoas viram quem eu era, exatamente como a minha mãe havia dito que aconteceria — e assim como eu queria, mas tinha medo. O *Dancing with the Stars* foi transformador para mim. Acreditei que sabia dançar, algo sobre o qual estive em conflito por muitos anos. Descobri uma confiança que ninguém pode tirar de mim. Perdi cinco quilos e estava na melhor forma da minha vida. E recebi um lindo sentimento de amor dos fãs do programa, que sempre vou valorizar e terei no meu coração. O *Dancing with the Stars* me deu muito mais do que apenas a chance de dançar.

Em primeiro lugar, Emilio e Gloria Estefan assistiram à minha homenagem a eles ao dançar "Conga" e me deram total apoio. Gloria até gritou meu nome no final. Mesmo antes disso, Emilio havia contatado minha equipe sobre a possibilidade de trabalharmos juntos. Ele tinha sido convidado a escrever e produzir a música daquele ano para o desfile anual do Ano-Novo na Rose Bowl Parade, e me escolheu para cantá-la.

Seria muita honra: eu voaria para Miami por um dia e conhecer os lendários estúdios Crescent Moon para gravar a música "Reach for the Stars". Assim que entrei, senti a magia do lugar. Não pude acreditar quando Emilio mostrou uma mensagem da própria Gloria, dizendo que estava muito orgulhosa de mim e feliz por me ter ali, acrescentando:

— Diga a ela para usar o meu microfone. Eu adoraria.

Aquilo foi maravilhoso demais. Claro, eu estava um pouco nervosa por estar cantando na frente de uma lenda, especialmente alguém que foi uma das minhas inspirações, mas Emilio me deixou muito confortável. O engenheiro de som também foi adorável e gentil. Não demorei muito para eu me soltar, e nos divertimos demais. Fiquei impressionada com o ser humano maravilhoso e afetuoso que Emilio é, incrivelmente talentoso. Depois que terminamos de gravar a música, ele me fez um grande elogio.

— Uau, Ally, eu sabia que você era uma cantora fantástica, mas realmente me impressionou ainda mais hoje. Foi além das minhas expectativas! Você é uma cantora talentosa com uma voz incrível. Adoraria trabalhar com você em outras músicas e no seu álbum.

Eu não poderia ficar mais feliz. Então ele tocou mais uma música para mim. Mas tivemos tempo apenas para uma sessão rápida, e juramos encontrar tempo para trabalhar juntos novamente e em breve.

Depois de passar o Dia de Ação de Graças em casa, com a minha família, em dezembro eu estava de volta à estrada. Um dos destaques foi voar para Atlanta para me apresentar no concurso do Miss Universo, que foi uma oportunidade fenomenal. A competição é assistida por 1 bilhão de pessoas em todo o mundo. Voltei para casa nas férias e me reuni com a minha família. Foi difícil ter o nosso primeiro Natal sem Dada e sermos lembrados do tempo que havia passado desde sua partida. E naquele mesmo dia em que o perdemos, 27 de dezembro, fiz uma viagem incrível. A irmã de Selena, Suzette, me pediu para ir até Corpus Christi porque queria se encontrar comigo. Obviamente, era algo maravilhoso. Foi de última hora, e apenas um dia antes de eu voar de volta para Los Angeles, mas é claro que eu disse sim. E o meu pai conseguiu tirar o dia de folga do trabalho para me levar. Também levou a minha priminha, Cassandra, a quem chamo de Cassie, que tinha 12 anos na época.

Mais uma vez, encontramos Suzette no museu, e ela nos levou para ver tudo. Então, almoçamos com vários funcionários, incluindo Daniel, com quem fiz amizade desde a primeira vez em que estive lá. Quando Suzette estava nos levando de volta ao museu, ela nos contou por que me pediu para ir vê-la.

— Ok, preciso que todos aqui mantenham segredo — disse ela, brincando.

Todos nós concordamos com entusiasmo.

— Então, Ally, faremos um grande show de tributo à Selena em San Antonio, no San Antonio Alamodome, e eu adoraria que você participasse.

Uau, a minha vida não poderia ter dado uma reviravolta maior que aquela. Não só eu assisti aos shows de tributo a Selena que Suzette havia organizado antes, mas o Alamodome era um lugar em que Selena havia se apresentado e onde gravaram o filme. Eu podia sentir o peso daquilo.

— Suzette, sim, claro — respondi, com o maior sorriso. — Nada me deixaria mais feliz do que participar.

Quando eu era uma garotinha, orava: *Por favor, um dia, deixe-me conhecer a família de Selena e permita que eles me vejam homenageá-la.*

Minhas preces haviam se realizado, e aquilo era inacreditável. Quando voltamos para o museu, passeamos mais um pouco, conversando o tempo todo, depois fomos para a loja de presentes. No passado, Suzette tinha sido muito generosa em me presentear com mercadorias da Selena. Mas, naquele dia, eu planejava comprar algo especial para a minha sobrinha, Cassie, que eu adorava. Ela é como uma irmãzinha. Guiei Cassie ao redor da sala.

— *Mama*, você pode escolher o que quiser — disse a ela.

Ela escolheu um moletom roxo da Selena que eu estava usando e um cobertor.

Eu estava no caixa, pronta para pagar.

— Está tudo bem, *Mama*, isso é por nossa conta — disse a mulher do caixa. — É um presente da Suzette.

Fiquei surpresa com o ato de gentileza e me ofereci para pagar várias vezes, mas a funcionária não aceitou.

— Não, ela quer, por favor.

Aquela era a sua palavra final. Ela nos abraçou e foi muito gentil quando Cassie perguntou se poderíamos tirar uma foto com ela. Mais uma vez, a minha prima provou ser uma garota gentil, humilde, divertida e realista, assim como Selena era. Foi um dia incrível e fui capaz de proporcionar aquela experiência para Cassie, que eu amo de todo o coração. Foi muito, muito especial.

No dia seguinte, eu estava em um avião para Los Angeles, para me preparar para a minha apresentação de Ano-Novo. O primeiro ano da minha carreira-solo superou tudo o que eu havia imaginado. Foi um ano de muito sucesso. Fiz muita coisa, tive orgulho de todo o meu trabalho e adorei cada minuto. Por eu ter sido considerada uma espécie de azarão, significou muito ter conquistado tanto no primeiro ano, e estava apenas começando. Me preparando para 2020, eu mal podia esperar pelo que estava por vir. Eu queria levar os meus sonhos ainda mais longe.

Então, chegou o Ano-Novo. Ironicamente, quando soou a meia-noite, eu estava dormindo, porque tinha um ensaio às três da manhã para a minha apresentação durante o Rose Bowl Parade, na manhã seguinte. Ainda estava escuro quando chegamos a Pasadena. Me familiarizei com as câmeras, as luzes, os coreógrafos, os dançarinos e o talentoso grupo de alunos com quem teria a honra de me apresentar, o Chino Hills High Dance Team e o Drum Line, todos prontos para ensaiar.

Embora estivesse cansada, foi muito emocionante ensaiar para o desfile no meio da noite no dia de Ano-Novo. Estava frio, mas superei isso e me diverti muito durante os nossos ensaios finais. Em seguida, fui direto fazer o penteado e a maquiagem para o início do desfile.

Naquele dia, tive a grande honra de abrir todo o desfile. Tomei o meu lugar e apresentei "Reach for the Stars". A letra dizia: "É um novo ano, hora de comemorar! Estes são os sonhos, siga a luz, alcance as estrelas! Posso tocar o céu, que está tão perto." Senti essas letras no fundo do meu coração e cantei-as com muito sentimento. Era a música perfeita para inspirar o mundo. Aquela foi a minha primeira apresentação no dia de Ano-Novo. Foi uma celebração superdivertida e alegre e uma maneira maravilhosa de começar um novo ano e também uma nova década.

Algumas semanas depois, eu me juntei à turnê do *Dancing with the Stars*, na qual alguns dos competidores se revezavam, se juntando aos dançarinos profissionais para levar as nossas melhores danças para cidades de todo o país. Foi incrível me reunir com eles e, claro, com Sasha. Assim que chegamos ao nosso primeiro ensaio, começamos de onde paramos. Eu ia dançar "Conga", "Proud Mary" e a minha música, "Higher". Inacreditavelmente, eu conseguia me lembrar da maioria das coreografias. Acho que o meu corpo nunca as esqueceu.

Foi ótimo estar de volta à estrada, e até tive alguns momentos como apresentadora no show também, o que foi incrível. Era emocionante dançar em um palco de teatro, e sem ser julgada. Nós apenas dançamos por diversão, na frente de um público maravilhoso. Parecia um show da Broadway e de dança ao mesmo tempo. Amei como aquele foi o show mais divertido e único de que já participei até agora. Era incrível estar no mundo dos dançarinos, depois de quase sempre ser a cantora. Foi bom ter menos estresse, apenas aparecer e me divertir durante as minhas danças e depois assistir ao show maravilhoso, que destacava a dedicação e o talento incríveis dos participantes. Era como sair de férias com os meus amigos e fazer algo que passei a amar, que era dançar com Sasha. Fiquei muito comovida com a resposta que ouvi repetidamente dos fãs em nosso meet-and-greet. Os fãs de *Dancing with the Stars* são muito amorosos e foram maravilhosos. Fui abordada por todos, de adolescentes a mães e avós, e ouvi as mais incríveis mensagens de apreço.

"Você é uma adorável jovem e dançarina com um futuro brilhante pela frente."

"Você era a favorita da nossa família e inspirou a minha filha."

"Você me inspirou!"

Eu saboreei essas últimas danças com Sasha nas quatro cidades onde nos apresentamos em turnê, porque, quando acabassem, voltaria toda a minha atenção outra vez para a música.

Outro destaque durante esse tempo foi realizar um sonho de longa data: ter a minha própria linha de maquiagem! Fiz uma parceria com a Milani Cosmetics para a coleção 2020 Ludicrous Lights, ajudando a criar os meus próprios brilhos labiais. Eu sempre brincava com os batons da minha mãe quando criança, fazendo biquinho e passando. Que momento eu estava vivendo. Quando vi os meus pôsteres e a minha coleção pela primeira vez na Walgreens, não poderia estar mais feliz. São três tons eletrizantes e cintilantes: Pink-aroo, Lollapa-blue-za e Peach-ella. Eles também estão disponíveis no Walmart, e até mesmo no meu mercado local favorito, o H-E-B! Meus pais me enviaram um vídeo deles no H-E-B com a coleção, radiantes de orgulho.

No final de janeiro, viajei de volta para Miami, cidade pela qual sou apaixonada. Parecia uma segunda casa. Fui convidada para gravar por uma semana inteira com ninguém menos que Emilio Estefan no Crescent Moon. Eu precisava me beliscar todos os dias.

Desde o primeiro momento em que voltei ao estúdio de Emilio, fui envolvida pelo calor da sua personalidade maravilhosa, que irradia para tudo o que ele criou.

— Bem-vinda a Miami, baby. Você agora faz parte da família.

Nos primeiros momentos, fiquei pasma. Como eu poderia expressar o quanto aquilo significava para mim? Eu ouvia as músicas de Gloria quase todos os dias. Conhecia de cor a história da sua vida e todas as músicas que ela havia criado e estava ciente do quanto ela tinha inspirado Selena. Naquele momento único, naquela sala, muitas das minhas paixões e sonhos estavam entrelaçados, e foi lindo demais para mim, tanto como artista quanto como pessoa. Emilio também ajudou a moldar a carreira de muitos artistas, de Shakira a Ricky Martin.

Tudo no mundo de Emilio era o melhor. Uma das minhas partes favoritas de estar no estúdio com ele era tomar *cafecito*, uma versão do café cubano que é como um *espresso* doce e quente. Não costumo tomar café, mas tomava dois por dia. Todo mundo ficou surpreso por eu não ficar agitada. Mas era quente e doce, uma pequena guloseima que me ajudava a me concentrar. Brincamos que me ajudaria a cantar melhor.

Emilio é muito amoroso e caloroso, e tudo o que ele quer é retribuir às pessoas ao seu redor e à humanidade. Todos com quem ele trabalha, o assistente, os engenheiros de som, os funcionários do estúdio, são pessoas genuinamente de bom coração. E, meu Deus, a música que ele tocou para mim era incrível. Até dei uma espiada no novo álbum da Gloria, e era inacreditável. Passamos horas ouvindo músicas maravilhosas, compondo, fazendo mixagens. Ele é um produtor lendário e teve a gentileza de me colocar sob a sua proteção. Quando eu cantava, ele me dava alguns conselhos maravilhosos que levei a sério.

— Sempre seja você mesma — disse ele. — Se algo não parece certo, não faça. Não cante. Não diga sim. Sempre siga o seu coração. No fim das contas, você vai cantar essa música para o resto da sua vida. Sempre coloque si mesmo e a sua personalidade em cada canção.

Ele não era uma daquelas pessoas que lhe dizia para se expressar e depois não queria ouvir o que você tinha a dizer. Mesmo com toda a sua experiência e o seu sucesso (ele e a esposa literalmente mudaram o mundo e foram líderes na indústria do entretenimento por mais de quatro décadas, ganhando inúmeros prêmios, incluindo a Medalha Presidencial da Liberdade, e abrindo a própria rede de hotéis e restaurantes com tema cubano), ele era muito humilde.

— Comigo, sinta-se livre e confortável para expressar o que quiser — disse ele. — Se uma nota estiver muito alta, muito baixa ou os níveis não estiverem corretos, me avise.

Certa ocasião, depois de trabalharmos juntos por alguns dias, ele me sentou longe da área de gravação. Estávamos só ele e eu, e ele era tão genuíno e legal que quase parecia que eu estava conversando com meu tio ou meu pai.

— Acredito em você e estou aqui para ajudar — disse ele. — Vejo quem você é como artista e como pessoa, e só quero ajudá-la com toda a experiência que tive.

Este momento foi muito importante para mim. Foi o culminar da incrível sensação de ter tantos jogadores poderosos ao meu lado, agora incluindo os Estefan.

Ele me deu poderes para sempre lembrar que sou responsável pela minha voz e pela minha carreira, e gravamos algumas músicas incríveis juntos. A musicalidade estava em outro nível. Mal posso esperar para que o mundo as ouça.

Por sermos convidados na sua cidade, todos os dias após a gravação, Emilio levava Will e eu para jantar, junto com os engenheiros do estúdio e todos com quem trabalhava. Esse é o tipo de pessoa generosa e bondosa que ele é. Depois de encerrarmos o último dia de gravação, era hora de festejar.

— Ok, baby, vamos lá, vamos — disse Emilio. — Vamos comemorar e jantar no Estefan Kitchen. Quero levar vocês lá.

Sempre quis ir ao restaurante deles, mas nunca tinha tido a oportunidade. Eu estava feliz por finalmente ter a chance.

— Sim, vamos lá! — comemorei.

Quando concluímos, eu estava muito animada, mas também um pouco triste, porque senti que deixaria o paraíso. Eu estava planejando uma coisa na minha última noite com Emilio e sua equipe.

— Trouxe os meus saltos Louboutin e estou usando a minha bolsa Chanel, porque estou muito animada para ir ao seu restaurante com você. É uma grande honra.

Estávamos rindo quando entramos no carro rumo ao restaurante.

Tudo que eu conseguia dizer era obrigada. Devo ter dito isso mil vezes naquela noite.

— Você não sabe o quanto isso significa para mim — dizia eu.

Enquanto falávamos, Gloria, é claro, surgiu na nossa conversa várias vezes. Ele já havia me dito que seríamos apenas nós no restaurante, mas um dia eu sabia que a encontraria.

— É um sonho meu conhecer Gloria. Ela é uma das minhas maiores inspirações de todos os tempos.

— Bem, esse sonho se tornará realidade um dia — comentou ele. — Você sabe, os sonhos se realizam.

Leitor, você já sabe que adoro comer e, claro, eu estava com fome. Eu sabia que a comida seria incrível, então estava preparada. Quando paramos no estacionamento e caminhamos até o restaurante, eu já podia ouvir a música a metros de distância. Paramos do lado de fora para posar para uma foto rápida, e observei o lugar. Era lindo e muito animado.

— Estamos no Estefan Kitchen — disse Emilio, com os braços abertos em boas-vindas, olhando para o restaurante. — Estamos tão felizes e adoramos nos divertir e adoramos... dançar!

Nesse exato momento, virei para a direita e, para o meu completo choque, lá estava ela, a única, Gloria Estefan, dançando salsa, vindo em minha direção. Fiquei mais surpresa do que jamais estive em toda a minha vida. Você sabe como às vezes Ellen ou Oprah tratavam os convidados trazendo a sua celebridade ou artista favorito? Bem, foi assim que eu me senti. Eu não tinha ideia de que Gloria estaria lá. Fiquei pasma. Chocada, coloquei as mãos sobre a boca em pura descrença.

— Olá! Como você está? — perguntou ela.

Quase não consegui falar de tão emocionada.

— Oi! É tão maravilhoso conhecer você! — falei, com lágrimas nos olhos. — Amo muito você.

Ela não poderia ter sido mais legal. Senti como se a conhecesse por toda a minha vida. Eu estava no paraíso e não esperava conhecê-la. Se eu suspeitasse, teria me vestido melhor, com mais do que apenas meus saltos bonitos e uma bolsa, e também teria trazido um presente para ela. Eu estava tão casual, acabara de vir do estúdio, com camiseta regata amarela neon e shorts jeans de cintura alta, o cabelo estava ondulado por causa da praia e sem nenhuma maquiagem, apenas meus cílios e um pouco de batom. Ela estava absolutamente linda. Emilio sabia que ela estaria lá, mas não me disse, porque queria fazer surpresa. Eu não teria mudado nada naquela noite, porque foi perfeita.

O restaurante era incrível. Assim que entramos, fomos recebidos por uma forte onda de animada música cubana, com piano e congas e cantores. Gloria estava dançando ao som da banda quando entramos, e era tudo alto, exuberante e cheio de vida.

Sentamos, jantamos juntos e comemoramos. Sinceramente, não poderia ter sonhado com uma noite mais perfeita. Emilio era muito amoroso, e Gloria, muito carinhosa, divertida, vivaz e gentil. Eu disse a ela o quanto a amava, e dava para notar como ela ficava feliz ao ouvir aquilo.

— Ally, isso significa muito para mim e para nós — disse ela. — É tudo o que queremos: inspirar e ajudar as pessoas. É um privilégio podermos ajudar você.

Depois de agradecer novamente, aproveitei o tempo com eles. Quando nos sentamos juntos pela primeira vez, me senti um pouco nervosa. Eu estava com uma das minhas musas de todos os tempos e não pude deixar de me sentir tímida. Will estava tão surpreso quanto eu, e estava muito feliz, porque sabia o quanto aquele momento significava para mim.

— Pergunte qualquer coisa a ela — Will me encorajou. — Não seja tímida. Eles amam você.

Eu ainda estava nervosa, então me virei para Emilio, com quem me senti bastante confortável depois do tempo no estúdio.

— O que eu deveria dizer? — perguntei.

— Oh, *Mama*, pergunte o que quiser — disse ele. — Ela ama você. Você é como se fosse da família.

Então, fiz muitas perguntas. E ela me deu conselhos inestimáveis.

— Seja você mesma. Não deixe nenhuma gravadora ou ninguém lhe dizer o que fazer. Sabíamos que "Conga" era um sucesso, e nossa gravadora não acreditava que seria. Tivemos que lutar para chegar onde estamos. Portanto, lembre-se sempre de ser você mesma. Não se conforme com o que alguém quer que você faça. Não dê ouvidos para a negatividade das redes sociais. Seja você mesma. Você é incrível.

Era exatamente o lembrete que eu precisava enquanto mergulhava no árduo trabalho de lançar a minha carreira-solo. E não poderia ter imaginado uma pessoa melhor para ouvir ou admirar.

Depois de termos comido a melhor comida cubana da minha vida e conversado e rido, fiquei triste ao ver que a noite estava terminando. Quando saímos, Gloria me abraçou.

— Quero dizer que é uma honra ter você como parte da nossa família — disse ela. — Realmente, é um privilégio. E muito obrigada.

— A honra é toda minha — respondi. — Você não sabe o que isso significa para mim. E obrigada por tudo o que fez por mim.

A vida tem revelado novos insights e presentes todos os dias. Sou extremamente grata pelas oportunidades que continuam surgindo. Mais do que isso, porém, sou grata porque sou livre para ser eu mesma. Para o tipo de artista que quero ser. Para cantar com o meu coração. Já passei por muita coisa. Já vi muito, mas sinto que minha vida está apenas começando. Embora eu tenha mais responsabilidades do que nunca, me sinto como uma criança de novo. E isso é empolgante!

O ano também amanheceu com muita música nova, incluindo a minha participação na faixa "All Night", do DJ Afrojack. Sou muito fã dele. Assim que ouvi a canção pela primeira vez, amei a vibração e a energia. Eu estava animada para divulgar a música no mundo. Foi incrível ter chegado ao primeiro lugar na parada Dance, tudo graças aos meus fãs maravilhosos. Foi o meu primeiro número 1!

Um dos meus maiores e mais emocionantes sonhos se tornou realidade quando voltei a Miami no final de fevereiro para planejar e ensaiar a minha primeira turnê-solo como atração principal, a *Time to Shine Tour*, que deveria começar no início de março. Fazer turnês se tornou a maneira de construir uma base de fãs orgânica. Fazia isso havia anos com o Fifth Harmony e, no final do nosso tempo juntas, tocávamos em arenas repletas de dezenas de milhares de fãs. Agora, para ganhar a minha própria base de fãs, eu iria começar de novo. Isso significava voltar a tocar em clubes menores, com capacidade para quinhentas a mil pessoas. Para mim, isso era o mais importante. Embora eu tenha adorado tudo o que fiz na TV e como ela me apresentou a novas pessoas nas suas casas, eu estava apaixonada por cantar para os meus fãs pessoalmente, para mostrar a eles o meu verdadeiro eu como cantora-solo e que sou uma artista. Aquele era o momento pelo qual esperei por toda a minha vida.

Mas também havia muitos riscos envolvidos. Tínhamos oito dias para fazer um show de 60 minutos. Foi uma crise enorme. Às vezes, parecia impossível. Felizmente, estava trabalhando com a equipe mais incrível e talentosa possível. Estava muito animada por me reunir com meu maravilhoso coreógrafo, Aníbal Marrero, seus assistentes, Susie e Paxton, e meus dançarinos, chamados de Ally Boyz. Foi como voltar para minha família. Susie era dona de um estúdio de dança de enorme sucesso chamado Show Stopper Miami e foi gentil o suficiente para nos deixar ensaiar lá. Parecia nosso porto seguro. Todos os dias, o ensaio fervilhava de criatividade. Às vezes, tínhamos quatro salas, com meus dançarinos aprendendo uma música em uma, e outra música na sala ao lado. Todos estavam derramando cada gota de energia que tinham no show. Trabalhamos incansavelmente, dormindo pouco ou nada, aproveitando nosso tempo juntos enquanto comíamos em um restaurante cubano incrível na mesma rua. Foi um trabalho de amor gratificante além das palavras. Serei eternamente grata à minha equipe por fazer tudo funcionar.

Eu estava orgulhosa de ter tantas músicas solo e colaborações para escolher enquanto montava meu setlist. Na época, eu tinha acabado de lançar "Fabulous" e lançado uma campanha on-line para um fã aprender a coreografia dessa música e se juntar a mim no palco. Eu amava "Fabulous" porque era uma mensagem sobre ser você mesmo e se amar. Assim como a minha primeira música solo, "Perfect", tinha uma mensagem positiva. Quero que os meus fãs saibam que vejo como são lindos e, sim, fabulosos, mesmo nos dias mais sombrios. É um bom lembrete para mim também. Eu adorava, porque narrava a minha jornada. Mesmo que as probabilidades estivessem contra mim, lutei para encontrar um lugar na indústria do entretenimento quando meus pais me trouxeram para Los Angeles pela primeira vez e eu não passava de uma mininha mexicana-americana de 12 anos com o sonho de cantar para o mundo. Passei pela montanha-russa de ser rejeitada por várias gravadoras antes de encontrar o meu lar perfeito na Latium/Atlantic. E sempre mantive minha fé de que Deus tinha um plano maior para mim e de que eu tinha um propósito maior, ser uma referência para todos vocês. Foi o momento de eu cantar, alto e com orgulho, para o mundo inteiro ouvir: "No meu passado/ Coloquei o meu coração nas mãos de outra pessoa/ Deixei que todos me dissessem quem eu sou/ Mas agora eu entendo/ que se vou amar alguém/ vou amar a mim mesma/ Eu já sei que sou fabulosa/ Não preciso de mais ninguém."

Eu tinha esperanças de que fosse a minha hora de mostrar ao mundo quem eu era e o que poderia fazer. Finalmente, nós nos despedimos do oásis que era o Show Stopper e seguimos juntos para o aeroporto. Voei de primeira classe para Chicago, sentada ao lado de Aníbal. Conversamos sobre como estávamos felizes por este dia e por estarmos vivenciando isso juntos. Compartilhamos os nossos sonhos para a turnê e ficamos muito gratos porque nossa dedicação tinha nos levado até ali. Então, quando desci em Chicago para cuidar da preparação final antes da minha turnê de um mês, não tivemos escolha a não ser fazer tudo funcionar. Na noite anterior a um dos nossos ensaios finais, mal consegui dormir. De manhã, a minha equipe mal podia esperar para revelar a introdução que havia sido criada para o show, e fiquei animada para vê-la. No geral, eu estava emotiva e ainda tendo problemas para acreditar que tudo era real. Eu estava prestes a fazer a minha primeira turnê-solo como atração principal.

Quando cheguei ao local de ensaio, todos na minha equipe estavam muito empolgados para ver a minha reação quando marcaram a introdução. Eu trazia um cinegrafista para assistir aos ensaios e ao primeiro show — ele estava filmando tudo. Quando começou a tocar e vi o quão cuidadosamente eles escolheram as imagens ao longo da minha jornada, desde eu, aos 9 anos, cantando em San Antonio na Market Square, até eu iniciando a minha carreira-solo... Fiquei tão emocionada que comecei a chorar. Estava comovida com a forma como eles capturaram a minha história e tudo o que foi necessário para chegar àquele momento, e como foi importante que eu tivesse feito isso, não apenas para mim, mas também para os meus pais, a minha família, os meus amigos e os meus fãs incrivelmente leais. Eu não conseguia pensar em nada melhor no mundo inteiro do que compartilhar o meu coração e a minha voz dessa forma.

Mas as coisas ficaram difíceis. Era o último dia de ensaio e, na primeira passagem, tudo que podia dar errado deu. Perdi o retorno. Eu precisava que eles ouvissem a música e as dicas, quando eu estava cantando no palco. Então, cada aspecto do show de alguma forma falhou. O vídeo não estava sincronizado com a música. Nosso DJ tinha as faixas erradas para a mixagem. Percebemos que os dançarinos haviam esquecido os figurinos. Foi devastador, e perdi o controle. Eu estava tão abalada! E se não nos recuperássemos a tempo? E se eu decepcionasse todo mundo, principalmente a mim mesma? Nosso primeiro show da turnê era no dia seguinte, mas não tínhamos escolha a não ser continuar trabalhando, continuar tentando, continuar orando. Finalmente, após um dia muito estressante, com tudo dando errado, acertamos em cheio. Fizemos um total de quatro passagens, o que foi exaustivo. Todos nós ultrapassamos nossos limites físicos, mas foi magnífico. No último ensaio geral, eu estava brilhando. No final, nos reunimos e aplaudimos, porque não podíamos acreditar em tudo o que tínhamos superado, tudo o que havíamos conquistado, e estávamos mais animados do que qualquer outra coisa no mundo para mostrar isso ao público.

Naquela noite, quando estava na hora de deixar o espaço de ensaio, saímos para a noite fria de Chicago e vimos um pequeno milagre. Pequenos flocos de neve perfeitos caíam do céu. Um dos meus dançarinos ficou muito animado, porque via a neve pela primeira vez. Aquele foi um momento muito especial. Parecia que tudo estava acontecendo como deveria.

— Se toda essa perfeição não for um sinal, se não for um presente de Deus, não sei o que é — falei, sentindo os flocos gelados fazendo cócegas no meu rosto. Estendi a língua para pegar alguns, assim como fazia quando era uma garotinha.

No dia seguinte, chegou a hora de começar a minha turnê-solo, e tudo era pura magia. Chegamos à primeira casa de shows, o lendário House of Blues. Estacionado nos fundos estava o meu próprio ônibus de turnê. Nos bastidores, havia pôsteres do meu rosto para eu assinar no meet-and-greet.

— Eu me sinto como uma criança na manhã de Natal — comentei. E já que você sabe o quanto amo o Natal, sabe o quão feliz e realizada eu estava.

Tudo foi perfeito. No meet-and-greet, que aconteceu antes do show, os fãs foram os mais fofos do mundo, e muitos trouxeram presentes para mim, alguns choraram, alguns me abraçaram, uma até tinha feito as unhas como as minhas. Adorei conhecer cada um deles, incluindo alguns que estavam assistindo ao seu primeiro show. Eu estava cheia de amor e alegria. Fãs vieram até mim, dizendo:

— Estou tão nervoso, mas tão animado!

Alguns disseram o quanto aquele momento significava para eles, porque sabiam o quão subestimada e oprimida eu havia sido. Eles adoravam me ver triunfar. Foi um momento lindo e glorioso que eu e os meus fãs vivemos juntos.

Nos bastidores, enquanto faziam o meu penteado e a minha maquiagem, recebi uma última ligação de vídeo dos meus pais, em San Antonio.

— Suba naquele palco e divirta-se — disse o meu pai. — Esse é o seu momento de brilhar. Nós somos abençoados por Deus ter feito este dia se tornar realidade.

Eles fizeram uma oração rápida por mim, e toda a minha equipe fez uma oração em grupo nos bastidores para abençoar o nosso show. Todos, desde os meus dançarinos, e Aníbal e Susie, até o meu DJ, e toda a minha equipe, juntaram as mãos para fazermos uma oração. Subimos no palco. Enquanto eu caminhava dos bastidores para a minha primeira posição, absorvi tudo: o meu primeiro show da minha primeira turnê-solo como atração principal. Eu queria saborear cada momento disso. A multidão era enorme. Fiquei impressionada com a quantidade de pessoas lá. A energia do público era poderosa, e havia um mar de fãs animados, de crianças e adolescentes a pais e avós. Quando eu disse à multidão que aquela era a primeira noite da minha primeira turnê-solo como atração principal, todos gritaram de orgulho. Era como se todos naquele lugar estivessem ali comigo, ajudando a levar a minha carreira para o próximo nível, depois de eu ter trabalhado por mais da metade da minha vida para conquistar aquilo. Os dançarinos eram tão dedicados e talentosos. Eles trouxeram mais amor, paixão e energia. Arrasamos muito. Tudo correu perfeitamente, desde a coreografia, passando pelas trocas de figurino, até o telão. Deus ungiu aquele show, e todos na sala podiam sentir isso.

E nós brilhamos. E gostamos.

Eu estava com muito medo de que tudo desse errado, mas todo o nosso trabalho duro valeu a pena. Acertamos em cheio. Nada deu errado. E a multidão estava ali conosco. Este é um momento que nunca esquecerei, um dos destaques de toda a minha vida. No fim, quando eu estava no centro do palco, todos nós de mãos dadas para nossa reverência de encerramento, foi um momento de pura alegria, triunfo e vitória. Parecia a cena final de um filme em que o herói finalmente vence, e o herói era eu. Eu tinha conseguido, e ninguém poderia tirar isso de mim. Finalmente encontrei a minha própria harmonia. E era só o começo.

Epílogo

O que estou aprendendo durante esses tempos inesperados, assustadores e de partir o coração é que existem muitas maneiras diferentes de brilhar, e todos nós temos um papel a cumprir. Depois do nosso show triunfante na noite de abertura em Chicago, percebemos que estávamos tão envolvidos em nossa bolha de nos prepararmos para a turnê que não acompanhamos as notícias. Enquanto subíamos em nosso ônibus e nos preparávamos para viajar para o nosso próximo encontro em Toronto, notamos a ansiedade e a incerteza que cresciam em todo o mundo. Ninguém parecia saber até que ponto a pandemia do coronavírus pioraria ou o que deveria ser feito para tentar evitar a sua disseminação.

Tornou-se uma questão cotidiana, minuto a minuto, se faríamos nosso próximo show, se era seguro estarmos na estrada. Tivemos uma noite incrível em Toronto, mas podíamos sentir que o clima estava mudando. As pessoas ficaram com medo, e muitas ficaram em casa. Entendemos o porquê, mas seguimos para Boston. Durante aquelas madrugadas no ônibus da turnê, nós nos tornamos uma família. Ficávamos acordados até tarde, comendo cereais, assistindo filmes, dançando, conversando e absorvendo tudo. Foi maravilhoso sentir essa parceria, sentir que todos tínhamos histórias e podíamos nos relacionar tão bem com elas.

Não sabíamos até as seis da tarde do dia do nosso show em Boston se ele aconteceria ou não. Decidimos, naquela manhã, que aquele seria nosso último show. A notícia de que teríamos que cancelar o resto das datas e ir para casa para nos proteger era devastadora. Eu estava no banco de trás do ônibus, muito triste e chorando. Orei a Deus: "Não entendo por que isso está acontecendo, ainda mais agora, quando estou começando a ver os meus sonhos ganharem vida, mas sei que tenho que confiar na Sua vontade." Todos tinham dedicado coração e alma no nosso projeto, e, sem mais nem menos, não conseguiríamos terminar a turnê. Estávamos a apenas dois dias de ir para Nova York, que seria o meu primeiro show esgotado como artista-solo. Postei um comunicado logo antes do meet-and-greet. Estávamos todos tristes, tanto a nossa equipe quanto os fãs. Havia uma energia sombria na sala, mas, ao mesmo tempo, queríamos terminar aquilo com muita animação, e sou grata a todos os fãs que apareceram naquela noite.

Também queríamos manter todos em segurança. Minha equipe inteira e eu tivemos uma última grande noite em Boston, onde comemoramos o que havíamos conquistado. Nada poderia tirar isso de nós. No dia seguinte, todos voltaram para casa. Will e eu retornamos para Los Angeles. Fiquei muito grata por saber que toda a minha equipe estava segura e em casa, com as suas famílias e entes queridos.

Logo percebi que estava mais conectada à minha comunidade do que nunca. Foi muito comovente sentir que sou capaz de contribuir de alguma forma durante esses tempos sombrios. Às vezes, tenho problemas com as redes sociais, mas fico feliz em ser lembrada de quanto poder ela tem para nos unir. Fiquei comovida por pessoas que se disponibilizam durante este momento difícil para falar sobre as suas lutas e não deixar a ansiedade tirar o melhor deles. Isso me fez sentir mais próxima dos meus ídolos e também dos meus fãs. Consegui ser eu mesma, o que é incrivelmente libertador. Tudo o que podemos fazer é dar o nosso melhor, todos os dias.

Tenho conseguido me manter ocupada durante esse tempo e usar a minha plataforma e paixão para ajudar da maneira que posso. Sou grata por levar amor, luz e conexão, não apenas através da minha voz, mas do meu coração. E agradeço a todos por me darem a oportunidade de fazer isso.

Houve momentos em que perguntei a Deus: *O que virá a seguir?*

É aí que minha fé entra em ação, e lembro que Deus sabe melhor do que eu. Ele tem um plano. E tudo vai acontecer como deveria. Tenho grandes expectativas para o futuro. Eu deveria me apresentar em festivais que foram adiados, incluindo o Coachella, o Ultra e o show da Selena. Tive que manter a fé que um dia vou me apresentar neles.

Sinto-me muito grata por, pelo menos, ter vivido essas quatro noites incríveis da minha turnê, e sempre guardarei as memórias no meu coração. Sei, sem dúvida, que voltarei ao palco um dia. Até então, estas são minhas últimas palavras para vocês: Obrigada. Que Deus abençoe vocês. Vou sempre amá-los. Sempre teremos esse vínculo *inquebrável*. Obrigada por me permitir ser eu mesma e poder finalmente encontrar minha própria harmonia. Espero que possam encontrar a sua também.

Agradecimentos

Ao meu Senhor e Salvador, Jesus Cristo. Meu rei. Meu tudo. Agradeço a Você por tornar este livro possível e por escrever minha história antes mesmo de eu nascer. Por cada sonho que se realizou. Por cada milagre que nos proporcionou. Você salvou e mudou minha vida. Devo tudo a Você. Meu lindo Salvador. Eu dedico este livro a Você.

Mamãe e papai, não tenho nem palavras. Vocês são meu coração, meus campeões, minha alma. Amo vocês de todo o meu coração. Vocês significam tudo para mim e muito mais. Deus é muito bom pelo que fez nas nossas vidas e por abençoar a minha com vocês. Conseguimos!

Bobô, meu querido irmão. O que eu faria sem você? Amo você mais do que palavras podem expressar. Deus não poderia ter me abençoado mais. Você sempre será especial e sempre significará muito para mim. Amo você até o infinito, meu irmão!

Will Bracey, você mudou a minha vida. Obrigada por seguir seu coração e por sempre deixar Deus liderar. Obrigada por acreditar em mim e por me enxergar como eu sou. Obrigada por ser corajoso e por me proteger como ninguém mais. Nunca vou ser capaz de recompensá-

-lo por mudar a minha vida. Seus dons, liderança, ética de trabalho, intuição e coração vão além da inspiração.

Gigi, obrigada por amar o meu irmão e por fazê-lo feliz. Deus abençoe vocês e os bebês (bebês cachorrinhos!).

À cidade de San Antonio, responsável pela minha herança cultural, da qual me orgulho tanto: obrigada por ser a melhor cidade do mundo. Amo esse lugar com todo o meu coração.

HarperCollins/Dey Street/Matt Harper, obrigada por acreditar em mim e na minha visão para este livro. Obrigada pela sua paciência e orientação. Sou muito grata pela honra de ter tido seu apoio.

Dupree Miller e Nena Oshman, não consigo expressar o tamanho da minha gratidão por vocês e pela sua paixão e crença na minha história desde o primeiro dia. Vocês estavam lá para me animar, me dar apoio e me encher de positividade. Desde o momento em que falei com vocês, soube que estávamos nessa juntos. Meu companheiro texano, é lindo ver meu livro ganhar vida! Obrigada.

Charles Chavez, o dia em que conheci você será para sempre inesquecível. Obrigada por me colocar sob a sua proteção. Obrigada por me dar uma chance. Por acreditar em mim, do jeito que orei para que alguém fizesse. Os seus esforços, a sua paixão e a sua orientação mudaram a minha vida. Não posso dizer obrigada o suficiente, Chuck.

Latium Records, eu amo você! Muito grata por fazer parte dessa família. Temos feito muito juntos. Estou orgulhosa e feliz por ter criado as músicas dos meus sonhos e por ter um suporte fenomenal.

Nick Ferrer, obrigada por estar sempre disponível para ajudar em todos os momentos. Sei que, se eu precisar de algo, posso contar com você. Valorizo muito você!

Deby Chavez, obrigada pela sua gentileza e por me receber de braços abertos. Sua crença em mim significou muito.

Monique Chavez, obrigada por me dar o presente inestimável que é a linda capa do meu livro. É a capa dos meus sonhos, e fico muito orgulhosa toda vez que a vejo. Você se dedicou mesmo a ela, e não vou esquecer disso. Você foi muito gentil, encorajadora, solidária e amorosa desde o primeiro dia. Obrigada, Mo!

Minha família da Atlantic Records! Minha gravadora dos sonhos. Quero compartilhar um agradecimento especial a cada pessoa da Atlantic que me apoiou e acreditou na minha carreira-solo. Significa o mundo de gratidão para mim.

Vovó, você é meu coração e o anjo da nossa família. Não há ninguém que se compare a você. Nunca poderei dizer o quanto a amo. Minha querida e preciosa avó. Obrigada por sempre me amar e apoiar.

Vovô Paul. Sinto muitas saudades de você, vovô. Sinto falta das nossas piadas, da sua risada contagiante e dos seus abraços. Sei que você está fazendo os anjos sorrirem no céu e também que está cuidando de mim e da vovó. Sentimos a sua falta e o amamos com todo o nosso coração.

Dada, sei que você está muito orgulhoso de mim, assistindo do céu, e é meu anjo da guarda. Estou tão feliz por poder compartilhar sua história. Essa é uma das minhas maiores honras. Jamais esquecerei o nosso tempo juntos. Obrigada por me mostrar o amor e milagre de Jesus. Amo você, Dada.

Rosa Rios, amo você e sinto muito a sua falta. Obrigada por me amar tanto. Sei que você está comigo e tem muito orgulho de mim. Estaremos sempre juntas.

Darci Rios, você é muito especial para mim. Sou muito grata por Deus e a sua mãe terem nos unido. Você tem sido uma bênção na minha vida. Amo você, Darci.

Quero enviar um agradecimento muito especial aos amigos maravilhosos dos meus pais: sr. e sra. O'Brien; sra. Francine Gonzales e sr. Ron Gonzales; Terry e Mike Perez, que inspiraram os meus pais e ajudaram a guiá-los espiritualmente; Mike e Sam Miller, a família Miller; e Julie Corbett. Amo todos vocês! Serei eternamente grata pelo lindo amor e amizade aos meus pais!

Pastor Max Lucado, obrigada por compartilhar o amor de Cristo. É uma grande honra testemunhar o seu maravilhoso coração e conhecê-lo.

Você tem sido uma grande inspiração para a minha família e para mim, nos abençoando muito. Deus abençoe você e a sua linda família.

Meus amigos e toda a comunidade da Igreja Oak Hills, obrigada, do fundo do meu coração, pela orientação e por sempre compartilhar o amor do Senhor comigo. Vocês deixaram uma marca no meu coração. Que o Senhor abençoe cada um de vocês: Deneen e Tim Geoke; Brett e Jenna Bishop; Chris e Katie Butler; Jeff Nelson; Daria Valdez; Stephen Fryrear.

Minha família da Milani Cosmetics, que sonho trabalharmos juntos. Vocês me deram tanta alegria e amor! Obrigada por acreditarem em mim e por realizarem os meus sonhos de maquiagem! Eu amo essa família.

Suzette Quintanilla e toda a Família Quintanilla, obrigada pela incrível bondade, apoio e amor. Não há palavras suficientes para dizer como me sinto grata por ter vocês.

Jake Updegraff. Meu Jakey! Você é um tesouro. Estou grata por você além das palavras. Amo muito você.

Masey McClain, sou muito abençoada por ter lhe conhecido, querida amiga. Você tem um brilho de Jesus. Obrigada por compartilhar isso comigo.

Meus dançarinos, os Ally Boyz! Jose, Chris, JP, David e Miguel, vocês são a minha família. Serei eternamente grata pelo nosso lindo amor e pelo vínculo e paixão que compartilhamos. Vocês são verdadeiros presentes para mim. Eu os amo demais.

Meu caro Aníbal Marrero. Obrigada por acreditar em mim, por colocar tudo nas minhas visões e arte e por fazer a minha turnê dos sonhos se tornar realidade. Você foi enviado por Deus à minha vida e também é parte da família. Deus o abençoe. Amo muito você.

Alejandra Espinoza, obrigada pelo apoio e gentileza únicos. Você é uma linda alma.

Susie Garcia, obrigada por acreditar em mim desde o primeiro dia em que nos conhecemos. Você viu algo especial em mim e me deu muita vida e confiança. Amo muito você.

Preston Wada, amo você, querido! Obrigada por ser o centro de felicidade e amor para mim. Você me ajuda a apostar todas as fichas.

Gaby Ruiz, obrigada por sempre se dedicar 1.000% em cada show, especialmente na minha primeira turnê-solo. Não posso expressar a minha gratidão.

Syphe, obrigada por sempre trazer energia e boas vibrações na minha primeira turnê-solo e em cada show que fizemos.

JoMari Goyso, obrigada por acreditar em mim desde que viajei pela primeira vez a Los Angeles em busca dos meus sonhos, com apenas 12 anos. Nunca vou esquecer isso.

Sasha Farber, você sabe o quanto amo você! Obrigada, mais uma vez, por mudar a minha vida.

Emma Slater, guardo com carinho as nossas memórias e a nossa amizade. Obrigada por sempre ser tão doce comigo. Amo você!

Minha família do *Dancing with the Stars*, amo vocês com todo o meu coração e me considero abençoada pela experiência. Nunca haverá nada igual. Sempre seremos uma família.

Aos amigos da ASPCA, obrigada por me permitirem honrar a vida de Bobbi como embaixadora. Obrigada pelo trabalho incrível que fazem e por mudar a minha vida ao me abençoar com LadyBelle e Minnie.

The March of Dimes, agradeço a sua generosidade e bondade com a minha família quando nasci e para tantas famílias como a minha. Tenho muito orgulho de ser uma embaixadora.

Meus adoráveis vizinhos, Mike Rau e Tom Cestaro, sempre terei um amor infinito por vocês, que são os melhores vizinhos do mundo. Tenho a honra de chamá-los de amigos. Eu não mereço vocês.

Mark Burnett e Roma Downey, obrigada pela sabedoria e bondade eterna que compartilham. Vocês são uma luz verdadeira para este mundo. Os dois me abençoam e me inspiram demais. Obrigada pela ajuda para tornar este livro possível.

Dana Barron, nunca esquecerei a chance que você me deu quando eu era uma garotinha. Foi uma oportunidade que mudou a minha vida. Obrigada.

A equipe da 1500 ou Nothin': Larrance Dopson; Alex Dopson; James Fauntleroy; Duque e Duquesa Dopson. Vocês também são a minha família e o meu mundo. Palavras não podem expressar o meu amor e a minha gratidão. Vocês me acolheram quando eu era uma garotinha com grandes sonhos. Me deram uma comunidade de amor e amizade e, por isso, sempre serei grata. Descanse em paz, nossa linda duquesa.

Meus amigos de escola, Kayla Martinez, Aaron Gonzales, Kristen Valadez e tantos outros. Obrigada por estarem na minha vida e por me apoiarem desde sempre. Sei que posso contar com a sua incrível amizade, e vocês me conhecem de verdade. Vocês me abençoaram muito na minha vida. Eu amo vocês.

Sarah Tomlinson, não há palavras suficientes para expressar minha gratidão. Obrigada por compreender como este livro é importante para mim e por permitir que o meu coração brilhe da maneira mais bela. Deus a abençoe por seu espírito verdadeiramente notável.

Cindy Coloma, obrigada por sua bondade e graça, e por ajudar a abrir as portas do meu coração.

Clarissa e Gilda Hartley, obrigada por serem uma parte tão especial da minha vida. Deus as abençoe. Descanse em paz, linda Gilda. Nunca vou esquecer sua alma incrível.

Todos os DJs de rádio que estão tocando a minha música, obrigada pelo apoio incrível.

Pastor Ryan Ries, eu não poderia estar mais grata por suas orações, orientação e generosidade. Que o Senhor continue a abençoá-lo.

Diane Warren, agradeço pela oportunidade notável de trabalharmos juntas. Você é única e uma grande inspiração para mim. É uma honra conhecê-la e contar com seu apoio.

Karma, Ninja, Keyon e todos os dançarinos que estiveram comigo em San Antonio na minha juventude, nunca poderei agradecer o suficiente. Vocês sempre terão um lugar especial no meu coração.

Tori Kelly, agradeço sua doce amizade ao longo dos anos. Estou tão feliz por Deus ter nos unido. Amo você!

Crystal Lewis, obrigada por me inspirar a cantar desde que eu era criança. Sua música foi uma das primeiras que cantei. Obrigada por apoiar minha carreira-solo. Você sempre será uma inspiração!

Jaci Velasquez, sua música mudou a minha vida. Obrigada por inspirar minha fé. Obrigada por ser essa voz. Minha admiração e gratidão sempre serão infinitas. Deus a abençoe.

Flict-Pare! Obrigada por ser um dos primeiros a acreditar em mim quando eu estava fazendo a transição para a carreira-solo. Você me abençoou muito.

Todos os incríveis produtores e compositores com os quais tive a honra de trabalhar, agradeço do fundo do meu coração por acreditarem na minha arte. Me sinto maravilhada por ter sido tão sortuda em trabalhar com tantos talentos. Meu coração não poderia estar mais feliz.

Para as minhas tias, tios e primos, eu precisaria de outro livro para escrever todos os nomes, haha. Amo muito todos vocês.

Igreja Crossroads em San Antonio, assim como seu pastor e família, agradeço por abençoarem a minha família e a mim com uma igreja local quando eu era uma garotinha. Obrigada por me dar a minha primeira chance de cantar na igreja também!

Meus primeiros professores de canto, obrigada pela sabedoria e orientação. Eu olho para os nossos tempos juntos com muito carinho. Obrigada: Alisa Clarity; Sonya; Analisa; Amy em Los Angeles.

Network for Young Artists e Terry Lowry "Coach". Serei grata a vocês pelo resto da minha vida. Obrigada pelo presente que me deram quando eu era criança.

Meus lindos professores:

Sra. Merrill, obrigada por mudar minha vida. Você sempre terá um espaço especial no meu coração.

Sra. Laureano, nos céus. Sempre sentirei sua falta e a amarei. Você está para sempre no meu coração. Obrigada por me ajudar a acreditar que eu poderia fazer qualquer coisa. Obrigada por me dar uma chance de tantas maneiras incríveis quando eu era jovem.

Tom Heck, do programa P.A.C.E., em Los Angeles.

Jay Dominguez
Alberto Kreimerman, da Hermès Music
Ron Hayes e Pinky
Annette Romo Schaefer
Micah John, do Centro Comunitário Judaico, tia Denise e tio Jesse, agradeço pelo seu amor.

Obrigada ao meu tio Conrad, por me dar minha primeira experiência de gravação com o álbum infantil. Amo você!

Tia Alma, obrigada por sempre ser tão gentil e atenciosa comigo.

Tio Ernest, obrigada por sempre embarcar e apoiar tudo que faço desde que comecei. Amo muito você!

A todos os meus fãs, antigos e novos: obrigada por realizar os sonhos do meu coração. Eu amo vocês mais do que sou capaz de dizer.

Este livro foi impresso pela Lis Gráfica, em 2021, para a HarperCollins Brasil. A fonte do miolo é Adobe Garamond Pro. O papel do miolo é pólen soft 80g/m², e o da capa é cartão 250g/m².